职业教育城市轨道交通专业教材

城市轨道交通信号设备
（第2版）

李怀志　张世磊　主　编
胡纬华　范俊成　王胜和　副主编
　　　　　李　菲　主　审

电子工业出版社
Publishing House of Electronics Industry
北京·BEIJING

内 容 简 介

本书是职业教育城市轨道交通专业教材，是基于典型工作任务编写的项目式教材。本书通过 6 个项目，比较全面地介绍了继电器，信号与信号机，道岔与转辙机，轨道电路、计轴器与应答器，联锁系统，以及 ATC 系统。

本书可作为职业院校城市轨道交通专业及其相关专业的教学用书，也可作为城市轨道交通行业工作人员的参考资料和培训用书。

未经许可，不得以任何方式复制或抄袭本书之部分或全部内容。
版权所有，侵权必究。

图书在版编目（CIP）数据

城市轨道交通信号设备 / 李怀志，张世磊主编. --2 版. -- 北京 : 电子工业出版社, 2024.6
ISBN 978-7-121-47922-9

Ⅰ. ①城… Ⅱ. ①李… ②张… Ⅲ. ①城市铁路－交通信号－信号设备－高等职业教育－教材 Ⅳ. ①U239.5

中国国家版本馆 CIP 数据核字(2024)第 102077 号

责任编辑：陈　虹
印　　刷：北京捷迅佳彩印刷有限公司
装　　订：北京捷迅佳彩印刷有限公司
出版发行：电子工业出版社
　　　　　北京市海淀区万寿路 173 信箱　　邮编：100036
开　　本：787×1 092　1/16　印张：11.75　字数：265 千字
版　　次：2018 年 1 月第 1 版
　　　　　2024 年 6 月第 2 版
印　　次：2025 年 7 月第 3 次印刷
定　　价：38.00 元

凡所购买电子工业出版社图书有缺损问题，请向购买书店调换。若书店售缺，请与本社发行部联系，联系及邮购电话：(010) 88254888，88258888。

质量投诉请发邮件至 zlts@phei.com.cn，盗版侵权举报请发邮件至 dbqq@phei.com.cn。
本书咨询联系方式：chitty@phei.com.cn。

前言

随着科学技术和城市化的发展，运量大、速度快、安全可靠的城市轨道交通在现代城市中具有越来越重要的作用。进入 21 世纪，城市轨道交通建设进入了高潮。

城市轨道交通信号系统是城市轨道交通的重要基础设施之一，也是保证列车安全运行，实现行车指挥和列车运行的现代化，以及提高运输效率的关键系统。城市轨道交通信号系统从传统的基于区间闭塞、车站联锁信号设备发展到现代化的 ATC 系统，是长期实践经验积累和技术不断发展的结果。城市轨道交通 ATC 系统实现了行车指挥和列车运行的自动化，能最大限度地保证列车安全运行和提高列车运行效率。

随着城市轨道交通的发展，城市轨道交通职业院校及专业应运而生。与城市轨道交通相关的专业有城市轨道交通运营管理、城市轨道交通通信信号技术、城市轨道车辆应用技术等。"城市轨道交通信号系统"是城市轨道交通通信信号技术专业的主干课程，也是其他相关专业的必修课程。本书是编者多年教学实践的成果，其特点是理论联系实际，并侧重对城市轨道交通信号系统的介绍。

本书结合城市轨道交通的实际情况，介绍了城市轨道交通信号设备的功能、构成、工作原理、故障案例等。本书对继电器，信号与信号机，道岔与转辙机，轨道电路、计轴器与应答器，联锁系统，以及 ATC 系统共 6 个项目进行了介绍。本书以培养学生的岗位技能为出发点，理论联系实际，图文并茂，便于阅读，并在每个项目后设置了操作运用实例和思考与练习，供读者学习参考。

本书由浙江纺织服装职业技术学院李怀志、宁波市轨道交通集团有限公司运营分公司张世磊担任主编，宁波市轨道交通集团有限公司运营分公司胡纬华、浙江纺织服装职业技术学院范俊成和宁波市轨道交通集团有限公司运营分公司王胜和担任副主编，浙江纺织服装职业技术学院李菲担任主审。浙江纺织服装职业技术学院缪琼、祝金丹和林俊吉也参与了本书的编写工作。

为了方便教师教学，本书配有电子教学资源，请有此需要的教师登录华信教育资源网免费注册后下载。此外，本书还配有二维码，读者可以扫描二维码并观看相应内容。

由于我国城市轨道交通信号系统（尤其是 ATC 系统）引入了多国技术、制式众多、资料难以收集齐全，加之编者水平有限、时间仓促，书中难免有不妥之处，敬请广大读者批评、指正。

编 者

目录 / Contents

序　篇　城市轨道交通及其发展 1
 思考与练习 6

项目一　继电器 7
 任务一　认识继电器 7
 任务二　继电器应用 16
 任务三　继电器操作运用实例——认识和使用继电器 25
 思考与练习 29

项目二　信号与信号机 30
 任务一　认识信号 30
 任务二　认识信号机 37
 任务三　信号机操作运用实例——认识和使用信号机 50
 思考与练习 53

项目三　道岔与转辙机 54
 任务一　认识道岔与转辙机 54
 任务二　道岔与转辙机操作运用实例——认识和使用道岔与转辙机 70
 思考与练习 73

项目四　轨道电路、计轴器与应答器 74
 任务一　认识轨道电路 74
 任务二　认识计轴器与应答器 84

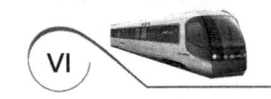

任务三　轨道电路、计轴器与应答器操作运用实例——认识和使用轨道
　　　　电路、计轴器与应答器 …………………………………………………… 94
思考与练习 ……………………………………………………………………………… 97

项目五　联锁系统　　　　　　　　　　　　　　　　　　　　　　　　　98

任务一　认识联锁系统 ………………………………………………………………… 98
任务二　6502 电气集中联锁 ………………………………………………………… 108
任务三　计算机联锁 …………………………………………………………………… 122
任务四　联锁系统操作运用实例——认识和使用联锁系统 ……………………… 133
思考与练习 …………………………………………………………………………… 136

项目六　ATC 系统　　　　　　　　　　　　　　　　　　　　　　　　　137

任务一　认识 ATC 系统 ……………………………………………………………… 137
任务二　认识 ATP 子系统 …………………………………………………………… 148
任务三　认识 ATS 子系统 …………………………………………………………… 160
任务四　认识 ATO 子系统 …………………………………………………………… 169
任务五　ATC 系统操作运用实例——认识和使用 ATC 系统 …………………… 177
思考与练习 …………………………………………………………………………… 181

序 篇　城市轨道交通及其发展

城市轨道交通设施是现代化都市的重要基础设施，由它在城市范围内提供运送乘客的服务，具有安全、便利、迅速、舒适的特点，有助于最大限度地满足市民出行的需要。在城市的各种公共交通工具中，城市轨道交通工具具有运量大、速度快、安全可靠、污染小、受其他交通方式干扰小等特点，有利于改变城市交通状况。

城市轨道交通信号系统的安全性、速度、输送能力和效率与城市轨道交通信号系统密切相关，以速度控制为基础的列车自动控制（ATC）系统已成为城市轨道交通信号系统的共同选择。城市轨道交通信号系统实际上已成为城市轨道交通调度指挥和运营管理的中枢神经，选择合适的城市轨道交通信号系统可以带来较好的经济效益和社会效益。

一、城市轨道交通信号系统的发展历程

城市轨道交通信号系统是保障行车安全、提高运输能力的关键技术装备。城市轨道交通信号系统随着微电子技术、计算机技术、通信技术的发展而不断发展。其中，ATC 系统按照地面与车载设备的安全信息传输方式来分，大致经历了模拟轨道电路、数字轨道电路和无线通信 3 个阶段。

（一）基于模拟轨道电路的 ATC 系统

轨道电路将区间线路划分为若干固定的区段，是进行列车占用检查和向车载设备传送信息的载体。列车定位以固定的区段为单位，采用模拟轨道电路方式由地面向车载设备传送 10~20 种信息，列车采用阶梯式速度控制方式，这种一个固定区段只有一列车占用的行车模式被称为固定闭塞。模拟轨道电路在我国应用的典型代表有：从英国西屋信号有限公司引进的 FS-2500 无绝缘轨道电路，应用于北京地铁 1 号线、13 号线；从美国通用铁路信号公司引进的无绝缘数字调幅轨道电路，应用于上海地铁 1 号线；国产的 WG-21A 轨道电路，应用于大连地铁。从系统整体角度来看，在基于模拟轨道电路的 ATC 系统中，各子系统处于分立状态，技术水平明显落后，维修工作量大，制约了列车运行速度和密度的进一步提高，基于模拟轨道电路的 ATC 系统将逐步退出历史舞台。

（二）基于数字轨道电路的 ATC 系统

数字轨道电路采用数字编码方式，由地面向车载设备传送数十位数字编码的信息。

因为采用基于数字轨道电路的 ATC 系统，列车可实现一次模式曲线式安全防护，所以这种列车安全防护措施被称为准移动闭塞。数字轨道电路在我国应用的典型代表有：美国

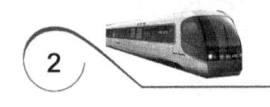

联合道岔与信号国际公司（USSI）的 AF-904 无绝缘数字轨道电路，应用于上海地铁 2 号线、津滨轻轨等；德国西门子公司的遥供无绝缘音频轨道电路，应用于广州地铁 1 号线、2 号线和南京地铁 1 号线等。基于数字轨道电路的 ATC 系统采用了微电子技术、计算机技术和数字通信技术，延续了轨道电路的故障-安全性能，目前在世界范围内使用得较多，可靠性和稳定性得到了充分验证。但数字轨道电路存在以下缺点。

（1）数字轨道电路必须具备很强的抗干扰能力。数字轨道电路中的 ATC 信息电流一般为几十毫安至几百毫安，而列车牵引回流最大可达 4000A，因此数字轨道电路必须具备很强的抗干扰能力，才能免受列车牵引回流的影响。

（2）受轨道电路的特性限制，只能实现从地面到列车的单向信息传输，信息量也只能达到数十比特，限制了 ATC 系统的性能。

（3）信号设备和牵引供电设备的安装相互影响。信号设备和牵引供电设备都需要安装在轨道上，两种设备的安装必须相互协调，否则会影响对方系统的性能。

（4）数字轨道电路无法进行列车的精确定位。数字轨道电路只能通过区段对列车进行定位，而一般区段长度为 30～300m，对缩短行车间隔有一定的限制。

（三）基于无线通信的列车运行控制（CBTC）系统

CBTC 系统的特点是先行列车、后续列车都采用移动定位方式，通过安全数据传输，将先行列车的位置信息安全地传递给后续列车，可实现一次模式曲线式安全防护，并且其防护点能够随前车的移动而实时更新，有利于进一步缩短行车间隔，提高运输效率，这种列车安全防护措施被称为移动闭塞。

无线通信的传输方式有很多，但是目前国内主要采用的有以下 4 种。

（1）无线传输方式：沿轨道方向安装无线定向天线点，每个点的覆盖距离可以达到 200m 甚至 400m。这种传输方式的优点是安装简单、施工方便、成本低；缺点是传输损耗大，无线场强分布不均匀，以及受周围电磁环境的影响大。

（2）漏泄同轴电缆传输方式：漏泄同轴电缆就是沿着同轴电缆的外部导体周期性或非周期性地配置开槽口的电缆，电信号在该电缆中传输的同时，能把电磁能量的一部分按要求从特殊开槽口以电磁波的形式放射到周围的外部空间。它既具有传输线的性质，又具有无线电发射天线的性质。漏泄同轴电缆传输方式的优点是场强均匀、适应性强、电磁污染小等，缺点是成本较高。

（3）波导管传输方式：波导管是一种双向数据传输的无线信号传输媒介。波导管传输方式的优点是传输频带宽、传输损耗小、可靠性高、抗干扰能力强等；缺点是维修工作量大，且对安装精度要求高。

（4）感应环线方式：通过沿轨道铺设交叉感应环线，实现车地无线通信。

在我国，武汉地铁 1 号线和广州地铁 3 号线采用加拿大阿尔卡特公司的方案，即用感应环线实现车地信息双向传输；北京地铁 10 号线、广州地铁 4 号线采用德国西门子公司的方案，用无线接入点实现车地信息传输；北京地铁 2 号线、北京地铁首都机场线采用法国阿尔斯通公司的方案，用波导管和无线接入点实现无线信息传输。广州地铁 5 号线、广佛线，上海地铁 6 号线、7 号线、8 号线、9 号线，北京地铁 4 号线，沈阳地铁 1 号线、2 号线，以及成都地铁 1 号线等，都选择了 CBTC 系统，它已经成为我国城市轨道交通信号系统选型的主流制式。

二、城市轨道交通对其信号系统的要求

城市轨道交通，尤其是地下铁道，因其固有的特点，对其信号系统提出了如下要求。

（一）安全性高

因为城市轨道交通（尤其是地下部分隧道）的空间小、行车密度大、故障处置难度大，若发生事故，难以施援，损失将非常严重，所以对行车安全的保证，即对城市轨道交通信号系统的安全性提出了更高的要求。

（二）通过能力大

城市轨道交通不设站线，进站列车停在正线上，先行列车的停站时间直接影响后续列车接近车站，所以要求城市轨道交通信号系统中的信号设备必须满足通过能力大的要求。

（三）地下弯道处显示清晰

城市轨道交通的地面信号机少，地下部分背景暗，不受天气影响，直线地段的瞭望条件好，但曲线地段受到隧道壁的遮挡，信号显示距离受到限制，所以城市轨道交通信号系统需要保证地下弯道处显示清晰。

（四）抗干扰能力强

目前，城市轨道交通车地无线通信基本无专用频段，一般采用公用 2.4GHz、5.8GHz 频段。轨道交通沿线电磁环境及车上乘客随身携带的无线设备，均在一定程度上对车地无线通信形成干扰。这就要求城市轨道交通信号系统具备较强的抗干扰能力。

（五）可靠性高

城市轨道交通信号系统是保证行车安全和运营效率的关键设施，其作用如同大脑在人体中的作用，城市轨道交通信号系统中信号设备的可靠性直接影响运营服务水平，关乎公众出行的安全、快捷与舒适程度，因此城市轨道交通信号系统中的信号设备必须具备高可靠性。

（六）自动化程度高

城市轨道交通的站间距短，列车密度大，行车间隔短，行车调度工作的容错率低，而且地下部分环境潮湿、空气不佳、没有阳光、工作条件差，所以要求城市轨道交通信号系统尽量采用自动化程度高的先进技术设备，以减少工作人员，并降低工作人员的劳动强度。

（七）限界条件苛刻

城市轨道交通信号系统的室外设备及车载设备受到土建限界的制约，因此要求设备体

积小，同时必须兼顾施工和维护作业空间。

三、城市轨道交通信号系统的特点

城市轨道交通信号系统沿袭铁路的制式，但由于其自身的特点，与铁路信号系统又有一定的区别。城市轨道交通信号系统的特点如下。

（一）具有完善的列车运行速度监控功能

城市轨道交通所承担的客运量巨大，对行车间隔的要求远高于铁路，行车间隔可短到 90s 甚至更短，因此对列车运行速度监控的要求极高。

（二）数据传输速率较小

城市轨道交通的列车运行速度远低于铁路干线的列车运行速度，城市轨道交通的列车最大运行速度通常为 80km/h，所以城市轨道交通信号系统可以采用速率较低的数据传输系统。

（三）联锁关系较简单，但技术要求高

城市轨道交通的大多数车站没有配线，不设道岔，甚至也不设地面信号机，仅在少数有岔联锁站及车辆段设置道岔和地面信号机，故联锁设备的监控对象远少于铁路车站的监控对象，联锁关系远没有铁路复杂。

但轨道交通联锁系统、列车自动防护（ATP）子系统、列车自动运行（ATO）子系统、列车自动监控（ATS）子系统及屏蔽门、安全门、防淹门等设备接口多，技术标准要求高，并且城市轨道交通信号系统把联锁关系和 ATP 编/发码功能结合在一起，又包含一些特殊的功能，如自动折返进路、自动通过进路、紧急关闭等，增加了技术难度。

（四）车辆段独立采用联锁设备

城市轨道交通的车辆段具有类似于铁路区段站的功能，包括列车编解、接发列车和频繁的调车作业，线路、道岔、信号设备都较多，一般独立采用一套联锁设备。

（五）自动化水平高

由于城市轨道交通的线路长度短、站间距离短、行车规律性强、行车间隔短，因此城市轨道交通信号系统通常具有自动排列进路和运行自动调整的功能，要求其自动化水平高，人工介入少。

四、ATC 系统在国内外的应用情况

我国城市轨道交通的信号技术与国际先进的信号公司还有一定的差距，尤其在 ATO 控制方面，目前处在消化引进技术和研制测试阶段，尚不具备提供较为完整的 ATC 系统的能力。现阶段，国内大多数城市一般引进国外成熟的 ATC 系统。

ATC 系统在国内外的应用情况如表 0.1 所示。

表 0.1　ATC 系统在国内外的应用情况

闭塞方式	ATC 系统供货商	国内应用情况	国外应用情况
固定闭塞	英国西屋信号有限公司	北京地铁 1 号线、13 号线	新加坡 1 号线
	美国通用铁路信号公司	上海地铁 1 号线	纽约地铁
	西门子公司（德国）	上海莘闵线（点式应答器）	在欧洲已广泛应用
准移动闭塞	西门子公司（德国）	广州地铁 1 号线、2 号线和南京地铁 1 号线	
	阿尔斯通公司（法国）	上海地铁 3 号线、4 号线和港铁机场快线	巴黎快铁南北线
	USSI（美国）	上海地铁 2 号线、津滨轻轨	洛杉矶绿线、首尔地铁
	西屋信号有限公司（英国）	北京地铁 5 号线、天津地铁 1 号线	伦敦地铁银禧线、马德里地铁
移动闭塞	阿尔卡特公司（加拿大）	武汉地铁 1 号线（感应环线），广州地铁 3 号线（感应环线），上海地铁 6 号线、7 号线、8 号线、9 号线（无线），北京地铁 4 号线（无线），港铁西铁线（环线），以及港铁迪士尼线（无线）	温哥华 1 号线、2 号线（环线），约翰·菲茨杰拉德肯尼迪国际机场全自动轻轨系统（环线），拉斯维加斯单轨线路（无线），巴黎地铁 13 号线（无线）
	西门子公司（德国）	广州地铁 4 号线、5 号线（无线），北京地铁 10 号线（无线），以及上海地铁 5 号线	巴黎地铁 14 号线（环线）、纽约地铁 L 线（无线）、巴塞罗那地铁
	阿尔斯通公司（法国）	北京地铁 2 号线、北京地铁首都机场线、上海地铁 10 号线（裂缝波导）	新加坡地铁东北线
			洛桑地铁
	美国联合道岔与信号国际公司	沈阳地铁 1 号线、2 号线，成都地铁 1 号线，以及深圳地铁 2 号线、3 号线	
	美国通用铁路信号公司		旧金山湾区快速交通系统（BART）线
	庞巴迪公司（加拿大）		旧金山机场 BART 线、费城地铁、马德里地铁改造、台北捷运内湖线

五、国内城市轨道交通信号系统的主要开发进展情况

国内开发的城市轨道交通信号系统 3 种制式（固定闭塞、准移动闭塞和移动闭塞）都有，目前以采用 CBTC 系统为主。国内城市轨道交通信号系统的主要开发进展情况如下。

（一）中国铁道科学研究院集团有限公司的开发进展情况

中国铁道科学研究院集团有限公司（以下简称铁科院）的科学工作者充分利用铁科院专业齐全的优势，通过多年的研发，完成了 CBTC 系统中所有子系统（ATS 子系统、ATP 子系统、ATO 子系统等）的国产化，并进行了室内系统调试、现场试验和调试。铁科院的 ATS 子系统、计算机联锁子系统是国内成熟的技术成果，已经具备工程实施的条件。铁科院的科学工作者还对 CBTC 系统在无故障情况下的后备转换进行了深入研究，能够在保证行车安全的前提下，尽量减少对正常运营的干扰，达到了先进的水平。在安全性方面，铁科院已签署了安全认证合同并开展了安全认证工作。

(二)北京交通大学、北京市地铁运营有限公司、北京和利时系统工程股份公司的开发进展情况

2004年,北京交通大学、北京市地铁运营有限公司、北京和利时系统工程股份公司申请了北京市科学技术委员会的"基于通信的城轨CBTC系统研究与开发"科研项目,在北京地铁试车线进行了ATP、ATO试验,并在大连设立了10 km试验段(包括地面线路和地下线路),进行了2列列车的追踪试验。

(三)北京全路通信信号研究设计院有限公司的开发进展情况

该公司的科学工作者从事进行城市轨道交通CBTC系统的研发,利用自身研发的、通过SIL4级认证的安全控制平台来进行室内点式ATP子系统的研发。

目前,国内运营的CBTC系统中都是国外设备,从实际运营的情况看,存在维护费用高的问题,因此发展国产化的CBTC系统成为当前紧迫的任务。

思考与练习

1. 城市轨道交通信号系统的特点有哪些?
2. 简述城市轨道交通信号系统的发展历程。
3. 简述我国城市轨道交通信号系统的发展趋势。

项目一　继电器

城市轨道交通信号基础设备包括继电器、信号机、转辙机和计轴器等。继电器是城市轨道交通信号继电式控制系统的关键部件,也是城市轨道交通电子式控制系统的主要接口部件。安全型继电器是我国继电器的主要定型产品,如 DC 24V 系列的重弹力式直流电磁继电器。

我国的 6502 电气集中联锁系统俗称 6502 继电联锁系统,其逻辑关系全部靠继电电路实现。其后,计算机联锁系统得到迅速发展,其联锁关系全部靠计算机软件实现,其控制输出则还是以继电器为接口,以便实现对道岔、信号机等的控制。

无论城市轨道交通的正线联锁系统,还是车辆段/停车场的联锁系统,基本上都以继电器为接口,以便接通控制电路,实现对外部设备的控制。所以,信号技术人员必须掌握继电器的原理及其应用技术。

任务一　认识继电器

学习目标

（1）了解继电器的结构和各部分的名称。
（2）了解继电器的原理。
（3）了解继电器的使用场所。

学习任务

认识继电器,主要认识继电器的线圈、接点、铁芯、分类。

工具设备

常用继电器及插座。

教学环境

低压电器实验室或 6502 电气集中联锁实验室。

基础知识

一、继电器的原理

继电器是一种电磁开关,是实现自动控制和远程控制的重要设备。随着衔铁的动作,动接点与静接点接通或断开,从而实现对其他设备的控制。

继电器的类型有很多，但均由电磁系统和接点系统两部分组成。电磁系统主要包括线圈、铁芯、衔铁等，接点系统由动接点和静接点组成。

电磁继电器的基本原理如图1.1所示。电磁继电器就是一个带接点的电磁铁，其动作原理也与电磁铁相似。线圈通电后，在衔铁和铁芯之间就产生相应的磁通（Φ），该磁通经铁芯、衔铁、轭铁和气隙形成一个闭合磁路，铁芯对衔铁就产生了吸引力。吸引力的大小取决于所通电流的大小。当电流增大到一定值，吸引力增大到能克服衔铁向铁芯运动的阻力时（主要是衔铁自重），衔铁被吸向铁芯；当线圈中没有电流时，衔铁由于重力作用被释放。由衔铁带动的动接点（随衔铁一起动作的接点）也随之动作，与动合接点（以下称前接点）接通，此状态被称为继电器励磁吸起（以下简称吸起）。可见，继电器具有开关特性，可利用它的接点通、断电路，构成各种控制和表示电路。

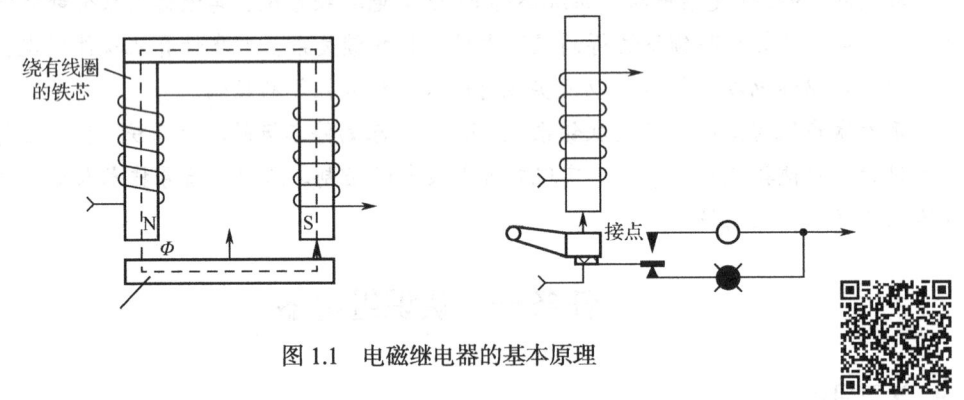

图1.1　电磁继电器的基本原理

继电器的原理

二、继电器的作用

继电器具有继电特性，能以极小的电信号来控制执行电路中相当大功率的对象，能控制数个对象或数个回路，还能控制远距离的对象。由于继电器的这种特点给自动控制和远程控制创造了便利的条件，所以它广泛应用于国民经济各部门的生产过程控制和国防系统的自动化和远动化，还广泛应用于铁路信号的各个有关方面。

故障-安全原则是铁路信号设备必须遵循的原则，当系统任何部分发生故障时，应确保系统的输出处于安全状态。随着电子技术的迅速发展，电子器件，尤其是计算机，以其速度快、体积小、容量大、功能强等技术优势，逐渐取代继电器，构成了自动控制和远程控制系统，使系统的技术水准大大提高。但与电子器件相比，继电器仍存在一定优势，尤其是具有故障-安全性能，因此不仅现在，而且在未来一定时期内，继电器在铁路信号领域仍将起到重要作用。例如，在计算机联锁设备中，尽管以计算机为核心，但还采用继电电路作为系统主机与信号机、轨道电路、转辙机的接口电路。

在目前的铁路信号设备中，继电器的作用主要体现在以下几方面。

（一）表示功能

利用不同的继电器可以表示区段的占用和空闲，信号机的开放和关闭，道岔是否在规定位置，以及区间是否闭塞等。例如，在车站的每组联锁道岔上均设置了道岔定位表示继电器（DBJ）和道岔反位表示继电器（FBJ），当它们吸起时，分别表示该道岔在定位或该道岔在反位，进而实现控制台的表示及有关设备间的相互控制。

（二）驱动功能

车站联锁设备的主要控制对象是信号机和转辙机，车站不论采用继电联锁还是采用计算机联锁，均利用继电器来控制相应设备。例如，车站的联锁道岔控制电路中设有定位操纵继电器和反位操纵继电器，当有关继电器吸起时，能够驱动道岔向定位或反位转换。

（三）逻辑功能

在继电联锁设备及继电半自动闭塞设备中，利用继电电路来实现有关逻辑关系，以保证车站和区间的行车、调车作业安全。例如，当单线半自动闭塞区间有列车运行时，利用继电半自动闭塞电路来控制两个相邻车站的有关出站信号机不开放，使车站不能再向区间发出其他列车，保证列车在区间的行车安全。

三、城市轨道交通信号设备对继电器的要求

继电器是信号系统中的主要（或重要）器件，它在运用中的安全、可靠就是保证各种城市轨道交通信号设备正常使用的必要条件。为此，城市轨道交通信号设备对继电器提出了极其严格的要求，具体如下。

（1）动作必须可靠、准确。
（2）使用寿命长。
（3）有足够的闭合和断开电路的能力。
（4）有稳定的电气特性和时间特性。
（5）在周围介质温度和湿度变化很大的情况下，均能保持很高的电气绝缘强度。

四、继电器的分类

继电器类型繁多，按不同方式分类如下。

（1）继电器按动作原理分类，可分为电磁继电器和感应式继电器。

电磁继电器通过继电器线圈中的电流在磁路的气隙中产生电磁力，吸引衔铁动作，带动接点系统动作。此类继电器数量最多。

感应式继电器利用电流通过线圈产生的交变磁场，与另一个交变磁场在翼板中所感应的电流相互作用而产生电磁力，使翼板动作。

（2）继电器按工作电流分类，可分为直流继电器和交流继电器。

直流继电器由直流电源供电，按所通电流的极性与继电器的动作关系分类，又可分为无极继电器、偏极继电器和有极继电器。

交流继电器由交流电源供电，按动作原理分类，又分为交流电磁继电器和交流感应式继电器。

整流式继电器虽然用于交流电路中，但它用整流元件将交流电变换为直流电，所以它

实质上是直流继电器。

（3）继电器按输入量的物理性质分类，可分为电流继电器和电压继电器。

电流继电器反映电路中电流的变化，它的线圈必须串联在所反映的电路中。该电路中要有被反映的器件，如电动机绕组、信号灯等。

电压继电器反映电压的变化，它的线圈励磁电路是单独构成的。

（4）继电器按动作速度分类，可分为正常动作继电器和缓动继电器。

正常动作继电器的衔铁动作时间为 0.1～0.3s，大部分继电器属于此类。缓动继电器的衔铁动作时间需大于 0.4s，该类继电器又可分为缓吸继电器和缓放继电器。缓吸继电器利用脉冲延时电路或软件设定使之缓吸。缓放继电器则利用短路铜环产生磁通使之缓动，主要取其缓放特性。

（5）继电器按接点结构分类，可分为普通接点继电器和加强接点继电器。

普通接点继电器具有开闭功率较小的接点，以满足一般信号电路的要求，多数继电器为普通接点继电器。

加强接点继电器具有开闭功率较大的接点，以满足电压、电流都较大的信号电路的要求。

（6）继电器按工作可靠程度分类，可分为安全型继电器和非安全型继电器。

① 安全型继电器是无须借助于其他继电器，也无须对其接点在电路中的工作状态进行监督检查，自身结构即能满足一切安全条件的继电器。其特点如下。

a. 当线圈断电时，衔铁可借助于自身重力释放，从而使前接点可靠断开。

b. 选用合适的接点材料，构成非熔接性前接点，或者采用能防止接点熔接的特殊结构（如接熔断器、接点串联）。

c. 当一组不应闭合的后接点闭合时，结构上能防止所有前接点闭合。

② 非安全型继电器是必须监督、检查接点在电路中的工作状态，以保证安全条件的继电器。其特点如下。

a. 由于继电器在使用时已检查了衔铁的释放情况，因此不必采用非熔接性接点材料。

b. 当一组不应闭合的前接点闭合时，结构上能保证所有后接点不闭合；反之亦然。

安全型继电器主要依靠衔铁自身重力释放衔铁，故又称重力继电器；非安全型继电器主要依靠弹簧弹力释放衔铁，故又称弹力继电器。一般来说，安全型继电器的安全性、可靠性高于非安全型继电器。

五、安全型继电器

我国信号系统中应用最广泛的安全型继电器是 AX 系列安全型继电器，其基本类型是直流无极继电器，其他类型由直流无极继电器派生而出。下面以直流无极继电器、整流式继电器和交流二元继电器为例来说明安全型继电器的结构、原理等。

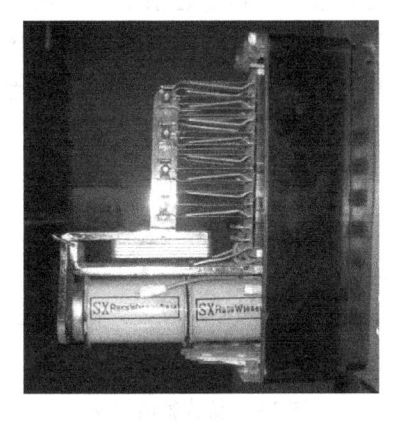

（一）直流无极继电器

1. 结构

直流无极继电器的实物图和结构示意图分别如图 1.2 和如图 1.3 所示。直流无极继电器由直流电磁系统和接点系统两部分构成。直流电磁系统由线圈、铁芯、轭铁、衔铁等组成。线圈通电后，产生磁场，吸起衔铁；线圈断电时，依靠重力作用使衔铁可靠释放。接点系统包括拉杆和接点组，接点组分为静止的前接点、后接点和固定在拉杆上的动接点。接点的接通情况可以反映继电器的状态。接点用于控制其他设备。直流无极继电器共有 8 组接点，各组接点彼此绝缘但动作一致。

图 1.2 直流无极继电器的实物图

继电器的拆装

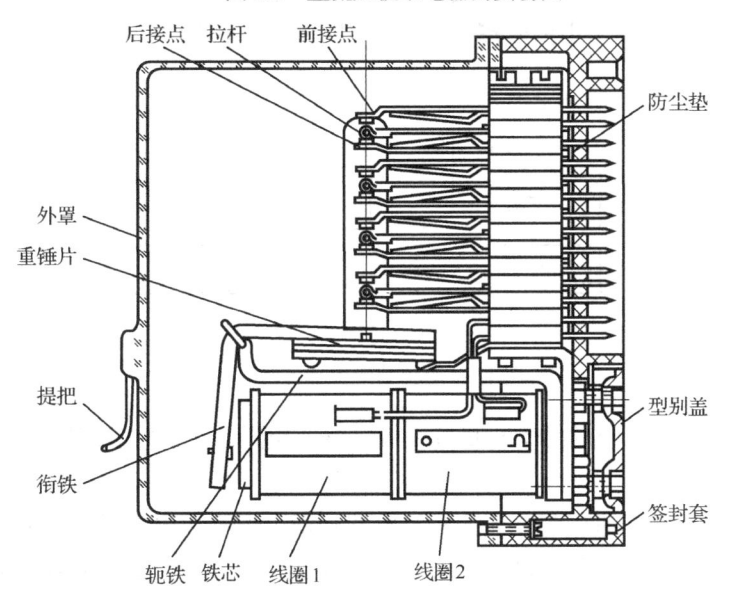

图 1.3 直流无极继电器的结构示意图

2. 原理

线圈通电后，产生磁通，经铁芯、轭铁、衔铁和气隙，形成闭合磁路，因而使铁芯对衔铁产生吸引力。当此吸引力增大到足以克服重锤片和拉杆等的重力时，就能将衔铁吸向铁芯，使衔铁带动拉杆推动动接点向上动作，动接点与前接点闭合，此状态被称为励磁状态（又称吸起状态）。

当线圈中的电流减小时，磁路的磁通随之减少，铁芯对衔铁的吸引力相应变小。当吸引力不足以克服重锤片和拉杆的重力时，衔铁释放，使动接点与前接点断开，并与后接点闭合，此状态被称为失磁状态（又称落下状态）。这种继电器的电源使用直流电，同时继电器的动作与通入线圈的电流方向无关，故称之为直流无极继电器。

（二）整流式继电器

整流式继电器应用于交流电路中，其电磁系统、接点系统、动作原理与直流无极继电器相似。整流式继电器在直流无极继电器的基础上增加整流电路，一般采用由 4 个二极管组成的桥式整流电路，如图 1.4 所示，将交流电整流后输入继电器线圈。整流式继电器接线如图 1.5 所示。

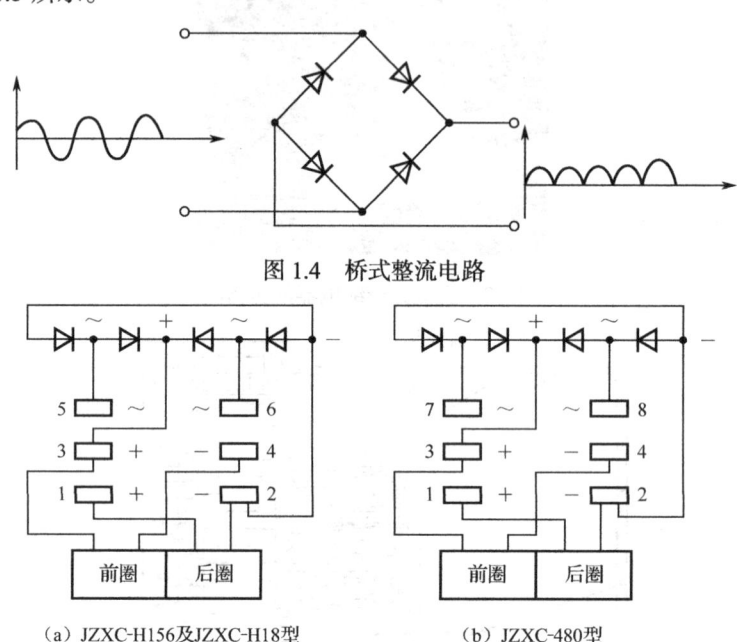

图 1.4　桥式整流电路

(a) JZXC-H156及JZXC-H18型　　　　(b) JZXC-480型

图 1.5　整流式继电器接线

整流式继电器接点系统的结构与直流无极继电器相同，二者的零部件全部通用，只是接点的编号有所区别。

整流式继电器的动作原理与直流无极继电器相似，但交流电通过整流使继电器动作，在线圈上加的是全波或半波的脉动直流电，其中存在交变成分，使电磁吸引力发生脉动，工作时发出响声，对继电器正常工作带来不利影响。

（三）交流二元继电器

交流二元继电器属于交流感应式继电器，具有两个既相互独立又相互作用的交变电磁系统，有吸起和落下两种状态。交流二元继电器的频率有 25Hz 和 50Hz 两种。交流二元继电器的电磁系统包括局部电磁系统和轨道电磁系统。局部电磁系统由局部线圈和局部铁芯组成。轨道电磁系统由轨道线圈和轨道铁芯组成。交流二元继电器与前面介绍的继电器的原理完全不同，只有在向其局部线圈和轨道线圈中输入电流的频率相同，且局部线圈中的电流相位超前轨道线圈中的电流相位 90°时，翼板中才能产生正方向的转矩，接通前接点；在其他情况下，翼板不产生转矩，继电器将保持原来的位置而不动作。交流二元继电器的结构图如图 1.6 所示。

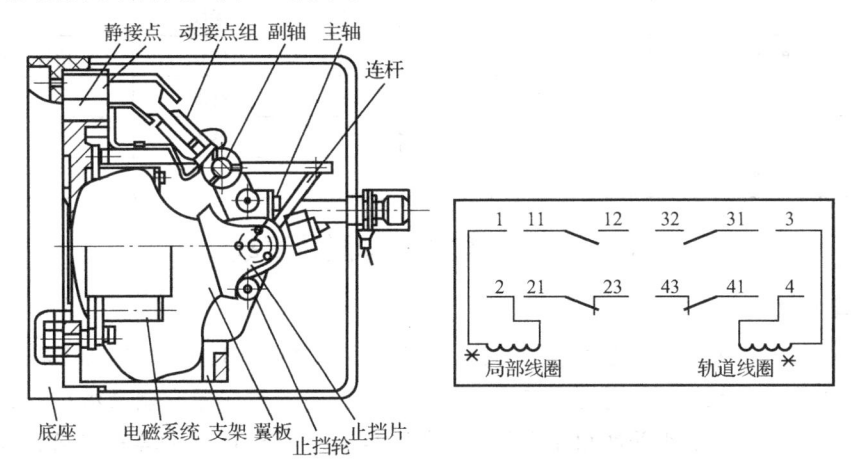

图 1.6 交流二元继电器的结构图

相关案例

【案例 1】 铁路中安全型继电器的型号介绍

AX 系列安全型继电器是 DC 24V 系列的重力、弹力式直流电磁继电器，其典型类型为直流无极继电器，其他类型都是由它派生而成的。因此，绝大部分零件能通用。

安全型继电器的型号用汉语拼音字母和数字表示，汉语拼音字母表示继电器的种类，数字表示线圈的电阻值（单位为Ω），例如：

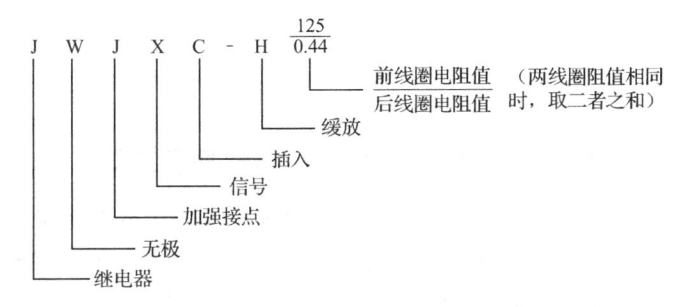

$$JWJXC-H\frac{125}{0.44}$$

前线圈电阻值（两线圈阻值相同时，取二者之和）
后线圈电阻值
缓放
插入
信号
加强接点
无极
继电器

安全型继电器的代号及含义如表 1.1 所示。

表1.1 安全型继电器的代号及含义

代号	含 义		代号	含 义	
	安 全 型	其 他 类 型		安 全 型	其 他 类 型
A		安全	R		二元
B	半导体		S		时间、灯丝、双门
C	插入	插入、传输、差动	T		通用、弹力
D		单门、动态	W		无极
DB	单闭磁		X	信号	信号、小型
H	缓放	缓放	Y	有极	
J	继电器、加强接点	继电器、加强接点、交流	Z	整流	整流、转换
P	偏极				

【案例2】 沪杭线列车脱轨事故

（一）事故概况

1991年4月27日11时22分，72次旅客列车接近沪杭线K168线路所上行通过信号机（已开放）时，司机发现2号道岔开通了安全线，立即采取了紧急制动措施，但停车不及，致使列车越过了安全线并冲出了土挡，造成机车及机后第1~6位车辆脱轨，构成旅客列车脱轨重大事故。

（二）原因分析

1991年4月27日，××电务段××信号工区，施工人员按计划在沪杭线K168线路所更换1号、2号道岔电动转辙机，于10时40分施工结束。当试验扳动道岔时，发现道岔不转换，施工人员将1号道岔电缆盒端子配线互换之后，道岔定、反位能转换，但控制台无表示，施工人员又将2号道岔表示电路中的整流二极管反接，控制台道岔位置有显示，此时参与施工的段信号技术室工程师、领工员、信号工长及信号工均认为故障已全部排除，但未核对道岔表示和实际位置是否一致，就盲目在行车设备检查登记簿上销记签字，交付使用了。车站即办理了72次168km线路所上行通过进路并开放了通过信号机，在机车司机发现开通了安全线并采取了紧急制动措施后，列车越过安全线，造成了旅客列车脱轨重大事故。

知识拓展

XDB-Ⅱ型信号点灯灯丝断丝报警装置

随着铁路事业的高速发展，为适应铁路信号点灯灯丝断丝报警的要求，北京全路通铁路专用器材工厂相继研制开发了XDB-Ⅰ型、XDB-Ⅱ型信号点灯灯丝断丝报警装置。在XDB-Ⅰ型信号点灯灯丝断丝报警装置的基础上，根据现场施工需求改进的XDB-Ⅱ型信号点灯灯丝断丝报警装置，扩大了检测容量，增加了辅助调试功能，便于实时监测灯丝继电器（DJ）的工作电流，有助于及时了解设备的工作状态。该装置已通过中国铁路南昌局集团有限公司的技术鉴定、中铁检验认证中心有限公司的（CRCC）认证，原铁道部科技查新结论，属于

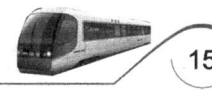

新型创新技术。该装置已相继在厦深铁路、龙厦铁路、京承铁路、京沪铁路、京原铁路、京九铁路、古洛铁路、北同蒲铁路等主要铁路干线投入使用,对它的现场反馈为性能稳定、工作可靠,还未出现误报、错报、漏报等现象。

XDB-Ⅱ型信号点灯灯丝断丝报警装置由 DDX-2 型点灯单元、检测分机和报警主机 3 部分组成,安装时只需室内改动信号点灯电源线,室外不需要额外增加电缆,并可接入已有的微机监测系统及计算机联锁系统,施工简单、便于维护。

(1) DDX-2 型点灯单元。该单元由信号点灯变压器和灯丝转换模块组成,具备传统点灯单元点灯及灯丝转换的基本功能。

(2) 检测分机。检测分机具有灯丝状态检测和断丝信息提取功能。借助点灯供电电源线,检测分机从 DJ 上采集信息,通过内部阻容网络,检测断丝前后相关支路中阻抗的微小变化,并将这种变化以数字量信息形式传递给报警主机,由报警主机来判断是否发生断丝报警及回路不完整报警。

(3) 报警主机。对接收到的检测分机信息进行分析、判断,从而确定是否报警。如果报警,将输出声光报警信号,以提示现场工作人员及时处理。报警主机主要实现以下功能:①主丝断丝报警;②副丝断丝报警;③主、副双丝断丝报警;④报警时,报警信息定位至具体信号灯灯位,可检测区间信号机的电缆断线情况,误差为 100 m;⑤通过控制器局域网(CAN)总线将报警信息传送至微机监测系统;⑥实时监督 DJ 的电流,减少现场维护的工作量。报警主机与检测分机的数字通信采用 CRC16 进行冗余校验,可有效杜绝由于干扰而造成的通信错误,从而保证信息传输的高可靠性。报警主机除了发出声光报警信号,还发出开关信号,驱动主控台的报警装置报警。在实际应用时,可根据需要设置为上行报警、下行报警分别输出,或者不区分上行、下行报警输出。XDB-Ⅱ型信号点灯灯丝断丝报警装置的原理示意图如图 1.7 所示。其中,UJ 表示黄灯继电器,LUJ 表示绿黄灯继电器,LJ 表示绿灯继电器,FL-10 是一种防雷隔离板。

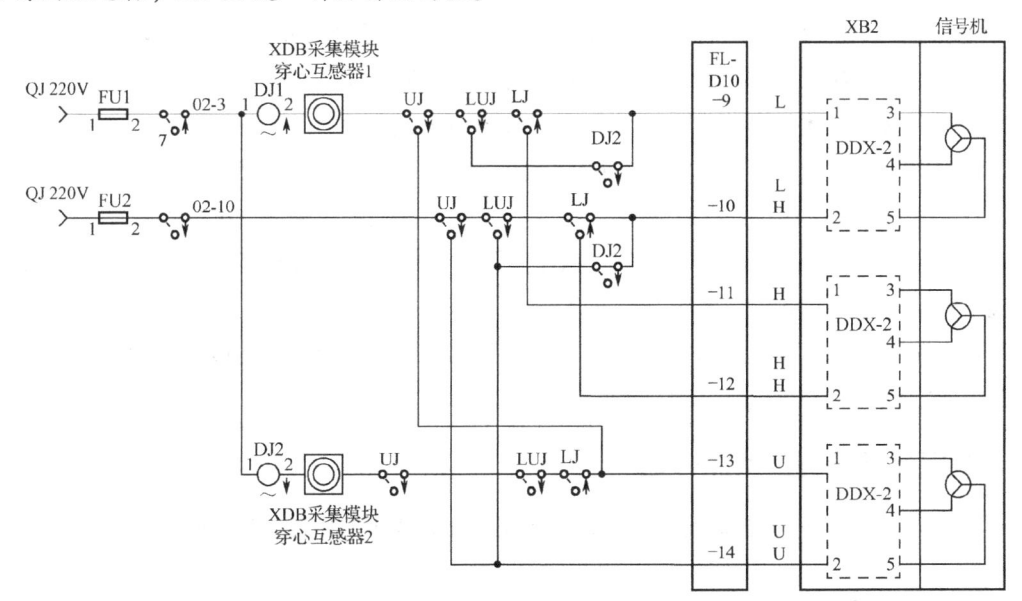

图 1.7 XDB-Ⅱ型信号点灯灯丝断丝报警装置的原理示意图

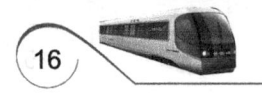

任务二　继电器应用

学习目标
（1）了解继电器的定位状态。
（2）了解继电器的基本电路。

学习任务
认识继电器，主要认识各类继电器实物、信号系统图纸和电气参数。

工具设备
常用继电器、信号系统图纸。

教学环境
低压电器实验室或 6502 电气集中联锁实验室。

基础知识

一、继电器的定位状态

继电器有两种状态，即吸起状态和落下状态。在电路图中，只能表达这两种状态中的一种，继电器呈现的状态被称为通常状态（简称常态）或定位状态。在铁路信号系统中，应遵循以下原则来规定定位状态。

（1）继电器的定位状态应与设备的定位状态相一致，将信号布置图中所反映的设备状态约定为设备的定位状态。例如，一般信号机以关闭为定位状态，道岔以开通为定位状态，轨道电路以空闲为定位状态。

（2）根据故障-安全原则，继电器的落下状态必须与设备的安全侧相一致。例如，信号继电器（XJ）的落下应与信号关闭相一致，轨道继电器（GJ）的落下应与轨道电路占用相一致，只有这样，才能实现在电路发生断线故障时导向安全侧。

根据以上两项原则，就可以确定继电器的定位状态。例如，XJ 落下与信号关闭相对应，规定 XJ 落下为定位状态；DBJ 吸起与道岔位于定位相对应，规定 DBJ 吸起为定位状态；FBJ 吸起与道岔位于反位相对应，规定 FBJ 落下为定位状态；GJ 的吸起与轨道电路空闲相对应，规定 GJ 吸起为定位状态。

在电路图中，凡以吸起为定位状态的继电器，其线圈和接点处均以"↑"进行标记；凡以落下为定位状态的继电器，其线圈和接点处均以"↓"进行标记。

二、继电器的线圈及接点标记

不同类型继电器的线圈及接点的图形符号分别如表 1.2 及表 1.3 所示。

表1.2 不同类型继电器的线圈的图形符号

序号	图形符号	名称	序号	图形符号	名称
1	○	无极继电器	6	⊘	有极加强继电器
2	○	无极继电器（两个线圈分接）	7	④⊙①	偏极继电器
3	◐	无极缓放继电器	8	⑤▷⑥	整流式继电器
4	○	无极加强继电器	9	∼	交流继电器
5	⊘	有极继电器	10	≈	交流二元继电器

表1.3 不同类型继电器的接点的图形符号

序 号	标准图形符号	简化图形符号	说 明
1	(图)	(图)	前接点闭合、后接点断开
2	(图)	(图)	前接点断开、后接点闭合
3	113 / 111 / 112	113 / 111 / 112	极性继电器接点组 定位接点闭合、反位接点断开
4	113 / 111 / 112	113 / 111 / 112	极性继电器接点组 定位接点断开、反位接点闭合

在继电器线圈的图形符号上，必须标注端子号。对于仅有一个定位状态的继电器，还必须在其线圈的图形符号上标注箭头，以表明其定位状态。

接点组用两位数字表示，第一位数字表示接点组号；第二位数字表示前、中、后接点，"1"表示中接点，"2"表示前接点，"3"表示后接点。一般，在电路图中，仅在中接点处标出其接点组号。从表1.2、表1.3中可看出，当接点组号为1时，中接点为11，前接点为12，后接点为13。继电器吸起时，中、前接点接通，中、后接点断开；继电器落下时，中、前接点断开，中、后接点接通。对于有极继电器，由于无法用箭头表示其状态，所以必须完整标注其接点号。例如，111表示中接点，112表示定位接点，113表示反位接点。其中，用百位数1表示该继电器为有极继电器，以区别于其他继电器。

三、继电器的基本电路

（一）串联电路

串联电路指几个继电器接点串联的电路，其功能是实现逻辑"与"的运算。图1.8中继电器的 AJ、CJ 和 BJ 接点串联在继电器 GJ 线圈的电路中，继电器 GJ 得电的前提条件是电路中所有接点都闭合。

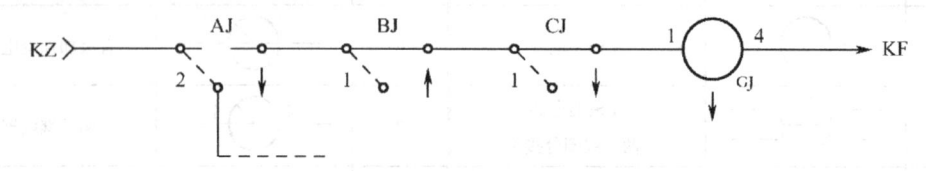

图 1.8　串联电路

（二）并联电路

并联电路指几个继电器接点并联的电路，其功能是实现逻辑"或"的运算。图 1.9 中继电器的 CJ、DJ 和 EJ 接点并联后与继电器 FJ 的线圈并联在一起，线圈得电的前提是继电器 CJ、DJ 和 EJ 的接点中任何一个闭合。

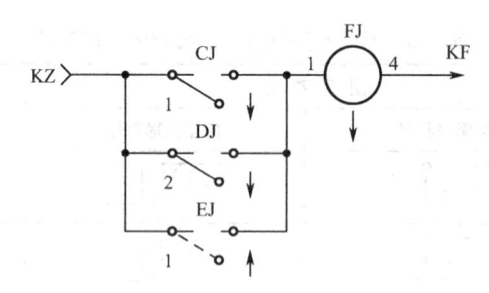

图 1.9　并联电路

（三）串并联电路

根据逻辑功能的要求，在电路中有些接点串联，有些接点并联，这类电路被称为串并联电路。在图 1.10 所示的电路中，并联接点中任意一个闭合、串联接点全部闭合，就可以满足 FJ 得电的条件。

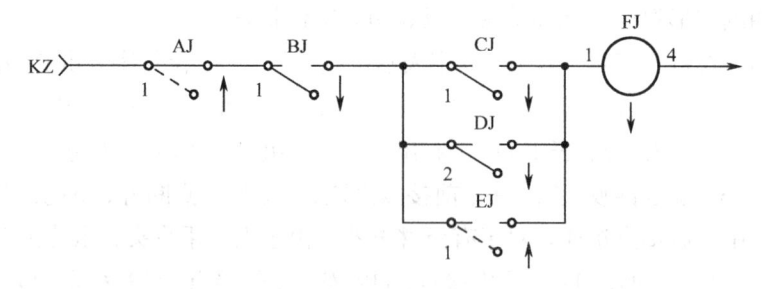

图 1.10　串并联电路

（四）自闭电路

凡是有自身前接点参与保持该继电器吸起的电路都被称为自闭电路，如图 1.11 所示。

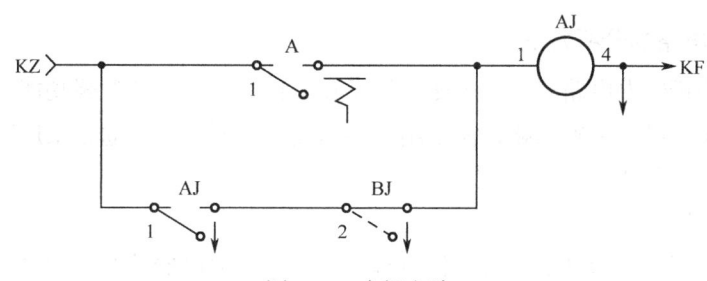

图 1.11 自闭电路

（五）继电器的电气特性

继电器的电气特性是指反映继电器性能的电气参数。这些参数对于设计信号控制电路，以及实现继电电路的逻辑功能具有重要作用。继电器的电气参数包括额定值、吸起值、工作值、转极值、充磁值、释放值、反向工作值、反向不工作值和返还系数等。

（1）额定值。额定值是继电器正常工作时必须接入的电压值或电流值。信号控制电路中大多数直流继电器的额定电压为直流 24V，其他性能不同的继电器有不同的额定值。

（2）吸起值。吸起值是指向继电器线圈通电，继电器刚一吸起（中接点与前接点刚刚接触）时的电压值或电流值。

（3）工作值。工作值是指保证继电器可靠吸起（衔铁止片与铁芯紧密接触，全部前接点闭合），并满足规定接点压力继电器线圈所需要接入的最小电压值或电流值。

（4）转极值。转极值是有极继电器的特有参数，是指能够使有极继电器衔铁转极的最小电压值或电流值。

（5）充磁值。充磁值也称过负载值，是工作值或转极值的 4 倍。

（6）释放值。释放值也称落下值，是指向继电器通以规定的充磁值后，逐渐减小电压或电流，当继电器的衔铁落下、全部前接点断开时，继电器线圈的最大电压值或电流值。

（7）反向工作值。反向工作值是指向继电器线圈反向通电，使继电器可靠吸起，并满足接点压力所需要的最小电压值或电流值。

（8）反向不工作值。反向不工作值是偏极继电器特有的参数，即向偏极继电器线圈反向通电，保证偏极继电器不动作的最大电压值。对于 JPXC-1000 型继电器，反向不工作值为 200V。

（9）返还系数。返还系数是衡量继电器工作性能的重要参数，即继电器的释放值与工作值之比。继电器特性曲线（见图 1.12）能够更好地解释返还系数这个概念。

当流过继电器的电流大于整定的动作电流（I_{op}）时，继电器能够突然迅速动作，并稳定、可靠地输出低电平；继电器动作后，当流过继电器的电流减小到小于返回电流（I_{re}）时，继电器又能立即恢复输出高电平。

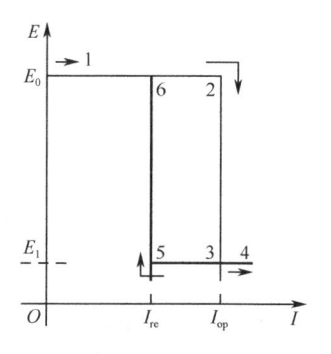

图 1.12 继电器特性曲线

（六）继电电路的分析方法

在设计和分析继电电路时，为了便于认识和掌握继电电路的逻辑功能，以及继电器的动作顺序、动作时机和励磁回路，需采用一些简便的分析方法，通常采用动作程序法、时间图解法或接通径路法。

1. 动作程序法

动作程序法用来表示继电器的动作过程，着重反映继电器的时序关系，而不严格地表达逻辑功能，用符号表示各继电器状态的变化，"↑"表示继电器吸起，"↓"表示继电器落下，"→"表示促使继电器吸起与落下，"|"表示逻辑"与"，如图 1.13 所示。

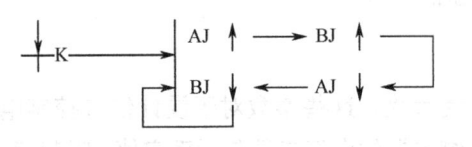

图 1.13 动作程序法

2. 时间图解法

整个电路的动作过程与继电器的时间特性（如缓放时间的长短）密切相关。时间图解法能很清楚地表示出各继电器的工作情况、相互关系和时间特性，还能正确地反映整个电路的动作过程。

时间图解法把继电器线圈通电、后接点断开、前接点闭合、继电器线圈断电、前接点断开、后接点闭合等都用时间图表示出来。继电器之间的相互关系在时间图上用箭头表示。脉动偶电路如图 1.14 所示，脉动偶电路时间图如图 1.15 所示。

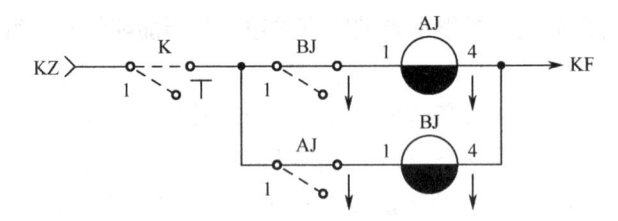

图 1.14 脉动偶电路

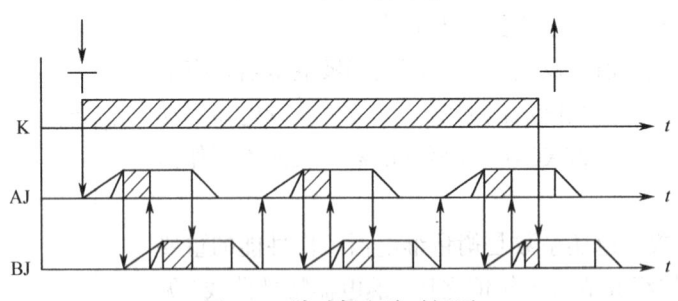

图 1.15 脉动偶电路时间图

3. 接通径路法

接通径路即用来描述继电器线圈通电（线圈励磁）过程的径路，也就是由电源正极经继电器接点、继电器线圈及其他器件（按钮接点、二极管等）流向电源负极的回路，又称线圈励磁电路，如图 1.16 所示。接通径路法是分析继电电路常用的方法。

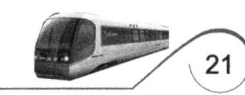

$KZ \to K_{11-12} \to BJ_{11-13} \to AJ_{1-4} \to KF$

$KZ \to K_{11-12} \to AJ_{11-12} \to BJ_{1-4} \to KF$

图 1.16　线圈励磁电路

相关案例

【案例 1】 JWXC-1700 型继电器

（一）用途

JWXC-1700 型继电器（在该案例中简称继电器）在信号电路中为通用继电器。

（二）适用环境

（1）环境温度：-40～60℃。

（2）相对湿度：不大于 90%（温度为 25℃时）。

（3）气压：不低于 70kPa（相当于海拔 3000m 以下）。

（4）振动：振动频率不大于 15Hz，振幅不大于 0.45mm。

（5）工作位置：水平。

（6）周围无引起爆炸危险的有害气体，有良好的防尘措施。

（三）机械特性

（1）接点组数：8QH。

（2）鉴别销号码：11、51。

（3）接点间隙：不小于 1.3mm。

（4）托片间隙：不小于 0.35mm。

（5）接点压力：前接点处，不小于 250mN；后接点处，不小于 150mN。

（6）接点齐度误差：不大于 0.2mm。

（四）电气特性（温度为 20℃时）

（1）线圈电阻：$850 \times (1 \pm 10\%)\Omega \times 2$。

（2）线圈串联，连接 2、3 端子，使用 1、4 端子。

（3）额定值：DC 24V。

（4）充磁值：DC 67V。

（5）工作值：不大于 DC 16.8V。

（6）释放值：不小于 DC 3.4V。

（7）反向工作值：不大于 DC 18.4V。

（8）接点电阻：不大于 0.05Ω。

（五）绝缘耐压

在试验的标准大气条件下，继电器的绝缘电阻应不小于100MΩ。

在气压不低于86kPa（相当于海拔1000m以下）的条件下，继电器的绝缘耐压应能承受交流正弦波50Hz、2000V有效值的电压，历时1min应无击穿闪络现象，重复试验时的电压值应为原承受电压值的75%。

（六）电寿命

继电器接点可以承受电压为DC 24V、电流为1A的阻性负载，其电寿命为$2×10^6$次。

【案例2】 安全型继电器电磁系统检修

铁路上继电器的性能好坏直接影响铁路列车的安全运行，所以对继电器的性能检测尤为重要。安全型继电器（在该案例中简称继电器）电磁系统的检修一般涉及以下工作。

（一）检修前的准备工作

通用工具：150mm调簧钳，150mm尖嘴钳，75mm、150mm螺丝刀，14mm×100mm活口扳手，4~11mm套筒，75W电烙铁，锉刀，小铁墩子，镊子，测牛（克）计，以及小手锤。

专用工具（自制）：启封螺丝刀、叉口扳手、螺丝刀和接点爪调整器（黄铜塞尺和根据需要自制的其他工具）。

个人检修用品：白布带、白绸带、银砂纸、400号水砂纸、酒精、汽油。

（二）检修过程中的工作

1. 检查线圈

线圈架应无破损和龟裂。在不影响机械强度的情况下，线圈架破损处可用环氧树脂修补。用镊子检查线圈引线，应无假焊、断股，若发现断股，则应重新焊接。

2. 检修磁路

（1）检查钢丝卡。

将钢丝卡卸下来检查，钢丝卡应无裂纹、弹力充足。

（2）检查轭铁。

轭铁转角处应无裂纹，衔铁安装处的刀刃情况应良好，如发现刃角圆钝，可用细锉将刃角修成锐角。铁芯安装应正直、牢固，若铁芯松动，则应卸开型别盖螺钉，从底座上取下继电器，将铁芯紧固扳手插进继电器极靴面的两个圆孔内，然后用活口扳手拧紧铁芯螺帽。轭铁及铁芯的镀层应完整，小面积的损坏可用淡黄色漆涂刷防护，若镀层大面积剥离，则应重新电镀。

（3）检查衔铁。

衔铁应无扭曲变形，吸合时应与铁芯面平行，以保证气隙均匀、导磁性能良好。若衔铁严重扭曲，则应卸下止片，在钳工平台上垫上方木，用榔头将止片敲打平整。衔铁刃口应尖锐，当它因磨耗而形成圆角时，同样用细锉将其修成锐角；当它磨耗严重，影响衔铁灵活动作而又无法修复时，应将其更换。

（4）电磁系统擦洗去污。

知识拓展

对安全型继电器接点的要求

接点是继电器（在该案例中指安全型继电器）的执行机构，通过接点来反映继电器的状态，并进行电路的控制。继电器从接点材质到接点结构，从接点组数到接点容量，都对接点有较高的要求。对于频繁通断大电流的接点，必须采取灭火花措施。对安全型继电器接点的要求有以下几点。

（一）对接点系统的要求

在实际应用过程中，继电器的大部分故障发生在接点系统上，因此继电电路的可靠性在很大程度上取决于接点系统工作的可靠性。为保证继电器的可靠工作，必须对接点系统有一定的要求，这些要求如下。

（1）接点闭合时，接触可靠，接触电阻小而且稳定。

（2）接点断开时，要可靠分开，接点间电阻为无穷大。

（3）接点在闭合和断开过程中没有颤动。

（4）接点不发生熔接。

（5）接点耐各种腐蚀。

（6）接点的热导率和电导率要高。

（7）接点的使用寿命要长。

（二）对接点参数的要求

1. 对接点材质的要求

对接点材质的基本要求是机械强度高、电导率和热导率高、耐腐蚀、熔点较高、加工容易、价格适宜。

2. 对接点电阻的要求

接点接触时，两个导体间的连接是接触表面间若干接触过渡段的结合，因此它的电阻比同样形状、尺寸的整个导体要大得多，这种接触连接所形成的电阻叫作接触电阻。接点电阻与接点材料、接点间压力、接点的接触形式、接点间电压降、温度及化学腐蚀、电腐蚀等因素有关。接点电阻由接触电阻及接点本身的电阻两部分组成。

接触电阻的存在使通过接点的电流在接触过渡段产生功率损失，接点发热。接点发热增大了材料的电阻率，降低了材料的机械强度。由于发热和散热是同时进行且取得了平衡的，所以接点在通电后，能产生一定的温升（接点温度与周围环境温度之差），使接点电阻和机械强度保持在一定范围内。应是尽量减小接点电阻，以避免过高的接点温升与电压降，对接点电阻均要提出不允许超过的电阻值。

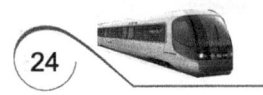

3. 对接点压力的要求

接触点之间的压力和材质，在很大程度上决定着接点电阻的大小。开始接触的瞬间，接点压力加在为数不多的接触点上，这些接触点被压平，使两个接触表面接近一些，产生一些新的接触点，总的接触电阻就会减小。但当压力达到某数值时，再增大压力也不会使接点的接触电阻有明显减小。

接点间存在压力，接点支撑件（接点弹片等，一般采用弹性元件）能产生弹性变形，避免由于振动等因素造成接触分离，所以对接点压力要求有明确的最小值。

4. 对接点不齐度的要求

同一继电器的所有接点用于电路中，理论上要求同时接触。但在接点系统的生产过程中，从工艺上不可能做到没有误差，因而接点很难做到完全同时接触。继电器各组接点同时接触的误差被称为接点不齐度，要求其越小越好。

5. 对接点间隙的要求

在动接点和静接点开始分离的瞬间，接点间产生很大的电场力，接点间隙中的自由电子在此电场力的作用下从阴极向阳极高速移动，这样就产生了接点间的电弧。另外，这些电子与气体中的自由电子撞击，使气体电离，进一步使产生电弧。电弧的产生使接点迅速氧化和点燃，加速接点的损耗，缩短接点间使用寿命。但接点间隔增大，拉长了电弧，可使电弧熄灭。此外，接点间隙小，雷电效应可能使接点间产生放电现象，故要求接点间隙要足够大。

6. 对接点滑程的要求

接点表面的腐蚀、氧化和灰尘等对接触电阻有很大影响，为了保证接点的可靠工作，在接点开始接触后，要求接点相互之间有一定程度的位移，该位移叫作接点滑程。

（三）对接点容量的要求

继电器接点允许通过的最大电流被称为接点容量。在使用继电器接点时，电流严禁超出接点容量，以保证各类接点达到规定的接点寿命动作次数。超出接点容量使用继电器接点，会造成接点接触面拉弧烧损，使接点的接触电阻增大、寿命缩短，严重时造成器材或设备烧损。

（四）对接点材料的要求

一般继电器要求接点材料的电阻率小、抗压强度低，而且选用不易氧化或氧化物电阻率小的材料。这是因为，接触材料的电阻率越小，接点本身的电阻和接触电阻就越小；材料的抗压强度越低，在一定的接点压力下，接触面积就越大，接触电阻也就越小。

银的电阻率很低，银的氧化膜的电导率与纯银几乎相等，且银的抗压强度不高，因此几乎所有类型的继电器都采用银和银合金作为接点材料。

对于控制大电流和大电压的接点，应选择耐电腐蚀和难熔的材料，如钨和金属陶瓷等。

钨熔点高，硬度也很高，不会熔合，几乎没有机械磨损，耐电腐蚀能力强，但它在大气中易氧化。

金属陶瓷大部分是由两种互相不能熔成合金的成分用金属陶制法（粉末冶金法）制成的。它磨损小，熔点非常高，耐电腐蚀能力强，不易熔合，导电、导热性能好，很适宜作为接点材料。银氧化镉就是其中的一种，其基本物质为银（所占比例为85%～80%），起导电作用，氧化镉（所占比例为12%～15%）起导热作用，获得了最佳配比。它在高温（990℃）下能以爆炸形式分解出氧与镉的蒸汽，能够吹动电弧和消除游离效应，提高了接点的熄弧性能。特别是将它与银接点配合使用，具有防粘连、接触电阻小等特点。

在继电器的普通接点中，静接点常用银或银氧化镉制成，动接点用银氧化镉制成。在继电器的加强接点中，静接点、动接点均用银氧化镉制成。

任务三 继电器操作运用实例——认识和使用继电器

1. 实训项目教师工作活页

实训项目教师工作活页如表1.4所示。

表1.4 实训项目教师工作活页

实训项目	认识和使用继电器		
学时	2	班级	略
实训场所	6502电气集中联锁实训室		
工具设备	无极继电器、整流式继电器、万用表、多媒体课件、图片、仿真软件、示教板		
教学目标	专业能力目标	（1）学生能够说出无极继电器的各部分名称。 （2）学生能够说出继电器的分类方式。 （3）学生能够说出继电器的型号及其表示的含义。 （4）学生能够用万用表对继电器进行检测。 （5）学生能够画出继电器的线圈和接点的图形符号	
	方法能力目标	（1）学生能综合运用专业知识，通过专业书籍、多媒体课件和图片资料来获得辅助信息。 （2）学生能根据实训项目的学习任务来确定实训方案，从中学会展示活动过程和成果	
	社会能力目标	（1）学生能在实训活动中保持积极向上的学习态度。 （2）学生能与小组成员和教师就学习中的问题进行交流和沟通。 （3）学生能够与他人共享学习资源，具有较强的合作能力和良好的团队协作精神	
教学评价	（1）学生活动：①以5～7人小组为单位开展实训活动，根据本组同学在实训过程中的能力表现及结果进行自评和组内互评；②根据其他小组同学在成果展示活动中的表现及结果进行组间互评。 （2）教师活动：①教师组织学生开展评价活动和总结；②对学生在本实训项目中的任务成绩做出综合评价		
教学资料	（1）城市轨道交通信号设备教材。 （2）实训项目学生学习活页		
指导教师		教学时间	年 月 日

2. 实训项目学生学习活页

实训项目学生学习活页如表1.5所示。

表 1.5　实训项目学生学习活页

实训项目　认识和使用继电器
班级：_____　姓名：_____　学号：_____　时间：_____
一、实训目标 1. 专业能力目标 （1）能够说出无极继电器的各部分名称。 （2）能够说出继电器的分类方式。 （3）能够说出继电器的型号及其表示的含义。 （4）能够用万用表对继电器进行检测。 （5）能够画出继电器的线圈和接点的图形符号。 2. 方法能力目标 （1）能综合运用专业知识，通过专业书籍、多媒体课件和图片资料来获得辅助信息。 （2）能根据实训项目的学习任务来确定实训方案，从中学会展示活动过程和成果。 3. 社会能力目标 （1）能在实训活动中保持积极向上的学习态度。 （2）能与小组成员和教师就学习中的问题进行交流和沟通。 （3）能与他人共享学习资源，具有较强的合作能力和良好的团队协作精神。 二、知识总结 （1）什么是继电器安全侧故障？   （2）什么是 AX 系列安全型继电器的机械特性和牵引特性？   （3）交流二元继电器的结构有何特点？该继电器用于何处？该继电器如何具有相位和频率选择性？   （4）在电路中，选择继电器有哪些原则？

续表

（5）继电器线圈有哪些使用方法？

（6）整流式继电器在结构上有哪些特点？它与无极继电器有何异同点？

三、操作应用

（1）指认下图继电器，并标注1～13的名称。

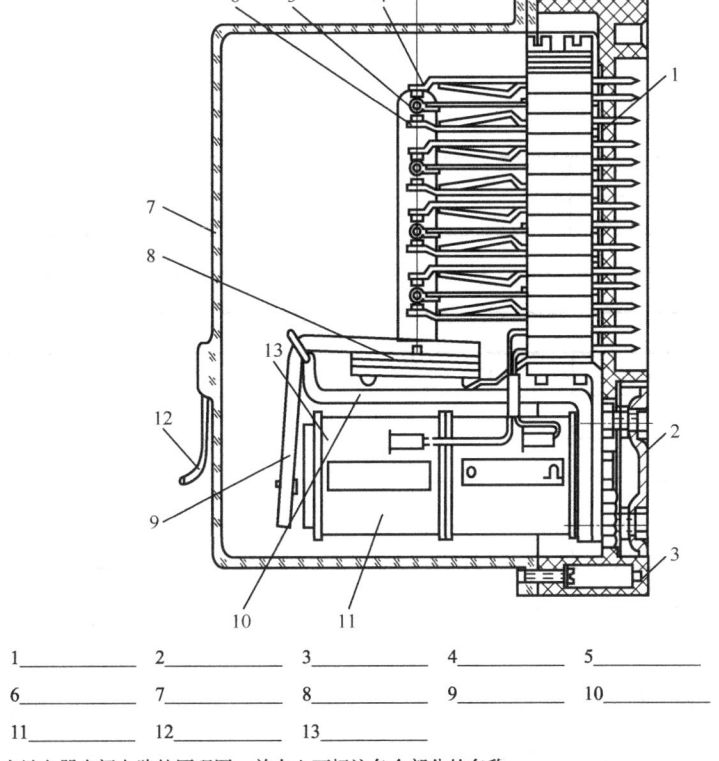

1_____	2_____	3_____	4_____	5_____
6_____	7_____	8_____	9_____	10_____
11_____	12_____	13_____		

（2）试画出继电器自闭电路的原理图，并在上面标注各个部分的名称。

（3）分析无极继电器、有极继电器和偏极继电器的异同。

续表

（4）画出不同类型继电器的线圈及接点的图形符号。

四、实训小结
_____
_____
_____

五、成绩评定

1. 学生评价

评价等级	A	B	C	D	E
学生自评					
组内互评					
组间互评					

2. 教师评价

评价等级	A	B	C	D	E
专业能力					
方法能力					
社会能力					
评价结果					

3. 综合评价

评价等级	A	B	C	D	E
评价结果					

注：按照学生自评分数占10%、组内互评分数占10%、组间互评分数占20%、教师评价分数占60%的比例计分，其中，A—优，100分；B—良，85分；C—中，75分；D—及格，60分；E—不及格，50分。

4. 评价量规

等级	行为表现描述
A	能圆满、高效地完成实训任务的全部内容
B	能顺利地完成实训任务的全部内容
C	能完成实训任务的全部内容，但需要一些帮助和指导
D	自己只能完成实训任务的部分内容，但在他人的现场指导下，能完成实训任务的全部内容
E	不能完成实训任务的全部内容

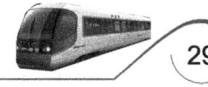

思考与练习

1. 继电器有哪些作用?
2. 继电器有哪些分类方式?
3. 直流无极继电器有哪几部分?
4. 继电电路有哪些分析方法?
5. 什么是继电器的返回系数?

项目二 信号与信号机

城市轨道交通信号设备是城市轨道交通信号设备、联锁设备、闭塞设备等的总称。它的主要作用是保证列车运行和调车工作的安全和提高铁路通过能力。城市轨道交通信号用于向有关行车和调度的人员发出的指示和命令。联锁设备用于保证站内行车和调车工作的安全，以及提高车站的通过能力。闭塞设备用于保证列车在区间内的安全运行，以及提高区间的通过能力。

任务一 认识信号

学习目标

（1）了解信号的类型。
（2）了解信号显示。

学习任务

认识信号，主要认识信号的类型和信号显示。

工具设备

矮型信号机和手持信号灯。

教学环境

室内信号实训基地、校外地铁站、车辆段、多媒体教室。

基础知识

一、信号的类型

（1）信号按照视听效果分类，分为视觉信号和听觉信号。

视觉信号是以物体或灯光的颜色、形状、位置、数目等特征表示的信号。例如，用信号机、机车信号机、信号旗、信号牌、火炬等表示的信号。视觉信号如图 2.1 所示。

听觉信号是以不同的声响设备发出声响的强度、频率、声响的长度和数目等特征表示的信号。例如，用号角、口笛、响墩发出的声音及机车、轨道车鸣笛等发出的信号。

某地铁公司的听觉信号如表 2.1 所示。

信号旗信号　　　信号机信号　　　　　机车信号机信号

图 2.1　视觉信号

表 2.1　某地铁公司的听觉信号

序号	名　称	鸣示方式	使　用　时　机
1	启动注意信号	一长声 ——	（1）列车启动或机车车辆前进时（双机牵引时，本务机车鸣笛后，尾部机车应回答，本务机车再鸣笛一长声后启动）。 （2）接近车站、鸣笛标、隧道、施工地点，看到黄色信号、引导信号，以及天气不良时。 （3）列车在区间内停车后，继续运行，通知车长时。 （4）电客车在检修及整备中，准备降下或升起受电弓时
2	退行信号	二长声 —— ——	电客车、机车车辆、单机开始退行时
3	召集信号	三长声 —— —— ——	要求防护人员撤回时
4	呼唤信号	二短声、一长声 ‥ ——	（1）电客车或机车要求出入车厂时。 （2）在车站要求显示信号时
5	警报信号	一长声、三短声 —— ‥‥	（1）发现线路有危及行车安全的不良处所时。 （2）列车发生重大事故、大事故及其他需要救援情况时。 （3）列车在区间内停车后，不能立即运行，通知车长时
6	试验制动机复示信号	一短声 ·	（1）试验制动机开始减压时。 （2）接到试验制动结束的手信号，回答试风人员时。 （3）在调车作业中，表示已接受调车长所发出的信号时
7	缓解信号	二短声 ‥	试验制动机缓解时
8	紧急停车信号	连续短声 ‥‥‥	司机发现邻线发生障碍，向邻线上运行的列车发出提醒时

时长规定：声响信号，长声为 3s，短声为 1s，间隔为 1s；重复鸣示时，应间隔 5s 以上。

（2）信号按照本身具有的特征分类，分为移动信号、固定信号和手信号。

在施工区段或维修区段线路旁临时设置的信号牌、信号灯发出的信号叫作移动信号；为指示列车运行和调车工作，将信号机安装在某一固定地点，此时信号机发出的信号叫作固定信号；手持信号灯、旗或直接用手臂发出的信号叫作手信号。移动信号、固定信号、手信号如图 2.2 所示。

（3）信号按照车地位置分类，分为地面信号和车载信号。

地面信号一般是指设置在线路沿线供列车司乘人员辨识的信号。车载信号所包含的范围更广，车载信号设备一般安装在列车的两端。

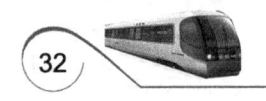

城市轨道交通的自动化程度比较高，一般采用地面信号显示与车载信号系统相结合、以车载信号系统为主的运用方式，特别是在 CBTC 系统模式下时，地面信号机多采用灭灯方案，行车完全依据车载信号；只有在非 CBTC 系统模式下时，才以地面信号为主。轨道交通驾驶室车载信号如图 2.3 所示。

移动信号　　　　　固定信号　　　　　手信号

图 2.2　移动信号、固定信号、手信号

图 2.3　轨道交通驾驶室车载信号

二、信号显示

（一）禁止信号和允许信号

要求停车的信号，如红色灯光、蓝色灯光，叫作禁止信号，又叫信号的关闭状态；列车按规定速度运行的信号，如绿色灯光、黄色灯光、白色灯光，叫作允许信号，又叫信号的开放状态。

（二）信号机的图形符号

信号机的图形符号如表 2.2 所示。

表 2.2　信号机的图形符号

名　称	图形符号	名　称	图形符号
红色灯光	●	空灯位	⊗
黄色灯光	⊘	稳定灯光信号	☼
绿色灯光	○	闪光信号	☀
蓝色灯光	⊙	一般高柱信号	⊢○　○⊣
月白色灯光	⊙	矮型信号	▯○　○▯
紫色灯光	ⓩ		
白色灯光	◐		

（三）信号显示的基本要求

1. 信号机定位显示

将信号机经常保持的显示状态作为信号机的定位。信号机定位的确定，一般考虑保证行车安全、提高运输效率及信号显示自动化等因素。区间信号机定位显示为绿色，进出站等防护信号机定位显示为红色。信号机定位显示如图 2.4 所示。

2. 信号机关闭时机

除调车信号机外，其他信号机在列车第一轮对越过该信号机后及时地自动关闭。调车信号机在调车车列全部越过调车信号机后自动关闭。信号机关闭时机如图 2.5 所示。

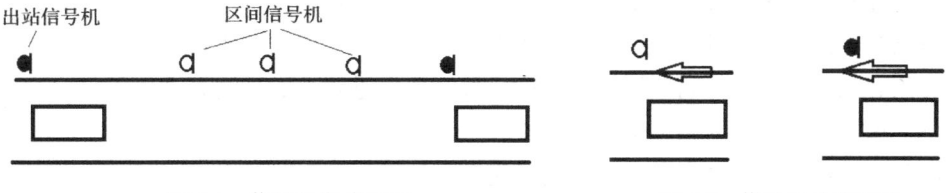

图 2.4　信号机定位显示　　　　图 2.5　信号机关闭时机

3. 视作停车信号

信号机的灯光熄灭、显示不明或显示不正确均视为停车信号。

4. 区分运行方向

有两个以上运行方向而信号显示不能区分运行方向时，应在信号机上安装进路表示器，由进路表示器指示运行方向。

（四）信号显示举例

根据某地铁公司《行车组织规则》的规定，信号显示的意义如下。

1. 正线地面信号机显示的意义

（1）绿色灯光：允许信号，表示道岔已锁闭，进路中所有道岔都开通直向。

（2）黄色灯光：允许信号，表示道岔已锁闭，进路中至少有一组道岔开通侧股。

（3）红色灯光：禁止信号，表示不允许列车越过该信号机。

（4）红色灯光和黄色灯光：引导信号，表示允许列车以不大于 25km/h 的速度越过该信号机，并随时准备停车。

（5）灭灯：表示对于非 CBTC 列车为禁止信号，不允许该类列车通过。

（6）其他显示：禁止信号，表示不允许列车通过。

2. 车场信号机显示的意义

（1）进场兼调车信号机显示的意义。

红色灯光：禁止信号，表示不允许列车越过该信号机。

黄色灯光：表示允许列车按规定速度进段。

白色灯光：调车信号，表示允许列车按规定速度越过该信号机调车。

黄色灯光和红色灯光：引导信号，表示允许列车一度停车后以不超过 25km/h 的速度进段，并随时准备停车。

（2）出库兼调车信号机显示的意义。

红色灯光：禁止信号，表示不允许列车越过该信号机。

黄色灯光：表示允许列车按规定速度出库或通过。

白色灯光：调车信号，表示允许列车按规定速度越过该信号机调车。

（3）车辆段内调车信号机。

白色灯光：调车信号，表示允许列车按规定速度越过该信号机调车。

蓝色灯光：表示禁止列车越过该信号机调车。

（4）总出发信号机。

红色灯光：禁止信号，表示不允许列车越过该信号机。

白色灯光：调车信号，表示允许列车按规定速度越过该信号机调车。

黄色灯光：表示允许列车按规定速度出段，前方进路上的道岔开通侧股。

（5）车辆段检修库内调车信号机。

白色灯光：表示允许列车越过该信号机调车。

红色灯光：禁止信号，表示不允许列车越过该信号机。

3．手信号显示的意义

在地下车站显示手信号时，按夜间方式显示。

某地铁公司手信号显示的意义如表2.3所示。

表2.3 某地铁公司手信号显示的意义

序号	手信号类别	昼间和夜间手信号显示
1	好了信号	显示时机：作业完成，确认无误。 收回时机：司机回示后。 显示地点：列车运行方向的尾端靠近急停按钮位置，面向列车运行方向显示。 昼间：拢起的信号旗上的弧线向列车方向作圆形转动。 夜间：白色灯光装置上的弧线向列车方向作圆形转动
2	停车信号	显示时机：从看见列车头灯开始。 收回时机：列车停车后。 显示地点：需要列车停车的安全位置。 昼间：展开的红色信号旗；无红色信号旗时，两臂高举头上，向两侧急剧摇动。 夜间：红色灯光；无红色灯光时，用白色灯光装置上下急剧摇动
3	紧急停车信号	显示时机：立即显示。 收回时机：列车停车后。 显示地点：就近显示。 昼间：展开的红色信号旗；无红色信号旗时，两臂高举头上，向两侧急剧摇动。 夜间：将红色灯光装置下压数次；无红色灯光时，用白色灯光上下急剧摇动
4	发车信号	显示时机：进路准备妥当，具备发车条件后。 收回时机：司机动车后。 显示地点：站台端墙外对应站界标/停车标位置。 昼间：展开的绿色信号旗上的弧线向列车方向作圆形转动。 夜间：绿色灯光装置上的弧线向列车方向作圆形转动

续表

序号	手信号类别	昼间和夜间手信号显示
5	引导信号	显示时机：从看见列车头灯开始。 收回时机：列车头部越过信号显示地点后。 显示地点：进站侧站台端墙外对应站界标/停车标位置。 昼间：展开黄色信号旗，将其高举头上并左右摇动。 夜间：将黄色灯光装置高举头上并左右摇动
6	道岔开通信号	显示时机：进路办理好时。 收回时机：列车头部越过信号显示地点后。 显示地点：在列车前方最近的道岔警冲标后方的指定位置。 昼间：地下车站使用绿色灯光，将绿色灯光装置高举头上并左右摇动；车辆段、停车场或地上车站使用拢起的黄色信号旗，将信号旗高举头上并左右摇动。 夜间：将绿色灯光（无绿色灯光时，为白色灯光）装置高举头上并左右摇动

相关案例

【案例1】 臂板信号机简介

臂板信号机利用臂板的位置、颜色、形状、数目等特征，完成各种信号显示，指挥行车，有单臂二显示、双臂三显示和三臂四显示等显示方式。三臂信号机如图2.6所示。

图2.6 三臂信号机

进站臂板信号机的显示原理如下。

（1）昼间，红色主臂板及黄色通过臂板下斜45°角，红色辅助臂板与机柱位置重叠。夜间，两个绿色灯光表示准许列车按规定速度经正线通过车站，出站信号机在开放状态，进路上的道岔均开通直向位置。

（2）昼间，红色主臂板下斜45°角，黄色通过臂板在水平位置，红色辅助臂板与机柱位置重叠。夜间，一个绿色灯光和一个黄色灯光表示准许列车经道岔直向位置进入站内正线准备停车。

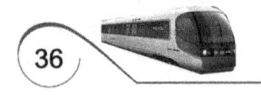

（3）昼间，红色主臂板及红色辅助臂板下斜45°角，黄色通过臂板在水平位置。夜间，一个绿色灯光和两个黄色灯光表示准许列车经道岔侧向位置进入站内准备停车。

（4）昼间，红色主臂板及黄色通过臂板均在水平位置，红色辅助臂板与机柱位置重叠。夜间，一个红色灯光和一个黄色灯光表示不准列车越过该信号机。

【案例2】 响墩及火炬信号

响墩信号（见图2.7）及火炬信号（见图2.8）均要求紧急停车。停车后，如无防护人员，机车乘务人员应立即检查前方线路，如无异状，列车以在瞭望距离内能随时停车的速度继续运行，但最大不得超过20km/h。在自动闭塞区间，列车运行至前方第一个通过信号机前，如无异状，即可按该信号机显示的要求执行；在半自动闭塞区间，列车运行1km后，如无异状，可恢复正常速度运行。

图2.7 响墩信号 　　　　图2.8 火炬信号

知识拓展

信号颜色的选择

信号颜色的选择应能达到显示明确、辨认容易、便于记忆和具有足够的显示距离等基本要求。经过理论分析和长期实践，铁路信号的基本色为红色、黄色、绿色，再辅以蓝色、月白色等，由这几种颜色的信号构成铁路信号的基本显示系统。

早期铁路信号的光源一般为白炽灯产生的白光（现阶段，城市轨道交通信号一般采用LED光源）。白光是一种复合光，由红、橙、黄、绿、青、蓝、紫七种颜色的光混合而成。其中，红光波长最长，紫光波长最短。一般来说，波长越长的光，穿透周围介质（如空气等）的能力越强，显示距离就越远。

因为人眼对红色辨认起来最敏感，红色比其他颜色更能引人注意，会使人产生不安全感，所以规定红色灯光为停车信号是最理想的。

黄色（实际上是橙黄色，简称黄色）光线透过玻璃的能力较强，显示距离较远，又具有较高的分辨力，辨认正确率接近100%，故采用黄色灯光作为注意和减速信号。

绿色和红色的反差最大，容易分辨，而绿色灯光显示距离较远，能满足信号显示的要求，故采用绿色灯光作为列车按规定速度运行的信号。

调车信号机的关闭不能影响列车运行，一般不采用红色灯光作为禁止调车信号，而是采用蓝色灯光，因其具有较高的诱目性和较大的辨认率。调车信号机的允许信号采用月白色灯光，主要目的是与其他普通照明电源相区别。蓝色、白色灯光虽显示距离较近，但因为调车速度较慢，所以能满足调车作业的需要。

紫色灯光具有较高的区别性，作为道岔状态表示器表示道岔在直向开通的灯光，基本上能满足需要。

任务二　认识信号机

学习目标

（1）了解信号机的设置。
（2）了解信号机的分类。
（3）了解铁路色灯信号机的灯光配列。
（4）了解色灯信号机的结构。

学习任务

认识信号机，主要认识高柱信号机、矮型信号机，以及了解信号机设置的一般原则和铁路色灯信号机。

工具设备

矮型信号机和信号机设置图片。

教学环境

室内信号实训基地、校外地铁站、车辆段、多媒体教室。

基础知识

一、信号机的作用

城市轨道交通运输是以电客车等移动设施和城市轨道交通线路、桥梁隧道、站场等固定设施为基本设施，以地铁站为运输生产基地的实现乘客运输的系统。信号机的主要作用如下。

（一）提高通过能力和运输效率

信号机可以明显地提高通过能力和运输效率。这表现在提高列车运行密度和运行速度，加速机车的周转，加快乘客的送达，减少列车停站时间，减少列车运缓，以及保证正点等。

（二）保证列车运行和调车工作的安全

信号机是保证行车安全的主要技术装备。它确保运输安全的使命可概括为减少事故件数、降低事故等级、减少事故损失。为保证列车运行和调车工作的安全而采取的措施有以下几点。

（1）在车站，为了确保站内行车作业安全，提高运输效率，对道岔、进路、信号实施了集中操纵与控制；为了防止人为失误，安装了车站联锁设备。

（2）在区间，为了防止列车发生冲突或追尾事故，保证列车按空间间隔运行，提高运输能力，防止人为失误，安装了区间闭塞设备。

（3）在电客车上，为了保证列车安全运行，改善司乘人员的劳动环境，及时、准确地向电客车提供前方地面信号的显示状态，并逐步实现列车调度的自动控制，安装了驾驶室人机界面（DMI）信号设备。

（4）在运行控制中心（OCC），为了实现电客车运行指挥的自动化，在指挥中心安装了调度监督设备、调度集中设备和铁路行车调度指挥系统，并把各车站的车辆停留与占用情况和列车在区间的运行情况，通过显示屏提供给行车指挥人员，以便控制中心调度员、车站调度员和车场调度员等行车指挥人员及时进行调整与控制。

二、信号机的设置和分类

（一）信号机设置的一般原则

1. 地面信号机的设置

城市轨道交通采用右侧行车制，其地面信号机设于列车运行方向的右侧，位于地下的部分一般安装在隧道壁上，特殊情况（如受到设备限界、其他建筑物或线路条件等的影响）可设于列车运行方向的左侧或所属线路的中心线上方。

2. 信号机类型的选择

信号机按照机柱类型分类，一般可以分为高柱信号机和矮型信号机。高柱信号机具有显示距离远、观察位置明确等优点，因此车辆段的进段、出段信号机及停车场的进场、出场信号机一般采用高柱信号机。

至于对显示距离要求不高，以及隧道内安装空间有限的情况，一般采用矮型信号机。

3. 对信号机的限界要求

依据国家标准的要求，在一般情况下，铁路高柱信号机最突出的边缘与正线和允许通过超限货物列车的站线中心线的距离为2440mm，与其他站线中心线的距离为2150mm，矮型信号机与线路中心线的距离为1875mm。

信号机不得侵入设备限界。设备限界是用以限制设备安装的控制线。直线地段的设备限界是在直线地段的基础上与设备保持一定的安全距离后形成的：车体肩部横向外扩100mm，边梁下端横向外扩30mm，接触轨横向外扩185mm，车体竖向加高60mm，受电弓竖向加高50mm，车下悬挂物下降50mm。

（二）信号机的编号

信号机的编号，各个城市不是十分统一。例如，有的城市上行用"S"表示，下行用"X"表示；有的城市用上行编号尾数用双数表示，下行编号尾数用单数表示。以卡斯柯信号系统为例，某城市1号线某车站的代码为23，该车站的信号机编号如图2.9所示。图2.9中信号机的编号遵循由近及远，上行信号机编号的尾数为偶数，下行信号机编号的尾数为单数的原则。

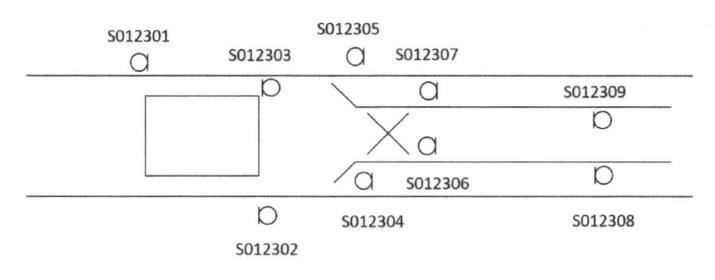

图2.9　某城市1号线某车站的信号机编号

信号机的编号

（三）正线上的信号机设置

城市轨道交通有的车站设有道岔，有的车站仅有两条正线，因此应根据各站设备的具体情况来设置信号机。正线上常用的信号机包括以下几种。

1. 防护信号机

在正线道岔岔前和岔后的适当地点设置防护信号机，用以保护前方的道岔区域，防止列车误入而造成道岔设备损坏或引发其他安全事件。图2.9中的S012302、S012303、S012304、S012305、S012306和S012307是防护信号机。

2. 阻挡信号机

信号机设置

一个红灯阻挡信号机在显示红灯时采用单显示机构，只有一个红灯。当车站设置有阻挡信号机时，将阻挡信号机与防护信号机一同按顺序编号。阻挡信号机一般设置在线路尽头、折返进路终端等位置。正线上阻挡信号机的设置如图2.10所示，其中，S012308和S012309为阻挡信号机。

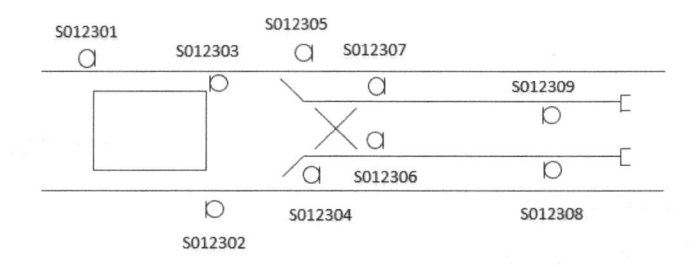

图2.10　正线上阻挡信号机的设置

3. 区间信号机

对于采用CBTC系统模式的城市轨道交通，区间信号机已经不具备主体信号机的作用。一般在区间不设置通过信号机。为便于驾驶员在城市轨道交通信号设备发生故障、CBTC

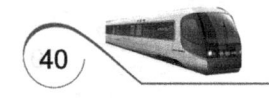

系统模式不可用时控制列车的运行，可以根据需要设置区间信号机。一般在长大区间降级模式下，为满足必要的追踪间隔，需设置区间信号机。

区间信号机采用三显示机构，自上而下的灯位为黄灯、绿灯、红灯，具体显示含义如下：一个红色灯光表示禁止列车越过该信号机；一个绿色灯光表示列车运行前方至少有两个闭塞区段空闲，允许列车按指令速度越过该信号机；一个黄色灯光表示列车运行前方只有一个闭塞区段空闲，列车应减速运行通过该信号机，并随时准备停车。三显示区间信号机示意图如图2.11所示。

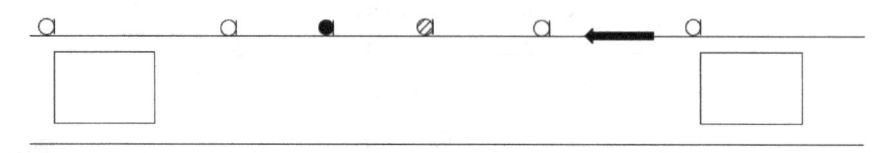

图2.11 三显示区间信号机示意图

4. 进站信号机、出站信号机

由于城市轨道交通列车编组通常是4节或6节编组，列车的长度为120m左右，所以城市轨道交通车站一般只设出站信号机。出站信号机设置列车正常运行方向的站界标处，即在列车由车站向区间发车地点的前方，指示列车能否由车站进入区间。出站信号机的灯光配列采用三显示方式，出站前方有道岔时，出站信号机可兼做道岔防护信号机，如图2.12所示的两个信号机，S012501和S012502分别是出站信号机和出站信号机兼做道岔防护信号机。

5. 列车发车计时器（TDT，倒计时发车牌）

车站可在正向出站方向的站台一侧、列车停车位置前方的适当地点设置TDT，向驾驶员显示停站倒计时。TDT平时不亮灯，列车停靠后根据停站时间进行倒数，提醒驾驶员关闭车门，按规定发车。TDT如图2.13所示。

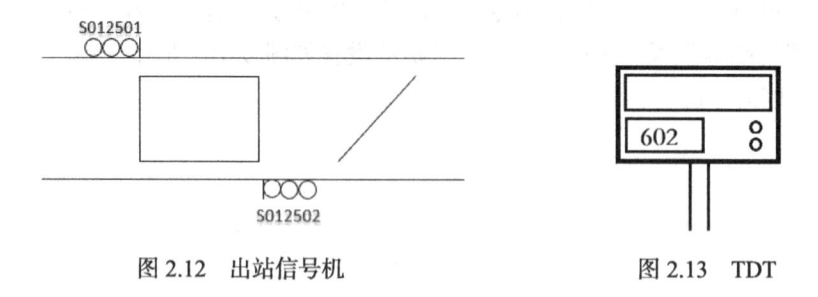

图2.12 出站信号机

图2.13 TDT

（四）车辆段/停车场的信号机设置

1. 进段/进场信号机的设置

在车辆段/停车场入口的转换轨外侧设置进段/进场信号机。进段/进场信号机采用双机构，带引导信号机构，自上而下的灯位可以为黄灯、绿灯、红灯、黄灯、白灯，也可与防护信号机的灯光配列相同，具体显示的含义如下：

红色灯光：表示禁止列车越过该信号机入场。

绿色灯光：表示封停。

红色灯光+白色灯光：引导信号，表示允许列车停车后，采用限制人工驾驶模式，以不超过 20km/h 的速度越过道岔区段，并随时准备停车。

一个黄色灯光：表示进路中所有道岔都开通直向，允许列车直股入段/入场。

两个黄色灯光：表示进路中至少有一副道岔开通侧向，允许列车侧股入段/入场，如图 2.14 中的 SJ1、SJ2 所示。

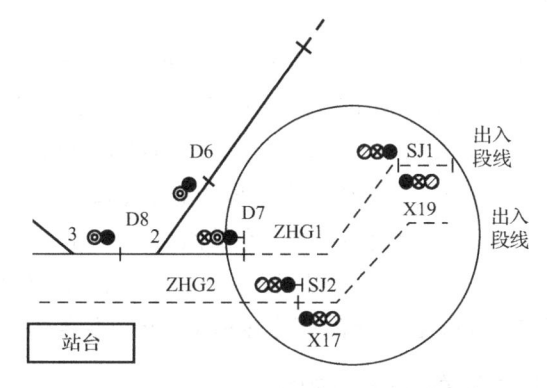

图 2.14 进段/进场信号机的设置

2. 出段/出场信号机的设置

在车辆段/停车场的出口处设置出段/出场信号机。出段/出场信号机采用三显示机构，自上而下的灯位为黄灯、绿灯、红灯。也可为绿灯、红灯、白灯，具体显示的含义与防护信号机显示的含义相同，如图 2.15 中的 SC1、SC2 所示。

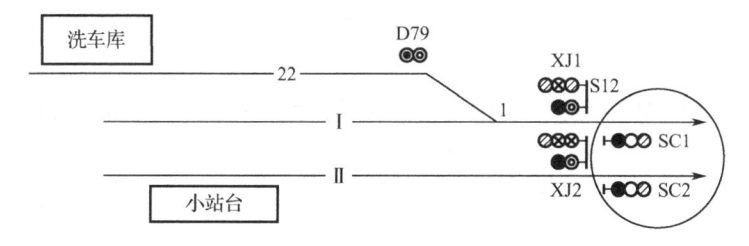

图 2.15 出段/出场信号机的设置

3. 调车信号机的设置

在车辆段/停车场内，根据需要在适当地点设置调车信号机。调车信号机采用二显示机构，自上而下的灯位为白灯、蓝灯（或红灯），具体显示的含义如下。

一个白色灯光：表示允许列车越过该信号机调车。

一个蓝色灯光或一个红色灯光：表示严禁列车越过该信号机调车，如图 2.16 中的 D79 所示。

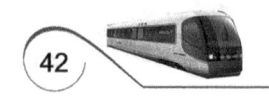

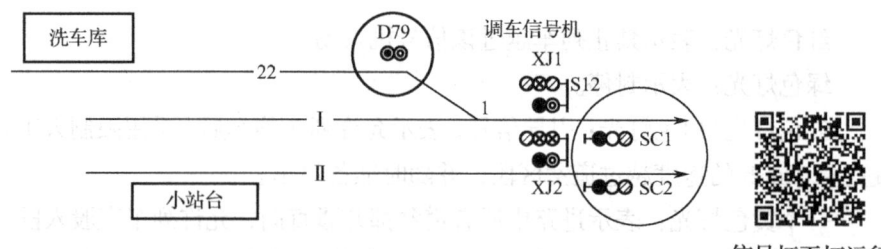

图 2.16 调车信号机的设置

三、铁路色灯信号机

铁路色灯信号机会发出信号。信号是指示铁路列车运行及调车作业的命令，有关行车人员必须严格执行。视觉信号分为昼间信号、夜间信号及昼夜通用信号。在昼间，遇到降雾、暴风雨雪及其他情况，致使停车信号的显示距离不足 1000m，注意信号或减速信号的显示距离不足 400m，或者调车信号及调车手信号的显示距离不足 200m 时，应使用夜间信号。隧道内只采用夜间信号或昼夜通用信号。在铁路沿线及站内，禁止设置妨碍确认信号的红色、黄色、绿色的装饰彩布、标语和灯光。在车站内已装有妨碍确认信号的设备时，应拆除该类设备或采取遮光措施。在规定的信号显示距离内，不准种植影响信号显示的树木。

（一）色灯信号机定位和关闭时机的规定

（1）信号机定位规定。进站信号机、出站信号机、进路信号机、调车信号机、驼峰信号机、驼峰辅助信号机均以显示停车信号为定位；线路所的通过信号机以显示停车信号为定位，其他通过信号机以显示进行信号为定位；接近信号机、进站预告信号机和非自动闭塞区段通过信号机的预告信号机以显示注意信号为定位；遮断信号机、遮断预告信号机、复示信号机以无显示为定位。在自动闭塞区段内的车站（线路所），如果将进站信号机、正线出站信号机及其直向进路内的进路信号机转为自动动作，则这几种信号机以显示进行信号为定位。

（2）信号机关闭时机规定。集中联锁车站的进站信号机、进路信号机、出站信号机、通过信号机在机车或车辆第一轮对越过它们后自动关闭。调车信号机在调车车列全部越过它后自动关闭。当调车信号机外方不设轨道占用检查装置或虽设轨道占用检查装置而占用时，调车信号机可在调车车列全部出清调车信号机内方第一个区段后自动关闭，根据需要，也可在调车车列第一轮对进入调车信号机内方第一个区段后自动关闭。引导信号机应在列车头部越过它后及时关闭。

（二）进站信号机

1. 作用

进站信号机的作用有防护车站，指示列车的运行条件，以及保证接车进路的正确和安全可靠。凡车站的列车入口处，必须装设进站信号机。

2. 位置

进站信号机的位置为距离最外方进站道岔尖轨尖端（顺向为警冲标）大于 50m、小于 400m 处。

3. 命名

进站信号机按运行方向命名,用于指示上行列车运行的进站信号机被称为上行进站信号机,用"S"表示;用于指示下行列车运行的进站信号机被称为下行进站信号机,用"X"表示。当同一咽喉区有多个方向的线路接入时,根据所属区间线路连接的相邻车站,以其名称的汉语拼音字头作为"S"或"X"的下标。

4. 灯光配列

(1)一个黄色灯光:表示准许列车经过道岔的直向位置进入站内正线准备停车,如图 2.17(a)所示。

(2)两个黄色灯光:表示准许列车经过道岔的侧向位置进入站内准备停车(适用于半自动闭塞、三显示自动闭塞情况),如图 2.17(b)所示。

(3)一个黄色闪光和一个黄色灯光(稳定光):准许列车经过 18 号及以上道岔的侧向位置进入站内,越过次一架已经开放的信号机,且该信号机防护的进路经过道岔的直向位置或 18 号及以上道岔的侧向位置(适用于半自动闭塞、三显示自动闭塞情况),如图 2.17(c)所示。

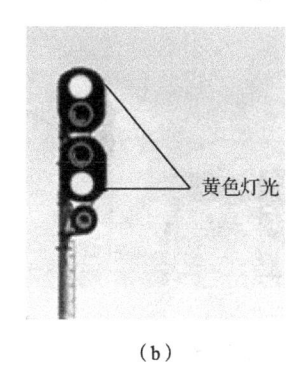

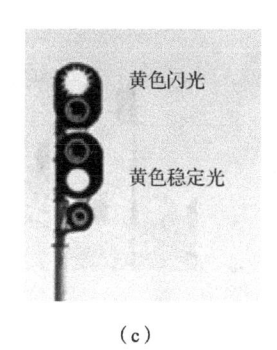

图 2.17 进站信号机

(三)出站信号机

1. 作用

出站信号机的作用有防护区间,作为列车占用区间的凭证,以及指示列车能否进入区间。当显示禁止灯光时,出站信号机指示列车在站内的停车位置。

2. 位置

出站信号机的位置应设置在车站内有发车作业的正线上和发线端部的适当地点,尽量不影响股道的有效长度。

3. 命名

用于指示上行列车运行的出站信号机被称为上行出站信号机,用"S"表示;用于指示下行列车运行的出站信号机被称为下行出站信号机,用"X"表示。以所属股道的号码作为"S"或"X"的下标。当有数个车场时,下标应先加车场号,再加股道号码。

4. 灯光配列

（1）一个绿色灯光：表示准许列车由车站出发，列车运行前方至少有两个闭塞分区空闲（适用于半自动闭塞、三显示自动闭塞情况），如图 2.18（a）所示。

（2）一个黄色灯光：表示准许列车由车站出发，列车运行前方有一个闭塞分区空闲（适用于半自动闭塞、三显示自动闭塞情况），如图 2.18（b）所示。

（3）一个红色灯光：表示禁止列车越过该信号机（适用于半自动闭塞、三显示自动闭塞情况），如图 2.18（c）所示。

（4）在出站信号机兼做调车信号机时，一个月白色灯光表示准许越过该信号机调车（适用于半自动闭塞、三显示自动闭塞情况），如图 2.18（d）所示。

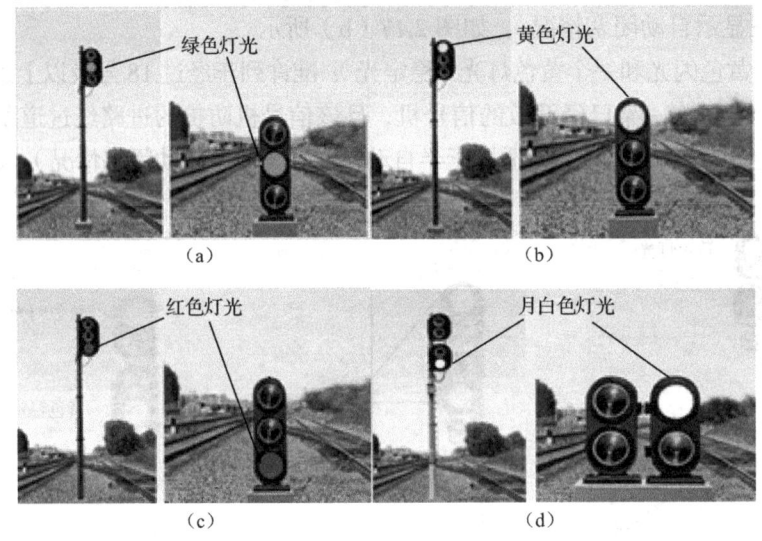

图 2.18 出站信号机

（四）通过信号机（自动闭塞区段通过信号机）

1. 作用

通过信号机的作用为防护闭塞分区，以及指示列车能否进入运行前方的闭塞分区。

2. 位置

通过信号机的位置为每个闭塞分区的入口处。

3. 命名

通过信号机的编号是由其坐标的千米数和百米数组成的，下行通过信号机的编号为奇数，上行通过信号机的编号为偶数。例如，在 100km+350m 处设置的通过信号机，上行方向的编号为 1003，下行方向的编号为 1004。

4. 灯光配列（三显示自动闭塞区段）

（1）一个绿色灯光：表示准许列车按规定速度运行，列车运行前方至少有两个闭塞分区空闲，如图 2.19（a）所示。

（2）一个黄色灯光：表示要求列车注意运行，列车运行前方有一个闭塞分区空闲，如图 2.19（b）所示。

（3）一个红色灯光：表示列车应在该信号机前停车，如图 2.19（c）所示。

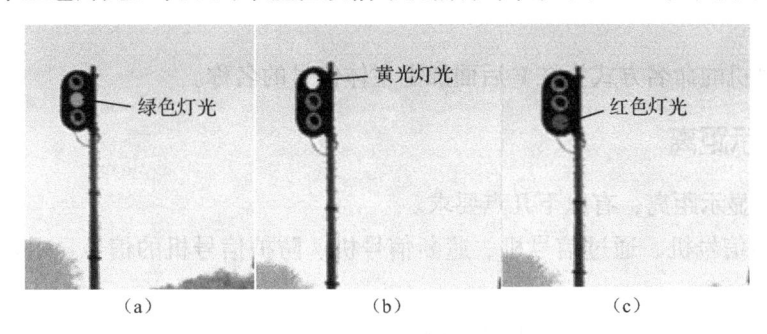

图 2.19　通过信号机

（五）预告信号机

在非自动闭塞区段的进站信号机、线路所通过信号机及遮断信号机的前方，应装设预告信号机。自动闭塞区段进站信号机前方的第一架通过信号机已经起到预告信号机的作用，该信号机的机柱上涂有三条黑色斜线。

1. 作用

预告信号机的作用为预告主体信号的显示。

2. 命名

预告信号机的命名方式为在 Y 后面加上主体信号的名称。

（六）接近信号机

在列车运行速度超过 120km/h 的非自动闭塞提速区段，车站进站信号机外设置两段轨道电路，分别为第一接近区段和第二接近区段，在两个接近区段的分界处设置接近信号机。

1. 作用

接近信号机的作用为预告进站信号机的显示。

2. 命名

接近信号机的命名方式为在 J 后面加上主体信号的名称。

（七）复示信号机

1. 作用

当进站信号机、出站信号机、进路信号机、调车信号机等因受地形、地物影响而达不到规定的显示距离时，在其前方适当地点设置复示信号机可以保证信号的连续显示。

2. 命名

复示信号机的命名方式为在 F 后面加上主体信号的名称。

（八）遮断信号机

1. 作用

在繁忙的道口，有人看守的较大桥梁、隧道，以及可能危及行车安全的塌方落石地点，根据需要装设遮断信号机。当出现危及行车安全的情况时，由看守人员操纵遮断信号机，显示一个红色灯光,不准列车越过该信号机。

2. 命名

遮断信号机的命名方式为在 F 后面加上主体信号的名称。

四、信号显示距离

关于信号显示距离,有以下几点要求。

(1)进站信号机、通过信号机、遮断信号机、防护信号机的信号显示距离不得小于 1000m。

(2)高柱出站信号机、高柱进路信号机的信号显示距离不得小于 800m。

(3)出站信号机、进路信号机、预告信号机、驼峰信号机的信号显示距离不得小于 400m。

(4)调车信号机、矮型出站信号机、矮型进路信号机、复示信号机容许和引导信号及各种表示器的信号显示距离均不得小于 200m。

(5)在因地形、地物影响信号显示的地方,进站信号机、通过信号机、预告信号机、遮断信号机、防护信号机的信号显示距离在最坏条件下不得小于 200m。

五、固定信号机的定位显示

信号机有开放和关闭两种状态,其经常保持的显示状态为定位显示。信号机定位显示的确定,一般应考虑保证行车安全,以及提高运输效率及信号显示自动化等因素。在车站或线路所,由人工控制的信号机以禁止灯光为定位显示,这些禁止灯光包括进站通过信号机、出站通过信号机、线路所通过信号机的红色灯光,以及调车信号机的蓝色灯光等。

受列车运行等影响能够自动关闭和开放的信号机一般以允许灯光为定位显示,这些允许灯光包括自动闭塞通过信号机的绿色灯光,进站信号机前方的第一架通过信号机兼预告信号机的黄色灯光。

预告信号机和接近信号机的定位显示为黄色灯光,遮断信号机和各种复示信号机的定位显示为无显示。

六、透镜式色灯信号机和 LED 色灯信号机

色灯信号机以其信号灯的颜色、数目和亮灯状态来表示信号。铁路因为站间距离、区间闭塞区段距离大,现多采用透镜式色灯信号机。透镜式色灯信号机因为结构简单,安全方便,且控制电路所需的电缆芯线少,所以得到广泛采用。LED 色灯信号机因为节能、寿命长,在城市轨道交通中得到了广泛应用。

(一)透镜式色灯信号机

透镜式色灯信号机有高柱和矮型两种,高柱透镜式色灯信号机的机构安装在钢筋混凝土信号机柱上,矮型透镜式色灯信号机的机构安装在信号机水泥基础上。

高柱透镜式色灯信号机由机柱、机构、托架、梯子等部分组成，如图 2.20（a）所示。机柱用于安装机构和梯子。机构的每个灯位配备有相应的透镜组和单独点亮的灯泡，并给出信号显示。托架用于将机构固定在机柱上，每个机构需安装上、下托架各一个。梯子用于信号机维修人员攀登及作业。

透镜式色灯信号机有两灯位、三灯位和四灯位 3 种，城市轨道交通信号系统一般使用两灯位和三灯位透镜式色灯信号机。高柱透镜式色灯信号机和矮型透镜式色灯信号机又各有单机构和双机构之分。单机构即只有一个机构，可构成二显示、三显示和单显示信号机；双机构可构成四显示、五显示信号机。各种信号机根据需要，还可以分别带引导信号机构、容许信号机构或进路表示器。

透镜式色灯信号机的每个灯位主要由灯泡、灯座、透镜组（外透镜和内透镜）、遮檐等组成，如图 2.20（b）所示。

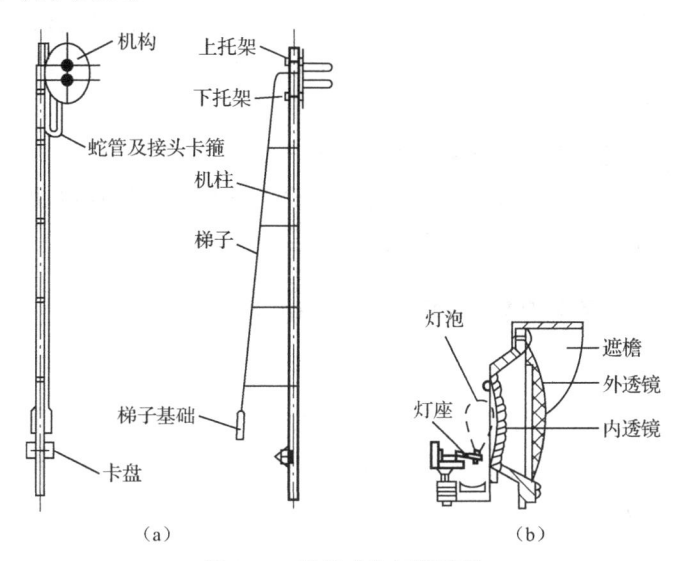

图 2.20　透镜式色灯信号机

（二）LED 色灯信号机

LED 色灯信号机的机构由铝合金材料构成，质量轻，便于进行施工安装；点灯单元由 LED 构成，使用寿命长、亮度高、免维护。LED 色灯控制系统在其与现有点灯控制电路兼容，以及 LED 驱动电路与二极管供电方式的设计方面取得了突破，通过监测控制系统的电流，可监督信号显示系统的工作状态，预警异常情况，有助于准确判断故障点并及时处理故障。LED 信号显示机构作为一种节能、免维护的新型信号机，在城市轨道交通信号系统中得到广泛运用。

LED 色灯信号机主要由点灯变压器、超高亮度 LED 矩阵（发光盘）、光学透镜、固定框架等组成。

相关案例

【案例1】 铁路四显示自动闭塞区段进站色灯信号机

有关铁路四显示自动闭塞区段进站色灯信号机的几种灯光的介绍如下。

（1）一个绿色灯光：表示准许列车按规定速度经过道岔的直向位置进入或通过车站，列车运行前方至少有三个闭塞分区空闲。

（2）一个黄色灯光：表示准许列车按限速要求越过该信号机，经过道岔的直向位置进入站内正线准备停车。

（3）两个黄色灯光：表示准许列车按限速要求越过该信号机，经过道岔的侧向位置进入站内准备停车。

（4）一个黄色闪光和一个黄色灯光：表示准许列车经过 18 号及以上道岔的侧向位置进入站内，越过次一架已经开放的信号机，且该信号机所防护的进路经过道岔的直向位置或 18 号及以上道岔的侧向位置。

（5）一个红色灯光：表示禁止列车越过该信号机。

（6）一个绿色灯光和一个黄色灯光：表示准许列车按规定速度越过该信号机，经过道岔的直向位置进入站内，次一架信号机已经开放一个黄灯。

【案例2】 XDZ-B 型多功能信号点灯装置

（一）基本原理

XDZ-B 型多功能信号点灯装置将信号灯的点灯和灯丝的转换结合为一体，取代了变压器和灯丝转换继电器，采用了软启动方式，延长灯泡使用寿命。XDZ-B 的定义为 X（信号）、D（点灯）、Z（装置）、B（产品序号）。XDZ-B 型多功能信号点灯装置的工作原理如图 2.21 所示。

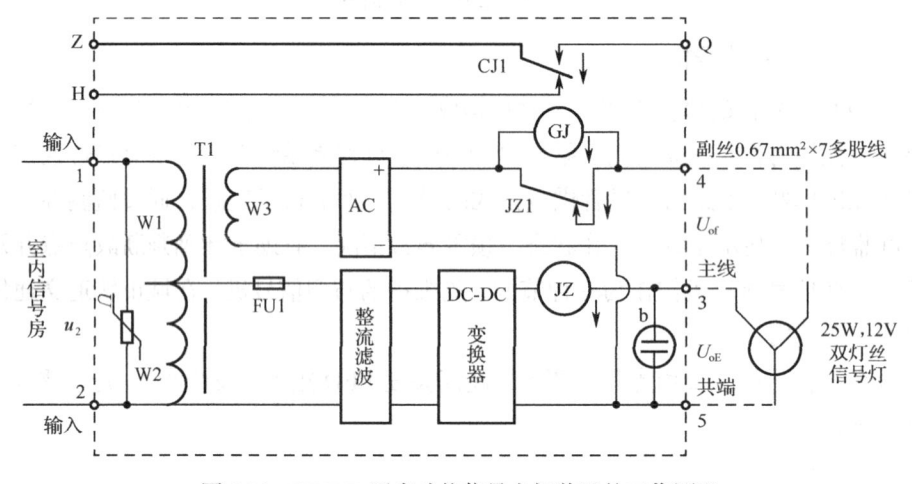

图 2.21 XDZ-B 型多功能信号点灯装置的工作原理

（二）定义

（1）冷丝冲击电流：点灯开始的瞬间，灯丝处于冷态时所经过的电流。信号机灯丝的冷态电阻约为 0.5Ω，如果在信号机开启时，输出电压瞬间加在灯丝上，此时的冷丝冲击电流在 10A 以上，会影响灯丝的寿命。

（2）软启动时间：在灯丝点亮的瞬间，加在灯丝上的电压（仅为 3V）远低于额定电压 12V，然后经过 0.05～0.2s 上升至额定值，这段时间被称为软启动时间。

（三）主要技术参数

（1）工作电压：220×(1-20%)～220×(1+15%)V（176～253V），单相交流。
（2）额定负载：25W,12V 双灯丝信号灯。
（3）灯丝输出电压：在额定负载情况下为 DC 10.7～11.99V。
（4）空载电流：在最大输入电压下，不大于 16mA。
（5）主灯丝冷丝冲击电流：不大于 6A。
（6）主灯丝软启动时间：0.05～0.2s。
（7）灯丝转换时间：0.1s。
（8）环境温度：-25～60℃。
（9）相对湿度：小于 90%（温度为 25℃时）。
（10）电阻：输入端子、输出端子对地的绝缘电阻，不小于 25MΩ。

知识拓展

信号机灯丝故障案例

1. 故障案例一

故障现象：控制台 D202 信号机复示器闪。

故障分析：信号机复示器闪一般是蓝灯电路故障，先在室内测点灯电压，若电压正常，则是室外故障。

故障处理：在室内测量点灯电压的结果正常，在室外变压器箱内测量蓝灯二次电压为 12V，也正常，则判断故障为灯泡断丝，更换灯泡后，故障消除。

2. 故障案例二

故障现象：驼峰溜放或开放黄闪灯时，信号非正常关闭。

故障分析：驼峰主体信号机的信号非正常关闭，怀疑如下两点。

（1）人工误操作，误按切断信号按钮，或者误碰室外检测按钮 AZ1、AZ2，使得 QXJ 落下。

（2）信号机内部故障。

故障处理：在控制台观察发现，开放黄闪灯时，信号非正常关闭，有灯丝断丝提示，

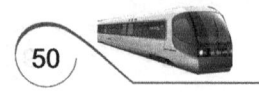

可认定故障为黄灯灯丝断丝，现场更换黄灯灯泡后，故障消除。

任务三　信号机操作运用实例——认识和使用信号机

1. 实训项目教师工作活页

实训项目教师工作活页如表 2.4 所示。

表 2.4　实训项目教师工作活页

实训项目	认识和使用信号机		
学时	2	班级	略
实训场所	道岔信号实验室		
工具设备	信号布置图、多媒体课件、示教板、多媒体设备		
教学目标	专业能力目标	（1）学生能够说出信号机的作用。 （2）学生能够说出信号机显示所表达的含义。 （3）学生能够说出信号机设置的基本原则。 （4）学生能够绘制有岔车站的信号布置图。 （5）学生能够处理信号机的简单故障	
	方法能力目标	（1）学生能综合运用专业知识，通过专业书籍、多媒体课件和图片资料来获得辅助信息。 （2）学生能根据实训项目的学习任务来确定实训方案，从中学会展示活动过程和成果	
	社会能力目标	（1）学生能在实训活动中保持积极向上的学习态度。 （2）学生能与小组成员和教师就学习中的问题进行交流和沟通。 （3）学生能与他人共享学习资源，具有较强的合作能力和良好的团队协作精神	
教学评价	（1）学生活动：①以 5~7 人小组为单位开展实训活动，根据本组同学在实训过程中的能力表现及结果进行自评和组内互评；②根据其他小组同学在成果展示活动中的表现及结果进行组间互评。 （2）教师活动：①教师组织学生开展评价活动和总结；②对学生在本实训项目中的任务成绩做出综合评价		
教学资料	（1）城市轨道交通信号设备教材。 （2）《铁路技术管理规程》。 （3）实训项目学生学习活页		
指导教师		教学时间	年　月　日

2. 实训项目学生学习活页

实训项目学生学习活页如表 2.5 所示。

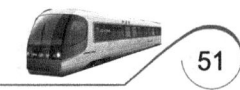

表2.5　实训项目学生学习活页

实训项目　认识和使用信号机

班级：_____　姓名：_____　学号：_____　时间：_____

一、实训目标

1. 专业能力目标

（1）能够说出信号机的作用。

（2）能够说出信号机显示所表达的含义。

（3）能够说出信号机设置的基本原则。

（4）能够绘制有岔车站的信号布置图。

（5）能够处理信号机的简单故障。

2. 方法能力目标

（1）能综合运用专业知识，通过专业书籍、多媒体课件和图片资料来获得辅助信息。

（2）能根据实训项目的学习任务来确定实训方案，从中学会展示活动过程和成果。

3. 社会能力目标

（1）能在实训活动中保持积极向上的学习态度。

（2）能与小组成员和教师就学习中的问题进行交流和沟通。

（3）能与他人共享学习资源，具有较强的合作能力和良好的团队协作精神。

二、知识总结

（1）城市轨道交通信号有哪些形式？

（2）铁路信号机有哪些类型？

（3）简述各种信号机的灯光配列。

（4）简述城市轨道交通中色灯信号机的命名方式。

（5）简述城市轨道交通信号的显示方式和显示制度。

续表

三、操作应用

（1）在下面的站场线路图中合理布置信号机，标注信号机名称，说明其所起的作用。在该图中，RF 指射频发射器。

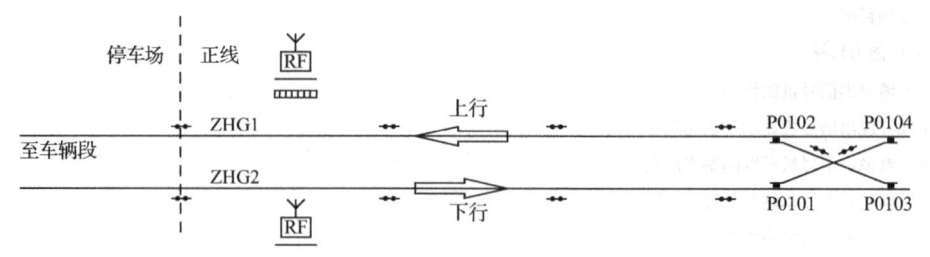

```
         停车场 │ 正线
                │        ┌──┐
                │        │RF│
                │        └──┘
         ──────ZHG1──────────── ←── 上行 ────────  P0102    P0104
     至车辆段                                              ╳
         ──────ZHG2──────────── ──→ 下行 ────────  P0101    P0103
                │        ┌──┐
                │        │RF│
                │        └──┘
```

（2）比较透镜式色灯信号机与 LED 色灯信号机之间的异同。

（3）信号机如何布置？

（4）信号机是如何编号的？

四、实训小结

_____

_____

_____

五、成绩评定

1. 学生评价

评价等级	A	B	C	D	E
学生自评					
组内互评					
组间互评					

2. 教师评价

评价等级	A	B	C	D	E
专业能力					
方法能力					
社会能力					
评价结果					

续表

3. 综合评价

评价等级	A	B	C	D	E
评价结果					

注：按照学生自评分数占 10%、组内互评分数占 10%、组间互评分数占 20%、教师评价分数占 60%的比例计分，其中，A—优，100 分；B—良，85 分；C—中，75 分；D—及格，60 分；E—不及格，50 分。

4. 评价量规

等级	行为表现描述
A	能圆满、高效地完成实训任务的全部内容
B	能顺利地完成实训任务的全部内容
C	能完成实训任务的全部内容，但需要一些帮助和指导
D	自己只能完成实训任务的部分内容，但在他人的现场指导下，能完成实训任务的全部内容
E	不能完成实训任务的全部内容

思考与练习

1. 请画出一个具有站后双线折返构造的城市轨道交通车站的站场图，并在图上布置信号机。
2. 信号机的设置原则是什么？
3. 以卡斯柯信号系统为例，信号机编号的原则是什么？
4. 三显示区间信号机的显示含义是什么？
5. LED 色灯信号机有哪些特点？

项目三 道岔与转辙机

道岔是列车从一个股道转向另一个股道的转辙设备，是轨道线路中最关键的特殊设备，也是城市轨道交通信号系统的主要控制对象之一。转辙机是道岔控制系统的执行机构，用于道岔的转换与锁闭，是道岔动作的动力部分，它通过杆件作直线运动，使道岔尖轨位移来改变道岔的位置，并给出道岔状态的表示。

转辙机是重要的信号基础设备，是直接关系行车安全的关键设备。它对于保证行车安全，提高运输效率，以及降低行车人员的劳动强度，起着非常重要的作用。

任务一 认识道岔与转辙机

学习目标

（1）了解道岔的结构。
（2）了解道岔的分类。
（3）了解转辙机的结构。

学习任务

认识道岔与转辙机，主要认识道岔的机械结构、分类、编号和转辙机的结构。

工具设备

7号道岔、钩锁器、手摇把、ZD6-A型电动转辙机。

教学环境

室内信号实训基地、校外地铁站、车辆段、多媒体教室。

基础知识

一、道岔

（一）道岔的结构

道岔的机械结构图和结构示意图分别如图3.1和图3.2所示。它有两根可以移动的尖轨，尖轨的外侧是两根固定的基本轨，与尖轨和基本轨相连接的是四根合拢轨，其中，两根合拢轨是直向的，另外两根合拢轨是弯向的（其曲线叫作道岔导曲线）。与两根内侧合拢轨相连的辙叉由两根翼轨、一个辙叉心和两根护轨组成。护轨和翼轨用于固定车轮运行叉，因为机车车辆通过道岔时都要经过辙叉的"有害空间"，如果不固定车轮轮缘的前进方向，就有可能造成脱轨事故。

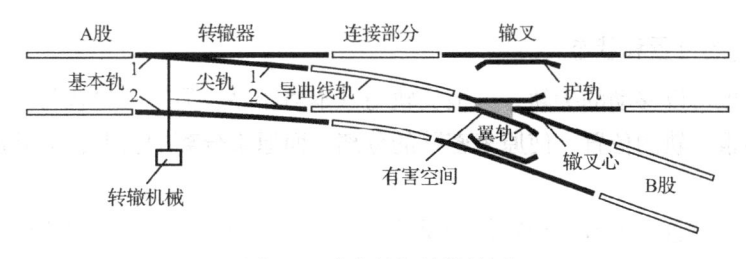

图 3.1 道岔的机械结构图

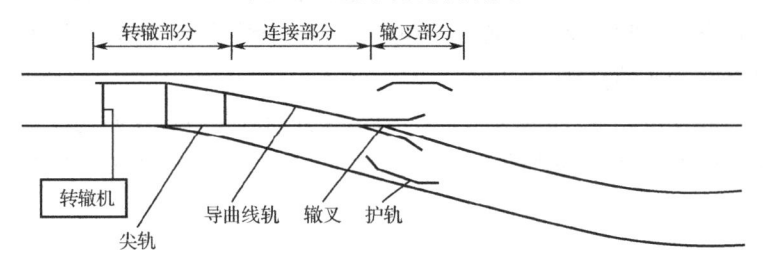

图 3.2 道岔的结构示意图

（二）辙叉号数

道岔辙叉角的余切值叫作辙叉号数。

辙叉心几何关系如图 3.3 所示。

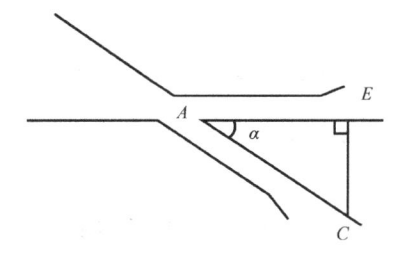

图 3.3 辙叉心几何关系

道岔辙叉号数和辙叉心的几何关系如下：

$$N=AE/CE=\cot \alpha$$

式中，N 为辙叉号数；α 为辙叉角；CE 为辙叉心工作边上的任一点 C 与另一工作边的垂直距离；AE 为由辙叉理论尖端沿工作边至 CE 垂足 E 的长度。

地铁线路常用的标准道岔有 7 号、9 号道岔。正线及折返线上一般采用 9 号道岔，车辆段/停车场内一般采用 7 号道岔。为了行车安全、平稳，不同型号道岔的参数有很大不同。7 号道岔和 9 号道岔的参数如表 3.1 所示。

表 3.1 7 号道岔和 9 号道岔的参数

辙叉号数（N）	7	9
辙叉角	8°07'48"	6°20'25"
余切值	7.000 1	8.999 9
全长	约 23m	约 30m
速度/（km/h）	25	30

(三) 道岔的位置和状态

道岔有两根可以移动的尖轨，一根尖轨与基本轨密贴，另一根尖轨与基本轨分离，必须同时改变两根尖轨的位置，使原来密贴的分离，而原来分离的密贴，可见道岔有两个可以改变的位置。

道岔的两个位置一般被称作定位和反位。道岔除使用、清扫、检查或修理外，经常向某一线路开通的位置叫作定位，向另一线路开通的位置叫作反位。一般来说，在城市轨道交通中，股道贯通车站时道岔的位置为定位状态，安全线道岔、避难线道岔的定位分别为向安全线、避难线开通的位置。

道岔的定位和反位如图 3.4 所示，1~5 号道岔开通的是贯穿车站的位置，1~5 号道岔处于定位状态，而 6 号道岔平时开通的是安全线的位置，此时开通安全线的位置就是 6 号道岔的定位。

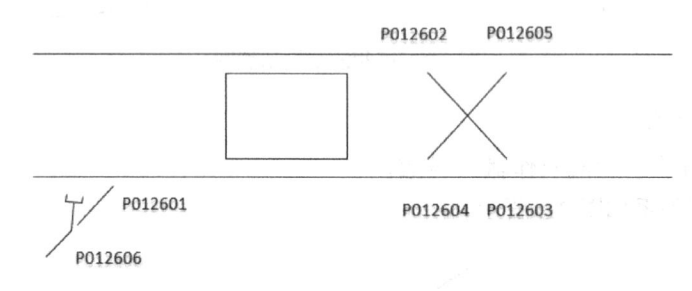

图 3.4 道岔的定位和反位

除了上述两种状态，道岔还有一种不稳定的状态——四开状态，即两根尖轨与两根基本轨均不密贴，道岔处于未锁闭的非正常状态。

尖轨与基本轨密贴的程度如何，对行车安全的影响很大，比如列车迎着尖轨运行时，如果尖轨与基本轨的密贴程度差，即间隙超过一定限度（大于 4mm），则车辆的轮缘有可能撞到或从间隙中挤进尖轨尖端，造成颠覆或脱轨的严重行车事故。因此，关于尖轨和基本轨的密贴程度有严格的标准，《铁路技术管理规程》有此规定："装有转换锁闭器，电动、电空、电液转辙机的道岔，当第一连接杆处（分动外锁闭道岔为锁闭杆处）的尖轨与基本轨间、心轨与翼轨间有 4 mm 及以上水平间隙时，不能锁闭或开放信号机。"

(四) 道岔的编号

城市轨道交通车站的道岔一般情况下都在车站的一侧，这点和铁路车站有上行道岔咽喉区和下行道岔咽喉区有很大不同。城市轨道交通车站道岔的编号原则是由近及远，联动道岔的编号连续，不分单双号。城市轨道交通车站道岔的编号如图 3.5 所示。2 号道岔与 3 号道岔是联动道岔，4 号道岔与 5 号道岔是联动道岔，所以编号是连续的。

(五) 道岔的分类

（1）道岔按辙叉号数分，有 7 号道岔、9 号道岔。
（2）道岔按钢轨的每米质量分，有 43kg 道岔、50kg 道岔、60kg 道岔。

（3）道岔按列车运行方向分，有对向道岔和顺向道岔。

列车运行方向和尖轨方向是相反的，此时的道岔对列车来讲就是对向道岔。反之，就是顺向道岔。

对向道岔和顺向道岔的不安全因素是不同的。如果在对向道岔开通侧向时，尖轨不能密贴，则会造成列车脱轨，甚至发生列车颠覆的严重事故。如果顺向道岔开通的位置不对，那么当列车经过道岔时，顺向尖轨被挤开，将造成挤岔事故。顺向道岔和对向道岔如图 3.6 所示。

图 3.5　城市轨道交通车站道岔的编号

道岔的编号

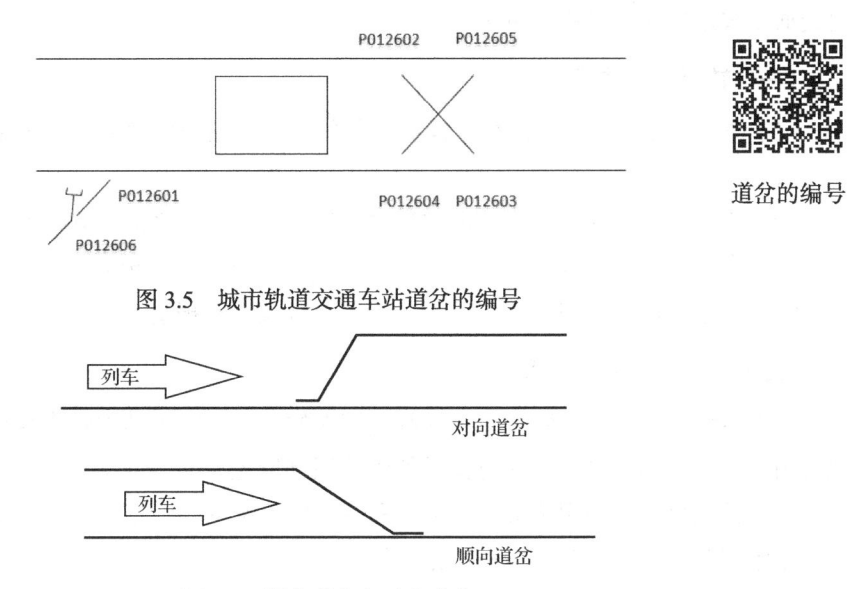

图 3.6　顺向道岔和对向道岔

（4）道岔按结构分，有单动道岔、双动道岔、交叉道岔。

工作人员在人机交互界面（HMI）上用鼠标单独操作一个道岔，只有一个道岔随着动作的叫作单动道岔，例如图 3.7 显示的就是一个右开的单动道岔。工作人员在 HMI 上用鼠标单独操作一个道岔，两个道岔都随着动作的叫作双动道岔，也称联动道岔。图 3.8 中的道岔是双动道岔，操作 P012601 道岔或 P012602 道岔，两个道岔同时在反位或同时在定位。在城市轨道交通信号系统内，双动道岔的编号是连续的。为了简化操作手续和联锁关系，以及保证行车安全和节省信号器材等，凡是能双动的道岔，都必须使之双动。图 3.9 中的道岔是交叉道岔，实际上，交叉道岔是由两个单开道岔构成的，岔心处的构造复杂。在图 3.9 中，P012601、P012602，P012603 和 P012604 是四个单开道岔。

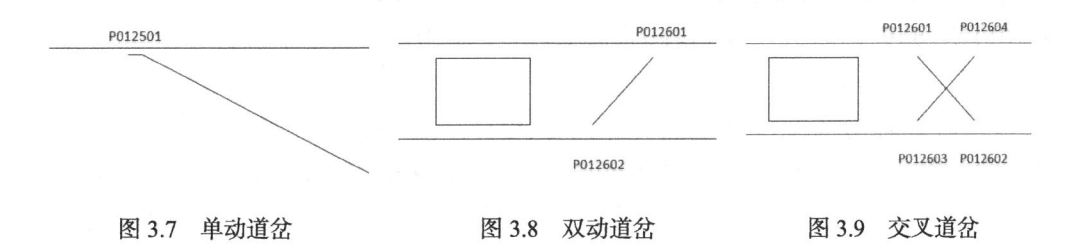

图 3.7　单动道岔　　　　图 3.8　双动道岔　　　　图 3.9　交叉道岔

二、转辙机

转辙机是控制道岔尖轨动作的转辙设备之一,它的基本任务是转换道岔、锁闭道岔,以及反映道岔的位置和状态。转辙设备除了转辙机,还有锁闭装置、各类杆件及安装装置,它们共同完成道岔尖轨的转换、锁闭及位置反映。

城市轨道交通大部分采用电动转辙机,近年来采用电液转辙机的线路也不少。另外,随着钢轨质量的增加、大标号道岔设备的使用,为确保列车通过速度和行车效率,城市轨道交通正线道岔一般采用双机牵引。

(一)转辙机的作用

(1)改变道岔的位置,即根据操纵人员的意图或城市轨道交通信号系统的指令转换为定位或反位。

(2)正确反映道岔的位置,即在道岔尖轨密贴于基本轨后,才能有相对应的表示。

(3)在道岔转到正确位置后,实行机械锁闭,防止外力转动道岔。

(4)在道岔被挤或因故处在四开位置时,应及时有报警表示。

(二)对转辙机的基本要求

(1)转辙机作为转换装置,应具有足够大的拉力,以带动尖轨作直线往返运动;当尖轨受阻不能运动到底时,应随时操纵使尖轨回到原位。

(2)转辙机作为锁闭装置,当尖轨和基本轨不密贴时,不应实行锁闭;一旦锁闭,应保证不致因车通过道岔时的振动而错误解锁。

(3)转辙机作为监督装置,应能正确反映道岔的状态。

(4)道岔被挤后,未修复时,不应再使道岔转换。

(5)转辙机上应有安全装置,以保证维修时作业人员的安全。

(三)转辙机的分类

(1)转辙机按传动方式分类,可分为电动转辙机和电液转辙机。

电动转辙机由电动机提供动力,采用机械传动。多数转辙机都是电动转辙机,包括ZD6系列电动转辙机、ZD(J)9系列电动转辙机和S700K型电动转辙机。

电液转辙机由电动机提供动力,采用液力传动,型号有ZYJ7等。

(2)转辙机按供电电源种类分类,可分为直流转辙机和交流转辙机。

直流转辙机采用直流电动机,工作电源是直流电。ZD6系列电动转辙机就是直流转辙机,由DC 160V电源供电。直流转辙机的缺点是,由于直流电动机存在换向器和电刷,因此易损坏、故障率较高。

交流转辙机采用三相交流电源或单相交流电源,以三相异步电动机或单相异步电动机(现大多采用三相异步电动机)作为动力来源。S700K型电动转辙机和ZYJ7型电液转辙机为交流转辙机。交流转辙机采用感应式交流电动机,不存在换向器和电刷,因此故障率低,而且单芯电缆的控制距离远。

（3）转辙机按锁闭道岔的方式分类，可分为内锁闭转辙机和外锁闭转辙机。

内锁闭转辙机依靠转辙机内部的锁闭装置来锁闭道岔尖轨，这是间接锁闭的方式。大多数转辙机（ZD6系列电动转辙机等）采用内锁闭方式。内锁闭方式的缺点是，锁闭可靠程度较差，列车对转辙机的冲击大。

外锁闭转辙机虽然内部也有锁闭装置，但主要依靠转辙机外部的锁闭装置来锁闭道岔，将密贴尖轨直接锁于基本轨上，这是直接锁闭的方式。S700K型电动转辙机和ZYJ7型电液转辙机采用外锁闭方式。外锁闭方式锁闭可靠，列车对转辙机几乎无冲击。

（四）转辙机的操纵和锁闭

1. 转辙机的操纵

（1）系统转换。

在CBTC系统模式或BM模式下，城市轨道交通信号系统会根据列车运行图和列车的目的地码，自动排列列车进路和折返进路，每条进路都要经过转换道岔、锁闭和解锁的过程。转辙机转换道岔的命令是由系统进路自动下达的。

（2）电动转换。

当设备正常时，行车值班员从行车调度员处获得城市轨道交通信号系统的控制权，使用鼠标在联锁集中站的HMI上操作本联锁区的所有道岔，即操作道岔所对应的转辙机，实现道岔定位和反位之间的转换。

（3）人工转换。

当出现联锁设备故障时，值班站长和具有资质的站务员进入轨行区，按照行车值班员的命令手摇道岔，准备人工进路。

2. 转辙机的锁闭

（1）机械锁闭。

当城市轨道交通信号系统正常时，机械锁闭是在道岔转换到位后，利用转辙机的内锁闭或外锁闭装置自动实现的，用于确保列车运行时尖轨与基本轨保持密贴。当设备故障时，需要工作人员利用钩锁器等设备对道岔尖轨实施锁闭，以保证行车安全。

（2）电气锁闭。

电气锁闭是利用继电器接点等断开转辙机电路，确保在列车占用或已发出指令允许列车经过时，不会由于误操作而导致道岔转换。

（五）转辙机的设置

城市轨道交通的正线上一般采用9号道岔，车辆段（停车场）一般采用7号道岔，通常一组道岔由一台转辙机牵引。如果正线上采用的是9号矮型特种断面尖轨（AT尖轨）道岔，其为弹性可弯道岔，则需要两点牵引，即一组道岔由两台转辙机牵引，如图3.10所示。

图 3.10　双机牵引道岔

三、几种典型的转辙机

（一）ZD6-A 型电动转辙机

ZD6 系列电动转辙机在我国早期建设地铁的城市中应用较多，如广州、上海等城市。ZD6-A 型电动转辙机是 ZD6 系列电动转辙机的基本型，其他型号的 ZD6 系列电动转辙机都是以 ZD6-A 型电动转辙机为基础改进、完善而发展起来的。ZD6-A 型电动转辙机采用内锁闭方式。

1．结构

ZD6-A 型电动转辙机主要由电动机、减速器、摩擦连接器、自动开闭器、主轴、动作杆、表示杆、移位接触器、遮断开关、外壳等组成。ZD6-A 型电动转辙机的结构图如图 3.11 所示。

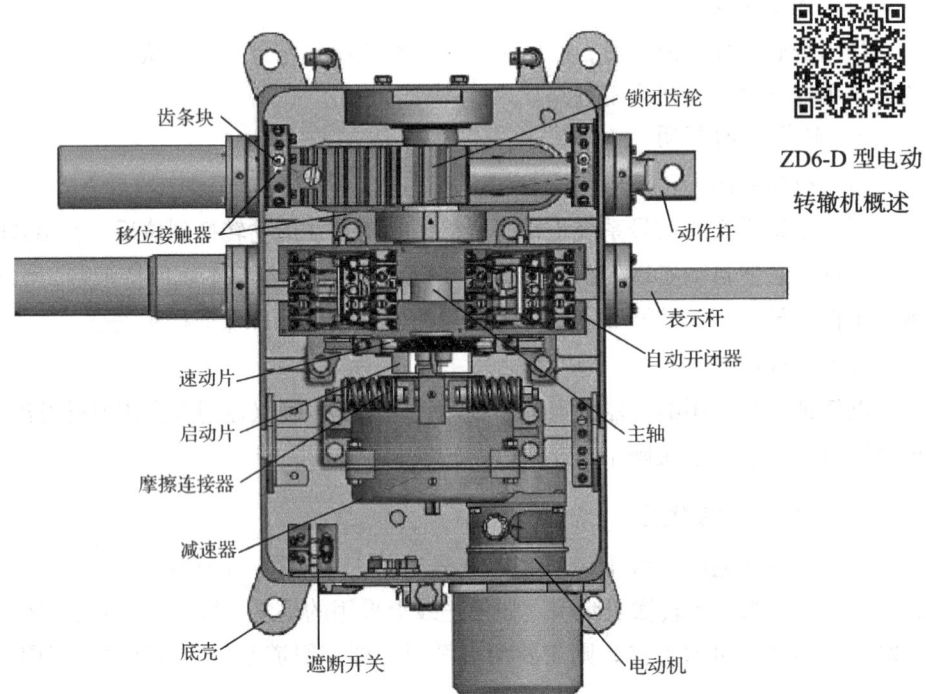

图 3.11　ZD6-A 型电动转辙机的结构图

（1）电动机。

电动机安装在转辙机壳体的外部，电动机的轴线与线路中心线相互垂直。电动机是额定电压为 220V 的直流串励电动机，具有典型的"牛马特性"，即低速时扭矩大，高速时扭矩小。直流串励电动机可以很方便地通过改变电动机定子电流的方向或励磁电流的方向来改变电动机的旋转方向。直流电动机如图 3.12 所示。

（2）减速器。

由于直流电动机输出的转速和扭矩满足不了转辙机的要求，因此必须采用减速器对电动机输出轴的输出功率进行"降速增扭"的转换，减速器的输出转速和扭矩转换成齿条块的平移运动。

ZD6 系列电动转辙机所用的减速器为两级减速装置，第一级为定轴传动减速机构，第二级为渐开线内啮合行星传动式减速机构，二级减速机构的减速比分别是 $i_1=103：27≈3.815$ 和 $i_2=41：1=41$。例如，电动机的额定转速 $n_{N1}=2400$ r/min，则减速器的额定输出转速 $n_{N2}=2400÷3.815÷41≈15$ r/min。减速器在输出转速降低的同时，输出转矩会成反比增加。减速器和摩擦连接器连接在一起，如图 3.13 所示。

图 3.12　直流电动机　　　　　　　图 3.13　减速器和摩擦连接器

（3）摩擦连接器。

ZD6 系列电动转辙机的行星减速器中安装了摩擦连接器，能通过缓冲起到保护电动机和机件的作用。摩擦连接器主要由减速壳、摩擦制动板、摩擦带、弹簧、调整螺母等构成。

摩擦连接器采用软连接方式，在正常使用中，道岔转换到位后，摩擦连接器可以将电动机的惯性吸收，以保护转辙机内部机件不受到撞击或毁坏；在故障情况下，当道岔因故转换受阻时，电动机电路不能断开，此时摩擦连接器空转来吸收电动机的输出，避免电动机因电流过大而烧坏。

（4）自动开闭器。

自动开闭器主要由机械联动机构和接点开关系统两部分组成。其中，机械联动机构由启动片、速动片、速动爪、调整架、拉簧、检查柱等部件组成，接点开关系统由两组动接点和四组静接点组成。

自动开闭器是转辙机中以机械动作来实现电路控制的主要部件，用于监督转辙机自身的转换过程是否按要求完成，并检查道岔的位置及密贴状况，可以通过接点开关系统来实

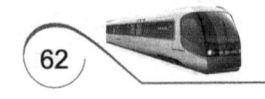

现对道岔动作和表示电路的接通、断开控制。自动开闭器如图 3.14 所示。

图 3.14　自动开闭器

（5）主轴装置。

主轴装置主要由主轴、主轴套、轴承、止挡栓和锁闭齿轮等组装而成，如图 3.15 所示。锁闭齿轮上有 7 个齿，其中，2~6 齿是完整的齿，1、7 齿是窄的启动小齿，如图 3.16 所示。齿条块上有 7 个槽、6 个齿，两侧的齿有缺口，启动小齿可以通过齿条块缺口，如图 3.17 所示。

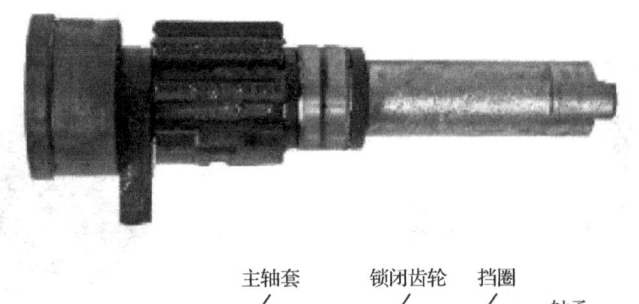

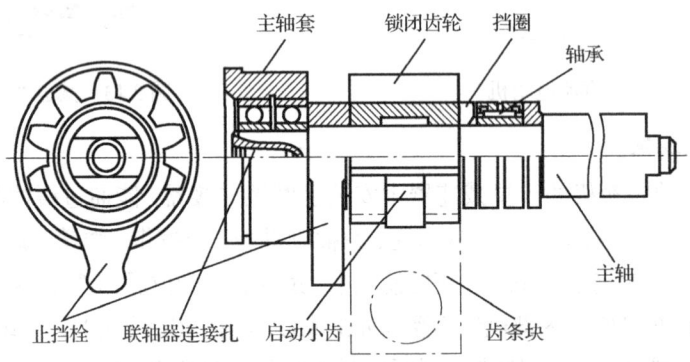

图 3.15　主轴装置

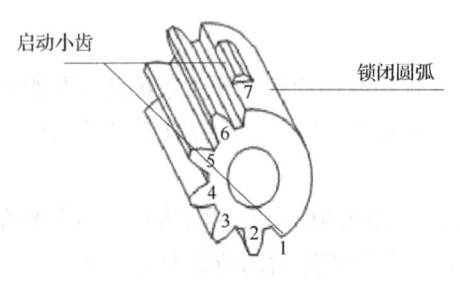

图 3.16　锁闭齿轮

项目三　道岔与转辙机

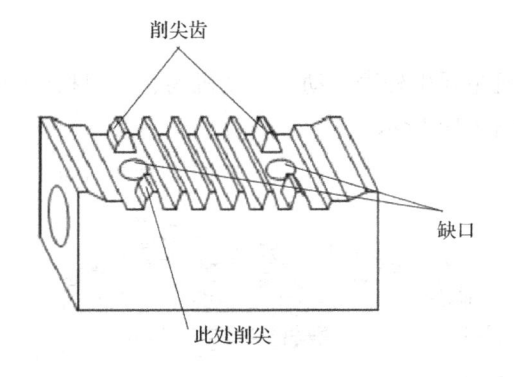

图 3.17　齿条块

2. 工作原理

当电动机得电旋转时，电动机输出轴上的小齿轮通过减速器、摩擦连接器、主轴、锁闭齿轮和齿条，将小齿轮上的旋转运动变成齿条的直线运动。齿条的左右移动可以通过电动机的正反转来实现。当齿轮齿条传动时，锁闭齿轮和齿条齿轮啮合，若尖轨和基本轨密贴，则削尖齿轮的弧面和锁闭齿轮的弧面重合接触，由此可实现锁闭齿轮的弧面对齿条的限位。图 3.18 中齿条上的削尖齿弧面的作用力通过锁闭齿轮的轴线，导致齿条无法向右侧移动。在锁闭齿轮锁定齿条后，自动开闭器动作，切断电动机电源，反映道岔的位置。

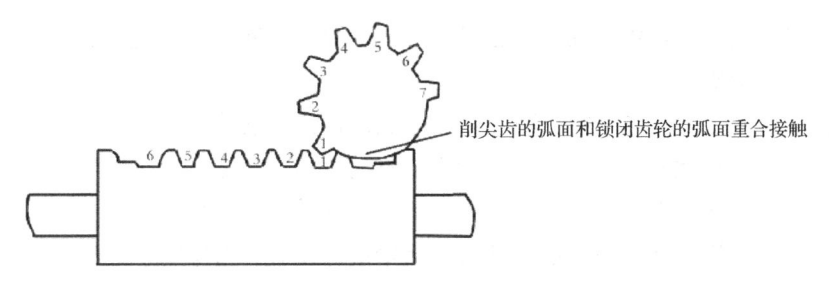

图 3.18　内锁闭原理

（二）S700K 型电动转辙机

由于我国铁路的提速需要，我国铁路引进了德国西门子公司的 S700K 型电动转辙机，在引进其设备和技术后，经过消化吸收和改进，迅速在主要干线上推广运用该型转辙机。数年的实践表明，该型转辙机结构先进、工艺精良，不但解决了长期困扰信号维修人员的电动机断线、故障电流变化、接点接触不良、移位接触器跳起和挤切销折断等惯性故障，而且可以做到"少维护，无维修"，符合我国铁路运营的特点和发展方向，也适用于城市轨道交通。天津铁路信号有限责任公司生产的 ZD（J）9 系列电动转辙机是 S700K 型电动转辙机的转化产品。

S700K 型电动转辙机的产品代号来自德文"Siemens-700-Kugelgewinde"，其含义为"西门子—具有 6860N 的保持力（约为 700kg 的力）—带有滚珠丝杠"的电动转辙机。新型城市轨道交通普遍采用 S700K 型电动转辙机和 ZD（J）9 系列电动转辙机。

1. 结构

S700K 型电动转辙机主要由外壳、动力传动机构、检测和锁闭机构、安全装置、配线接口五大部分组成，如图 3.19 所示。

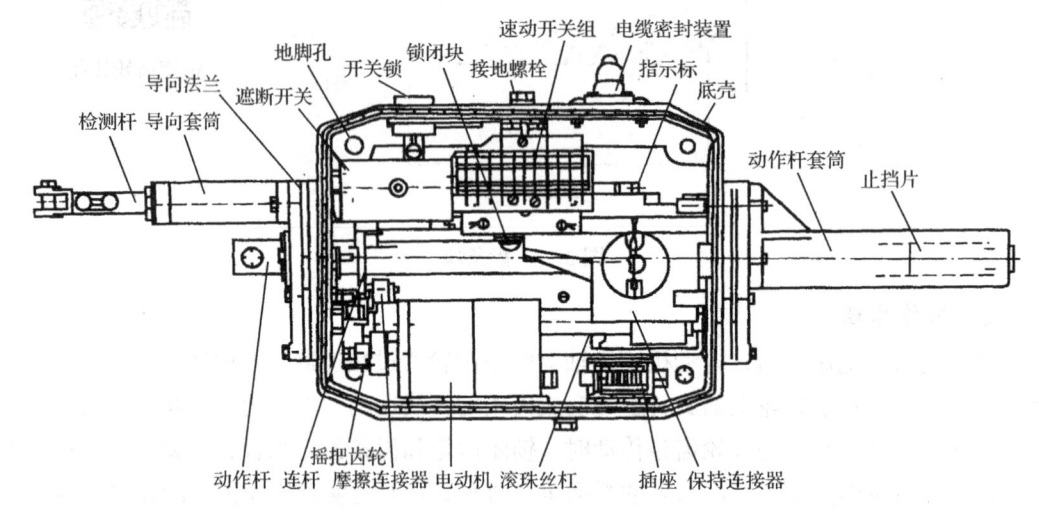

图 3.19　S700K 型电动转辙机的结构图

（1）外壳。

外壳主要由底壳、机盖、动作杆套筒、导向套筒、导向法兰等组成。

（2）动力传动机构。

动力传动机构主要由电动机、减速器、摩擦连接器、滚珠丝杠、保持连接器、动作杆等组成。电动机为转辙机提供动力。齿轮组将电动机的旋转驱动力传递到摩擦连接器上，并降低电动机的转速，以增大旋转驱动力，适应道岔转换的需要。

摩擦连接器将齿轮组变速后的旋转力传递给滚珠丝杠，当作用于滚珠丝杠上的转换阻力大于摩擦结合力时，主被摩擦片之间相对打滑空转，保护了电动机。对交流转辙机来说，其动作电流不能直观地反映转辙机的阻力，现场维修人员不能像对直流转辙机那样，通过测试动作电流来对摩擦力进行监测，必须由专业人员用专业器材对摩擦力进行调整。转辙机在出厂前已对摩擦力进行了标准化测试、调整，所以现场维修人员不得随意调整摩擦力。

滚珠丝杠相当于一套直径 32mm 的螺栓和螺母，当滚珠丝杠正向或反向旋转一周时，螺母前进或后退一个螺距。它一方面将电动机的旋转运动变成滚珠丝杠的直线运动，另一方面起到减速作用。

保持连接器是转辙机的挤脱装置，利用弹簧的压力，通过槽口式结构，将滚珠丝杠与动作杆连接在一起。当道岔的挤岔力超过弹簧压力时，动作杆滑脱，起到保护整机不被损坏的作用。

（3）检测和锁闭机构。

检测和锁闭机构主要由检测杆、速动开关组、锁闭块、锁舌、指示标等部分组成。检测杆随尖轨或心轨转换而移动，用来监督道岔在终端位置时的状态。

道岔在终端位置，当检测杆指示缺口与指示标对中时，锁闭铁及锁舌应能正常弹出。

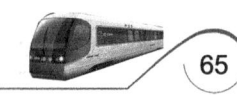

锁闭块的正常弹出使速动开关的有关启动接点闭合、表示接点断开。锁舌的正常弹出用于阻挡保持连接器的移动，实现转辙机的内部锁闭。

速动开关实际上是采用了沙尔特堡接点组的自动开闭器。它随着尖轨或心轨的解锁、转换、锁闭过程中锁闭块的动作而自动开闭，由此自动开闭电动机动作电路和道岔表示电路。

（4）安全装置。

安全装置主要由开关锁、遮断开关、连杆、摇把孔挡板等组成。

开关锁是操纵遮断开关闭合和断开的机构，用于在检修人员打开电动转辙机的机盖进行检修作业或车务人员插入摇把转换道岔时，可靠地断开电动机动作电路，防止电动机误动，保证人身安全。

当遮断开关接通时，摇把孔挡板能有效阻挡摇把插入摇把齿轮，防止用钥匙打开电动转辙机机盖。当遮断开关断开时，摇把能顺利插入摇把齿轮或能用钥匙打开电动转辙机的机盖，此时电动机的动作电源将被可靠地切断，不经人工操纵和确认，不能恢复接通。

（5）配线接口。

配线接口主要由电缆密封装置、接插件插座（图3.19中的插座）组成。电缆由电缆密封装置引入转辙机内部，然后走线到接插件插座。

2. 外锁闭装置

S700K型电动转辙机有配套的外锁闭装置。在道岔由转辙机带动转换至某个特定位置后，通过外锁闭装置，直接把尖轨与基本轨密贴夹紧并固定，即道岔的锁闭不依靠转辙机内部的锁闭装置来实现，而是依靠转辙机外部的锁闭装置来实现的。外锁闭装置受力合理，基本上避免了轮对对尖轨产生的侧向冲击力，克服了内锁闭道岔的缺陷。

钩式外锁闭装置的锁闭方式为垂直锁闭。锁闭力通过锁闭铁、锁闭框直接传给基本轨。锁闭铁和锁闭框基本不承受弯矩，锁闭更加可靠。同时，各配件全部经锻造调质处理，具有良好的综合机械性能，避免了原尖轨部分燕尾式外锁闭装置的锁闭铁因承受弯矩和铸造缺陷而出现的断裂现象。钩式外锁闭装置因受力结构合理，能有效适应道岔尖轨的不良状态，锁闭可靠，安装调整方便。

钩式外锁闭装置分为分动尖轨用和可动心轨用两种，城市轨道交通中只用到分动尖轨用钩式外锁闭装置。分动尖轨用钩式外锁闭装置由锁闭杆、锁钩、锁闭框、尖轨连接铁、锁轴、锁闭铁组成，如图3.20所示。外锁闭装置的原理图如图3.21所示。

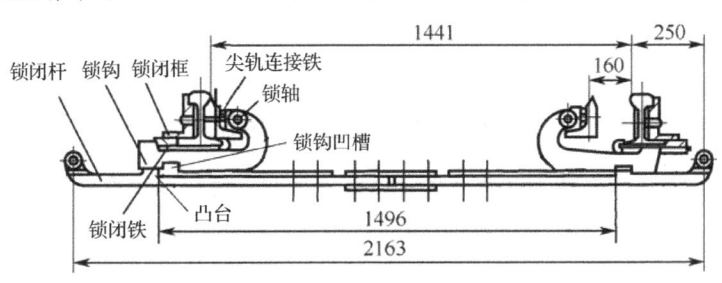

图3.20　分动尖轨用钩式外锁闭装置

（单位：mm）

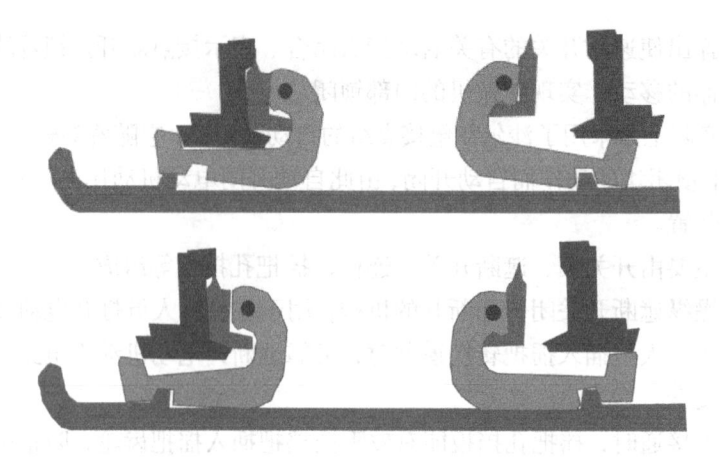

图 3.21　外锁闭装置的原理图

图 3.21 中道岔的左侧尖轨和基本轨密贴，凸台把锁钩的尾部顶起，利用锁钩的锁闭斜面和锁闭铁的斜面重合来把尖轨的基本轨紧紧卡住，同时右侧的凸台落入锁钩凹槽并固定住右侧尖轨。在尖轨由左侧密贴转换成右侧密贴，锁闭杆持续向右移动的过程中，左侧锁钩和锁闭杆经过相对滑动和凸台落入锁钩凹槽的过程，左侧尖轨在短暂静止后与右侧尖轨一起向右侧基本轨移动。当右侧尖轨与基本轨密贴时，右侧锁钩停止向右移动，锁闭杆继续向右移动，凸台在脱离凹槽后顶在锁钩的底部，直至锁钩的斜面与锁闭铁的斜面重合，完成锁闭动作，道岔完成转换并锁闭。

四、手摇道岔的方法

（1）一看：看道岔开通位置是否正确，是否需要改变位置。
（2）二开：打开盖孔板。如果有加钩锁器，则需打开钩锁器的锁，拆下钩锁器。
（3）三摇：摇动道岔，使其转向所需的位置，在听到"咔嚓"的落槽声后停止。
（4）四确认：手指尖轨"尖轨密贴开通 X 位"，并和另一人共同确认。
（5）五加锁：在由两人确认道岔开通位置正确后，用钩锁器锁定道岔尖轨。
（6）六汇报：向车站控制室汇报道岔开通位置正确。

相关案例

【案例1】　道岔的定位

《铁路技术管理规程》第 187 条规定：道岔除使用、清扫、检查或修理时外，均须保持定位。

道岔的定位规定如下。
（1）单线车站正线进站道岔，为由车站两端向不同线路开通的位置。
（2）双线车站正线进站道岔，为各该正线开通的位置。

（3）区间内正线道岔及站内正线上其他道岔（引向安全线、避难线的除外），为正线开通的位置。

（4）引向安全线、避难线的道岔，为安全线、避难线开通的位置。

（5）其他由车站负责管理的道岔，由车站规定。

道岔的定位，应在《车站行车工作细则》（简称《站细》）内记明。

集中操纵的道岔（引向安全线、避难线的除外），可不保持定位。

段管线道岔的定位，由各段自行规定。

【案例2】 ZD（J）9系列电动转辙机

ZD（J）9系列电动转辙机是一种能适应交流、直流电源的新型转辙机。它具有安全、可靠的机内锁闭功能，因此既适用于联动内锁道岔，又适用于分动外锁道岔；既适用于单点牵引，又适用于多点牵引；安装时，既能用角钢安装，又能用托板安装。ZD（J）9系列电动转辙机的结构图如图3.22所示。

图3.22 ZD（J）9系列电动转辙机的结构图

1. 使用环境

ZD（J）9系列电动转辙机能在下列条件下可靠地工作。

气压：≥70kPa（海拔不超过3000m）。

周围空气温度：-40～70℃。

空气相对湿度：≤90%（温度为25℃时）。

振动加速度：≤21g（g为重力加速度）。

周围没有会引起爆炸的危险因素，也没有足以腐蚀金属及破坏绝缘的有害气体或导电尘埃。

2. 适用范围

ZD（J）9系列电动转辙机有交流和直流两种类型，可用于不同的供电种类，还可满足转换不同类型（如单机牵引、双机牵引、多点牵引等）类型道岔的要求；既可用于普通道岔转换，又可用于提速道岔及正在建设的客运专线道岔转换。ZD（J）9系列电动转辙机根据所安装牵引点的不同，分为可挤型、不可挤型。

3. 技术参数

交流、直流系列电动转辙机的主要技术参数分别如表3.2、表3.3所示。

表3.2 交流系列电动转辙机的主要技术参数

型　号	ZDJ9-170/4K	ZDJ9-A220/2.5　ZDJ9-C220/2.5	ZDJ9-B150/4.5K　ZDJ9-D150/4.5K
电源电压（交流、三相）/V	380	380	380
额定转换力/kN	4	2.5	4.5
动作杆动程/mm	170	220	150
锁闭杆动程/mm	152	160	75
工作电流/A	≤2.0	≤2.0	≤2.0
动作时间/s	≤5.8	≤5.8	≤5.8
单线电阻/Ω	≤54	≤54	≤54
挤脱力（±2kN）	28kN	—	28kN
摩擦力（×(1±10%)）	6kN	3.8kN	6.8kN
质量/kg	180	182	177
适用范围	尖轨动程为152mm以下、双杆内锁的道岔	双机牵引第一牵引点、不可挤、双杆内锁	双机牵引第二牵引点、可挤、单杆内锁的道岔

注：派生类型为A、B的用于分动道岔，派生类型为C、D的用于联动道岔。

表3.3 直流系列电动转辙机的主要技术参数

型　号	ZD9-170/4K	ZD9-A220/2.5K　ZD9-C220/2.5K	ZD9-B150/4.5K　ZD9-D150/4.5K
额定电压（直流）/V	160	160	160
额定转换力/kN	4	2.5	4.5
动作杆动程/mm	170	220	150
锁闭杆动程/mm	152	160	75
工作电流/A	≤2	≤2	≤2
动作时间/s	≤8	≤8	≤8
挤脱力（±2kN）	28kN	—	28kN
摩擦力（×(1±10%)）	6kN	3.8kN	6.8kN
摩擦电流/A	2.2～2.6	1.9～2.3	2.2～2.6
质量/kg	180	182	177
适用范围	尖轨动程为152mm以下、可挤、双杆内锁的道岔	双机牵引第一牵引点、不可挤、双杆内锁的道岔	双机牵引第二牵引点、可挤、单杆内锁的道岔

知识拓展

道岔控制电路

道岔控制电路目前应用于铁路或地铁中，常见的有3种控制电路，即四线制控制电路、六线制控制电路和五线制控制电路。其中，四线制控制电路一般用于联动内锁闭单机牵引的道岔，六线制控制电路一般用于联动内锁闭双机牵引的道岔，五线制控制电路一般用于分动外锁闭单机牵引或多机牵引的道岔。

现仅以四线制单动道岔控制电路（以下简称道岔控制电路）为例进行讲解。道岔控制电路分为道岔启动电路和道岔表示电路两部分。道岔启动电路控制电动转辙机的动作的电路，而道岔表示电路指把道岔位置反映到信号楼内的电路。道岔控制电路的室内与室外部分用4根线连接，X1和X2分别为道岔启动电路和道岔表示电路的公用线，X3为道岔表示电路的专用线，X4为道岔启动电路的专用线。

1. 道岔控制电路的组成

道岔控制电路中有一个单动道岔组合（DD）、一个阻容插件、一个二极管。其中，单动道岔组合包含表示变压器（BD_{1-7}）、一道岔启动继电器（1DQJ）、锁闭继电器（SJ）、二道岔启动继电器（2DQJ）、道岔按钮继电器（AJ）、定操继电器（DCJ）、反操继电器（FCJ）、DBJ、FBJ、0.5A的熔断器、5A的熔断器各一个，以及两个3A的熔断器。

2. 对道岔控制电路的要求

（1）对道岔启动电路的要求。

① 当道岔区段有车占用或道岔区段的轨道电路发生故障时，该区段内的道岔不能转换。对道岔的这种锁闭被称为区段锁闭。

② 当进路处在锁闭状态时，进路上的道岔不能转换。对道岔的这种锁闭被称为进路锁闭。

③ 道岔一经启动，就应转换到底，不受车辆进入道岔区段的影响，也不受车站值班员的控制。否则，如果在车辆进入道岔区段时，道岔停转，或者道岔受车站值班员的控制而回转，则有可能造成脱轨或挤岔事故。

④ 道岔启动电路接通后，由于电路故障（如自动开闭器接点、电动机电刷接触不良），道岔未转换，应能自动断开道岔启动电路，以免道岔在因外界影响使故障消除后发生自动转换。

⑤ 当道岔在转换途中受阻而不能转换到底时，应保证车站值班员能将道岔操纵回原位。

⑥ 道岔转换完毕，应能自动断开道岔启动电路，并构成道岔表示电路。

（2）对道岔表示电路的要求。

① 使道岔表示继电器的吸起状态与道岔的正确位置相对应，不准用一个继电器的吸起和落下表示道岔的两种位置，只能用DBJ的吸起表示道岔在定位，用FBJ的吸起表示道岔在反位。

② 当电路发生混线或混入其他电源时，必须保证DBJ或FBJ不错误励磁。

③ 当道岔在转换过程中或电路发生挤岔、停电、断线等故障时，应保证DBJ和FBJ落下。道岔控制电路如图3.23所示。

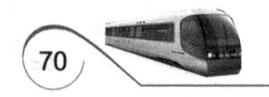

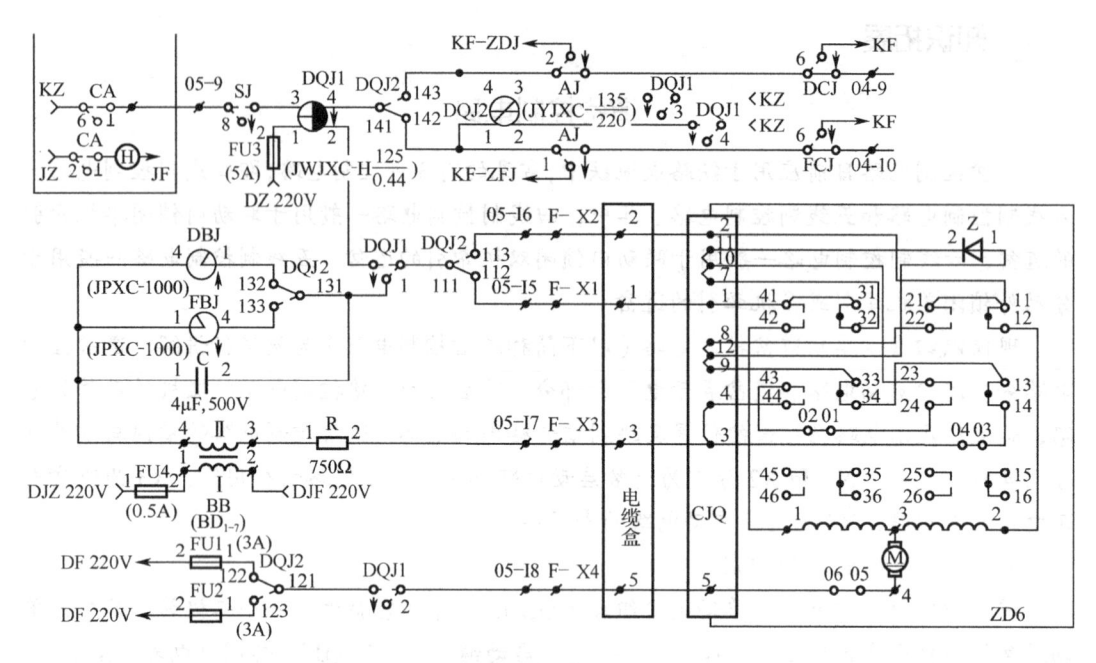

图 3.23 道岔控制电路

任务二 道岔与转辙机操作运用实例——认识和使用道岔与转辙机

1. 实训项目教师工作活页

实训项目教师工作活页如表 3.4 所示。

表 3.4 实训项目教师工作活页

实训项目	认识和使用道岔与转辙机			
学时	2	班级		略
实训场所	道岔演练场			
工具设备	手摇道岔工具及防护用品,多媒体课件,示教板,以及多媒体设备			
教学目标	专业能力目标	（1）学生能够说出道岔和转辙机的作用。 （2）学生能够说出道岔位置的几种状态。 （3）学生能够说出转辙机的分类方式及各类转辙机的适用范围。 （4）学生能够说出 ZD6-A 型电动转辙机的结构及各部件的作用。 （5）学生能够识读道岔控制电路图		
	方法能力目标	（1）学生能综合运用专业知识,通过专业书籍、多媒体课件和图片资料来获得辅助信息。 （2）学生能根据实训项目的学习任务来确定实训方案,从中学会展示活动过程和成果		
	社会能力目标	（1）学生能在实训活动中保持积极向上的学习态度。 （2）学生能与小组成员和教师就学习中的问题进行交流和沟通。 （3）学生能与他人共享学习资源,具有较强的合作能力和良好的团队协作精神		

续表

教学评价	（1）学生活动：①以 5~7 人小组为单位开展实训活动，根据本组同学在实训过程中的能力表现及结果进行自评和组内互评；②根据其他小组同学在成果展示活动中的表现及结果进行组间互评。 （2）教师活动：①教师组织学生开展评价活动和总结；②对学生在本实训项目中的任务成绩做出综合评价			
教学资料	（1）城市轨道交通信号设备教材。 （2）ZD6-A 型电动转辙机说明书。 （3）实训项目学生学习活页			
指导教师		教学时间		年　　月　　日

2. 实训项目学生学习活页

实训项目学生学习活页如表 3.5 所示。

表 3.5　实训项目学生学习活页

实训项目　认识和使用道岔与转辙机
班级：＿＿＿＿　　姓名：＿＿＿＿　　学号：＿＿＿＿　　时间：＿＿＿＿
一、实训目标 1. 专业能力目标 （1）能够说出道岔和转辙机的作用。 （2）能够说出道岔位置的几种状态。 （3）能够说出转辙机的分类方式及各类转辙机的适用范围。 （4）能够说出 ZD6-A 型电动转辙机的结构及各部件的作用。 （5）能够识读道岔控制电路图。 2. 方法能力目标 （1）能综合运用专业知识，通过专业书籍、多媒体课件和图片资料来获得辅助信息。 （2）能根据实训项目的学习任务来确定实训方案，从中学会展示活动过程和成果。 3. 社会能力目标 （1）能在实训活动中保持积极向上的学习态度。 （2）能与小组成员和教师就学习中的问题进行交流和沟通。 （3）能与他人共享学习资源，具有较强的合作能力和良好的团队协作精神。 二、知识总结 （1）简述外锁闭装置的结构及传动原理。   （2）简述 S700K 型电动转辙机的结构及各部件的作用。   （3）ZD6-A 型电动转辙机和 S700K 型电动转辙机有哪些不同？

续表

（4）说明在控制台（或显示器）上如何表示道岔的定位和反位。

（5）转辙机的作用是什么？

三、操作应用

（1）下图为 S700K 型电动转辙机示意图，请在其中标注各个零件的名称。

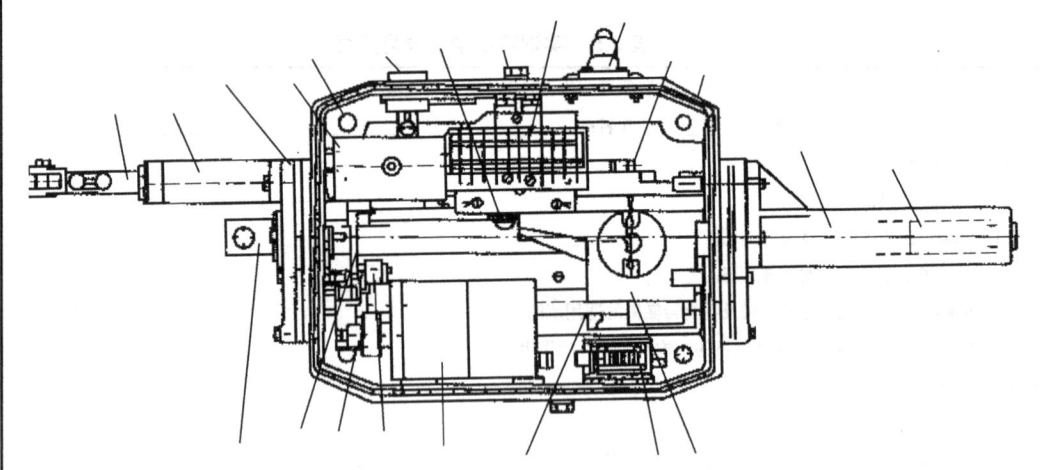

（2）道岔号用什么来表示？

（3）对转辙机有何基本要求？转辙机的作用是什么？转辙机是如何分类的？

（4）为什么 S700K 型电动转辙机上转换尖轨的杆件叫作锁闭杆而非动作杆？

四、实训小结

续表

五、成绩评定

1. 学生评价

评价等级	A	B	C	D	E
学生自评					
组内互评					
组间互评					

2. 教师评价

评价等级	A	B	C	D	E
专业能力					
方法能力					
社会能力					
评价结果					

3. 综合评价

评价等级	A	B	C	D	E
评价结果					

注：按照学生自评分数占10%、组内互评分数占10%、组间互评分数占20%、教师评价分数占60%的比例计分，其中，A—优，100分；B—良，85分；C—中，75分；D—及格，60分；E—不及格，50分。

4. 评价量规

等级	行为表现描述
A	能圆满、高效地完成实训任务的全部内容
B	能顺利地完成实训任务的全部内容
C	能完成实训任务的全部内容，但需要一些帮助和指导
D	自己只能完成实训任务的部分内容，但在他人的现场指导下，能完成实训任务的全部内容
E	不能完成实训任务的全部内容

思考与练习

1. 钩式外锁闭装置的工作原理是怎样的？
2. 指出 ZD6-A 型电动转辙机和 S700K 型电动转辙机的不同点。
3. 为什么对转辙机设置减速器和摩擦连接器？
4. 如何操作联动道岔？
5. 在手摇道岔时，为什么要切断转辙机的电源？

项目四 轨道电路、计轴器与应答器

轨道电路是铁路信号自动控制的基础设备。利用轨道电路可以检测列车的位置，控制信号机的显示；利用轨道电路，还可以将地面信号传递给机车，从而控制列车的运行。

计轴器是利用安装在钢轨轨腰上的轨道传感器，直接计取和检查通过列车的轴数，并通过运算比较器来判别计轴区段是否有车占用的信号基础设备。

任务一 认识轨道电路

学习目标

（1）了解轨道电路的工作原理。
（2）了解道岔区段轨道电路的原理。
（3）了解轨道电路的作用。

学习任务

认识轨道电路，主要认识简单的正线轨道电路的构成、遥供无绝缘音频轨道电路。

工具设备

轨道电源、变压器、继电器钢轨及接续线、轨道电阻、绝缘、轨道箱。

教学环境

室内信号实训基地、校外地铁站、车辆段、多媒体教室。

基础知识

一、轨道电路概述

（一）简单的正线轨道电路

1. 构成

简单的正线轨道电路是以铁路线路的两根钢轨作为导体，两端加以机械绝缘或电气绝缘，并接上送电和受电设备而构成的电路。

简单的正线轨道电路的送电端由轨道电源 E 和限流器 R_x 组成。限流器的作用有两个：其一是保护电源不致因电流过大而损坏，使大部分电压降在 R_x 上；其二是保证在列车占用本区段时，GJ 能可靠落下。受电端一般采用 GJ，由它来接收轨道电路的信号电流。钢轨是轨道电路的传输导体，为减小钢轨接头的接触电阻，增设了轨端接续线，一般采用镀锌铁线。钢轨绝缘是为分隔相邻轨道电路而装设的。引接线一般采用钢丝绳,它将送电端和受电端直接接向钢轨。简单的正线轨道电路如图 4.1 所示。

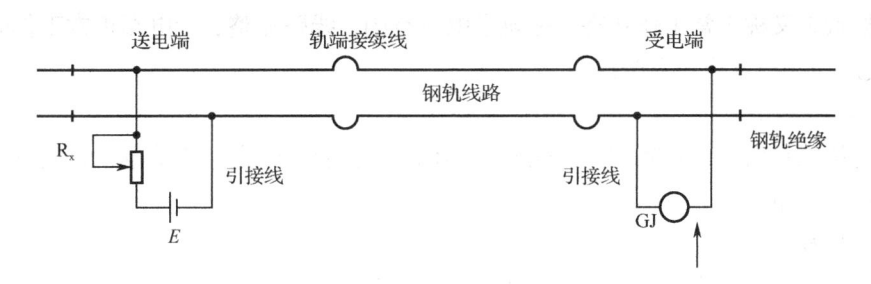

图 4.1 简单的正线轨道电路

2. 工作原理

列车占用与否由 GJ 与信号机分别进行动作与显示。简单的正线轨道电路的工作原理如图 4.2 所示。当两根钢轨完整且无车占用,即轨道电路空闲时,电流通过两根钢轨和 GJ,使 GJ 吸起,前接点闭合,信号开放。当列车占用轨道电路时,电流通过机车车辆轮对,轨道电路被分路。由于轮对的电阻比 GJ 的电阻小得多,因此电源输出电流显著增大,限流器上的压降随之增加,两根钢轨间的电压减小,流经 GJ 的电流减小到它的落下值,使 GJ 落下,后接点闭合,信号关闭。轨道电路发生断轨、断线同样会使 GJ 落下。

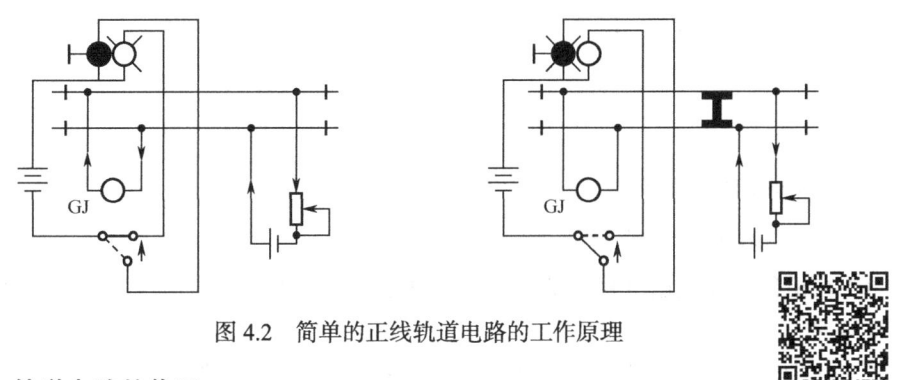

图 4.2 简单的正线轨道电路的工作原理

轨道电路的工作原理

(二)轨道电路的作用

(1)可以检查和监督区段是否被占用,防止错误地办理进路。

(2)可以检查和监督道岔区段有无机车车辆通过,锁闭占用道岔区段的道岔,防止在机车车辆经过道岔时扳动道岔。

(3)可以检查和监督轨道上的钢轨是否完好,当某一区段的钢轨折断时,GJ 会因无电而释放衔铁,防护这一段轨道的信号机也就不能开放。

(4)可以传输不同的信息,使信号机根据所防护区段及前方邻近区段被占用情况的变化而变换显示。

（三）轨道电路的工作状态

1. 调整状态

调整状态又称正常工作状态，是轨道电路空闲、线路完整、受电端正常工作时的轨道电路状态，此时 GJ 应可靠吸起。

2. 分路状态

分路状态是两条钢轨间被列车轮对或其他导体连接，轨道电路受电设备能反映轨道被占用的轨道电路状态。

3. 断轨状态

断轨状态是指构成轨道电路的钢轨或电缆线路存在断点，轨道电路受电设备能反映轨道电路断轨或断线的状态。

影响轨道电路工作状态的因素有电源电压、钢轨纵向阻抗和道砟电阻等。比如，在调整状态时，电源电压过小会导致 GJ 释放，错误表示轨道电路有列车占用；阴雨潮湿天气会导致道砟电阻减小，道砟的导电性增强，电源和 GJ 之间会有较大的泄漏电流，继而维持继电器吸起的电流不足，最终导致继电器释放。轨道泄漏电流产生的原理如图 4.3 所示。

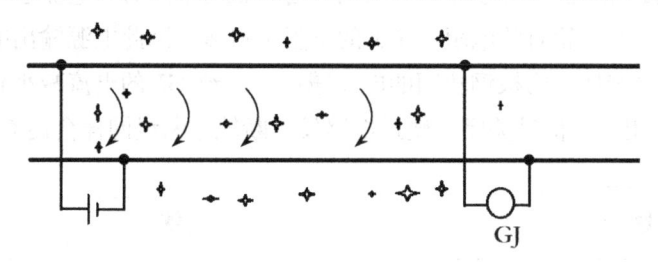

图 4.3　轨道泄漏电流产生的原理

（四）道岔区段轨道电路

1. 道岔区段轨道电路的特点

（1）在道岔区段轨道电路内部增设了道岔绝缘，可以防止道岔区段轨道电路在调整状态下被分路。

（2）在尖轨与基本轨及两条外侧的基本轨之间增设道岔跳线，可以保证轨道电路在调整状态下构成闭合回路。

（3）具有分支电路。道岔段轨道电路不仅包括道岔的直向部分线路，还包括道岔的侧向部分线路，而且当所有列车进路上的道岔区段的分支长度都超过65m时，在该分支末端应增设受电设备，此时该轨道电路被称为一送多受道岔区段轨道电路，有一送二受和一送三受两种类型。一送多受道岔区段轨道电路的任何一处分路或断轨，均能保证其 GJ 落下。

2. 一送二受道岔区段轨道电路的工作原理

当道岔区段没有列车占用时，两组道岔 GJ 的吸起情况如图 4.4 和图 4.5 所示。GJ2 在道岔无车时吸起处于定位，它的一组接点串接在 GJ1 的线圈中。GJ2 的线圈得电，其前接点闭合，GJ1 也吸起。GJ2 和 GJ2 的线圈均处于定位状态。GJ2 被称作主继电器，位于道岔弯股的轨道电路中；GJ1 被称作辅继电器，位于道岔直股的轨道电路中，直股防护信号显示为允许信号有两个必要条件，分别是直股无车占用和弯股无车占用。如果弯股有列车占用，GJ2 落下，GJ1 同时落下，防止直股列车和弯股列车发生侧面冲突。

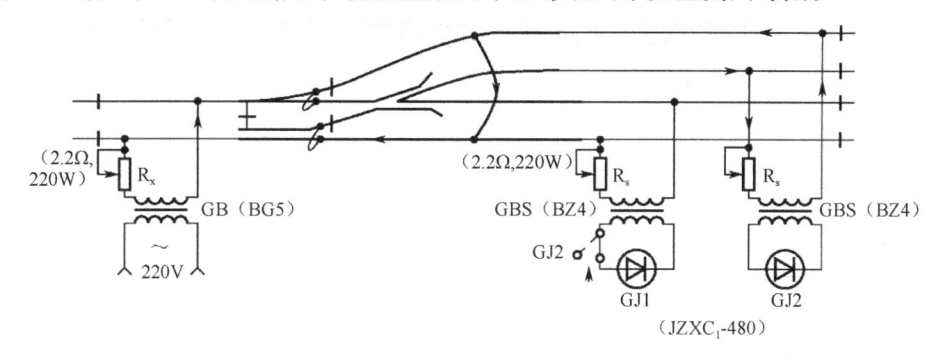

图 4.4 GJ2 的吸起情况

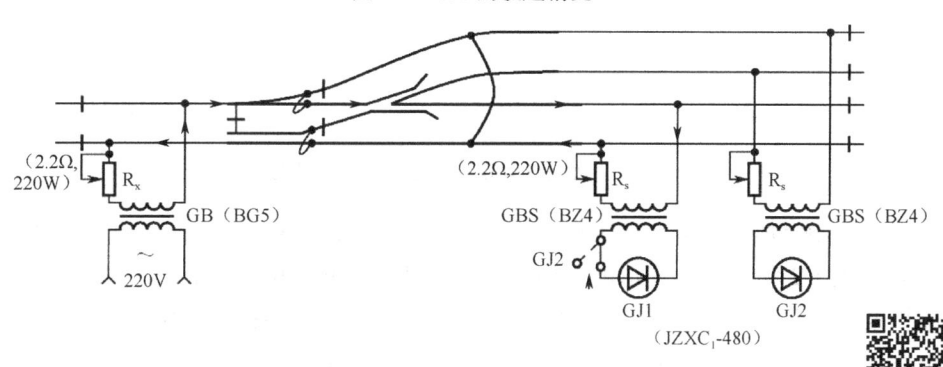

图 4.5 GJ1 的吸起情况

3．道岔区段轨道电路的作用

道岔区段轨道电路的主要作用是监督道岔区段是否有车占用，将 GJ 的接点应用于车站联锁电路中，从而确保在有车占用或有列车及调车车列通过时，道岔区段内所有道岔均处于锁闭状态，避免列车、调车车列在运行过程中，由于道岔中途转换而造成脱轨或进入异线的事故。

道岔区段轨道电路与车站联锁设备相结合，在监督道岔区段是否有车占用的同时，使控制台显示红色光带或白色光带，并能表示相应区段内道岔的开通方向，为操作人员提供更直观的道岔状态信息。

道岔区段轨道电路的原理

二、遥供无绝缘音频轨道电路

（一）遥供无绝缘音频轨道电路概述

遥供无绝缘音频轨道电路不仅可以反映区段的占用与空闲情况，还可以将 ATC 设备产生的报文发送给车载信号设备。广州地铁 1 号线和 2 号线、深圳地铁、南京地铁 1 号线采用了这种轨道电路。

当区段空闲时，轨旁单元接收室内信号并在始端馈入两根钢轨，终端接收信号并将其送入室内的信号接收设备。为了确保始端发送的信号是正确的,在终端接收设备接收到信号接收设备提供的信号后,必须经过鉴别判断,才能确定该区段是否有车占用。钢轨中会通过牵引电流和不同轨道电路的电流,在终端设置并联谐振电路,用于选择始端发送的某个固定频率的信号,而对于其他区段的轨道电路,则会以短路的形式被屏蔽掉。遥供无绝缘音频轨道电路的工作原理框图如图 4.6 所示。

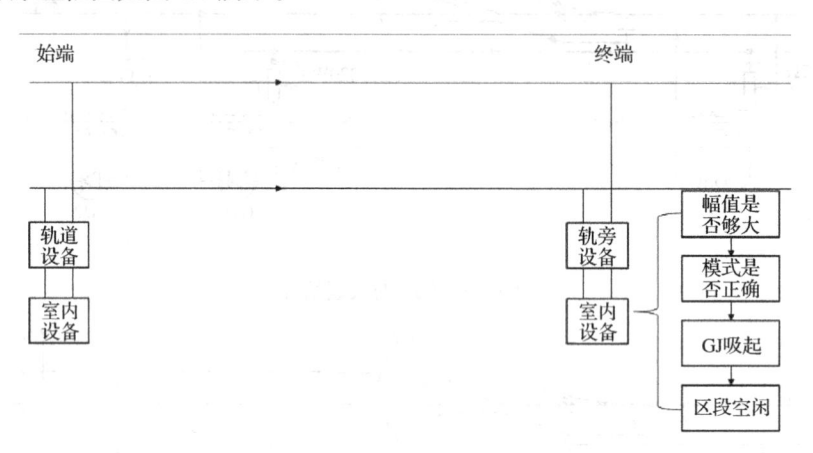

图 4.6 遥供无绝缘音频轨道电路的工作原理框图

始端和终端分别是发送端和接收端。以发送器 2 和接收器 2 构成一个轨道电路为例,发送器 B 端的 C2 和一半的 S 形电缆构成了并联谐振电路,接收器 A 端的 C2 和一半的 S 形电缆构成了并联谐振电路,发送端和接收端在同一个频率谐振,确保发送端的 L2、C2 并联电路和接收端的 L2、C2 并联电路工作在幅值最大的水平。接收端即使接收到别的轨道电路发送过来的信号,因为信号的频率不是谐振频率,接收端的 L2、C2 并联电路两端的电压很小,会被室内设备忽略掉。当有列车占用该轨道电路时,接收器 A 端的谐振状态停止,接收不到幅值最大的信号,所以 GJ 落下。S 形电缆铺设在线路中心,一半用作接收端,一半用作发送端。S 形电缆的电气绝缘原理如图 4.7 所示。

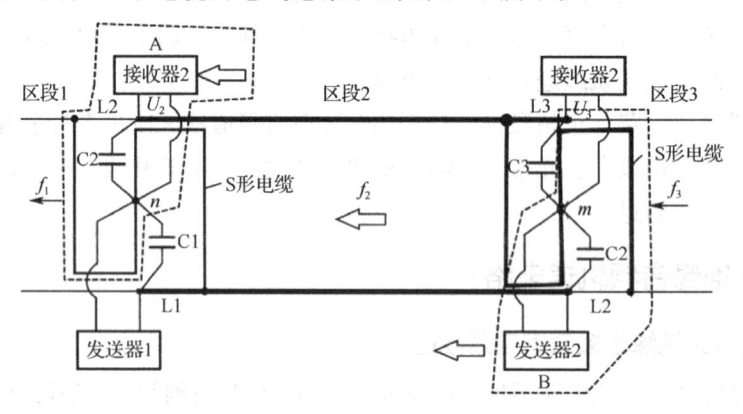

图 4.7 S 形电缆的电气绝缘原理

FTGS-917 型轨道电路使用电气绝缘,LC 并联谐振网络中 C 的不同取值对应不同的谐振频率，轨道电路共使用 8 种频率（9.5kHz、10.5kHz、11.5kHz、12.5kHz、13.5kHz、14.5kHz、15.5kHz、16.5kHz），这是音频范畴内的频率。

为了避免相邻区段的干扰，除了可采用不同的频率作为某区段固有的中心频率，还可采用不同位模式对区段进行区分，最小位是 4 位，最大位是 8 位。FTGS-917 型轨道电路采用 15 种位模式（2.2、2.3、2.4、2.5、2.6、3.2、3.3、3.4、3.5、4.2、4.3、4.4、5.2、5.3、6.2）。以 2.2 位模式为例，两个"2"表示区段脉冲波形由两个时长为 15ms 的高电平和两个时长为 15ms 的低电平组成，其他位模式以此类推。2.2 位模式如图 4.8 所示。

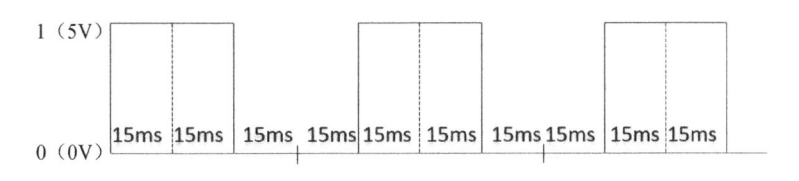

图 4.8　2.2 位模式

无绝缘轨道电路和有绝缘轨道电路相比，具有较明显的优点，即无绝缘接头，因而大大提高了轨道电路的可靠性，在长轨区段安装不用锯轨，在电化区段降低了轨道电路的平衡系数，最终改善了钢轨线路的运营质量。

（二）室内、室外模块的组成及功能介绍

遥供无绝缘音频轨道电路含有室外和室内两部分，中间通过电缆联系。室内电路有发送部分的发送电路、放大电路、滤波电路等，还有接收部分的接收电路、解调电路、GJ 电路等。室内电路的发送电路和接收部分可以组成轨道电路组合，每个组合由一个专用电源为它提供 12V、5V 电压。

1. 轨旁盒（室外设备）

轨道电路中室外用于发送信号、接收信号及连接室内外的设备就是轨旁盒。轨旁盒内一般可分为左、右两部分，采用对称结构布置。每个部分都由一个调谐单元和一个转换单元组成。当一个部分作为一个区段的发送端时，另一个部分作为相邻的另一个区段的接收端。每个部分的调谐单元接电气绝缘节，转换单元接室内设备。轨旁盒的内部电路框图如图 4.9 所示。

调谐单元的作用是调整谐振点，方法是：通过内六角扳手调整可调电感器，使绝缘棒与调谐单元的调谐部分达到谐振点，发送到轨面上的电压最大，接收到相应频率的电压最大。另外，选择不同的端子可以选择不同的变压器抽头，调整引入室内的电

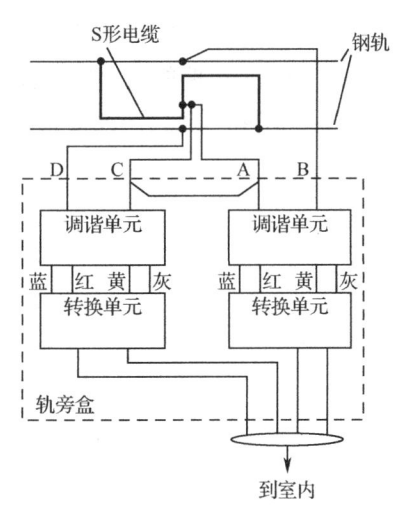

图 4.9　轨旁盒的内部电路框图

压值。转换单元的主要作用是转换发送和接收模式。

调谐单元和转换单元根据频率的不同，型号是不一样的。也就是说，在相邻的两个轨旁盒里，两种单元的型号是不同的。轨旁盒的外形如图4.10所示。

2. STEKOP模块（室内设备）

STEKOP模块又名输入/输出接口模块，位于ESTT接口计算机机柜中。它的作用之一是实现轨道电路与联锁计算机的连接。电源屏等的开关量输入/输出的连接也是通过这个模块来实现。STEKOP模块通过采集轨道电路B36（继电器板）两个继电器的状态来判断轨道的占用或空闲情况。STEKOP模块的外形如图4.11所示。

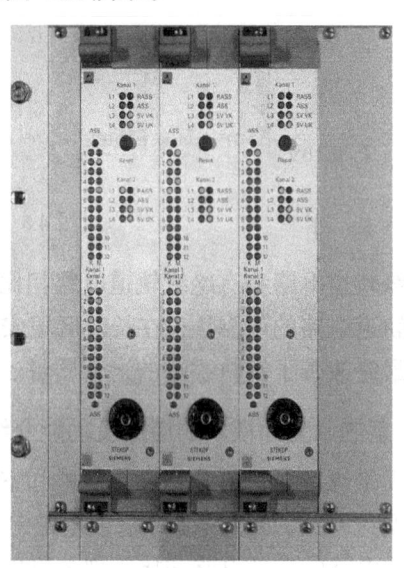

图4.10　轨旁盒的外形　　　　图4.11　STEKOP模块的外形

3. 标准型轨道电路的组合框架

标准型轨道电路的组合框架包括B33（接收1板）、B34或B39（接收2板）、B44（报文转换板）、B40（放大滤波板）、B30（发送板）、B35（解调板）、B36，如图4.12所示。

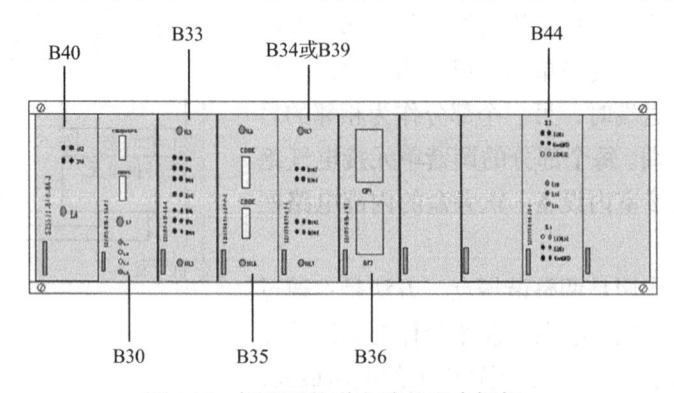

图4.12　标准型轨道电路的组合框架

4. B30（室内设备）

B30 的功能有产生各种频率的音频电压，实现位模式调制和 ATP 报文调制的切换，向 B34 或 B39 提供 16.33kHz 的驱动脉冲。

B30 的输入部分和输出部分与其他功能模块板连接。其中，输出部分涉及将频移键控（FSK）信息送入 B40，将驱动脉冲送至 B34 或 B39，将时钟脉冲送至 B44；输入部分涉及在轨道被占用时，由 B44 输入触发信号。

5. B40（室内设备）

B40 的功能是对 B30 发来的调制音频电压进行放大滤波，滤除发送信号中的高次谐波，仅将本区段频率的信号馈入发送电缆中，输出经调制的 FSK 信息，输入由 B30 送来的 FSK 信息。

6. B33（室内设备）

B33 的功能有检测接收回来的电压的中心频率及幅值；对接收回来的电压进行放大；在轨道空闲时，向 B35 提供脉冲电压，向 B34 或 B39 提供 14.8V 的控制电压；在轨道被占用时，向 B44 提供"占用"信息。

7. B35（室内设备）

B35 的功能是检测接收回来的音频电压所携带的位模式，当位模式检测正确时，向 B34 或 B39 提供控制低电平。

8. B34 或 B39（室内设备）

B34 或 B39 的功能是对 B33 的输出信号和 B35 送出的晶体管-晶体管逻辑（TTL）电平进行动态"或"运算。如果 B33 输出 14.8V 的高电位且 B35 输出低电位，则 B30 输出 16.33kHz 的驱动脉冲，可以通过板上的安全触发电路，形成 DC 16V 电压，并将其提供给 B36。

9. B36（室内设备）

B36 的功能是接收 B34 或 B39 输出的 DC 16V 电压，向联锁柜和 LZB（德国、奥地利和西班牙高速列车的驾驶室信号系统）发送"轨道占用"或"空闲"信号。

10. B44（室内设备）

B44 的功能是实现遥供无绝缘音频轨道电路的位模式和 ATP 报文之间的转换。B44 的特点是当列车占用区段时，发送 ATP 报文，并使发送方向迎着列车方向。在有列车占用区段时，遥供无绝缘音频轨道电路中 B44 的位模式无效，同时 ATP 报文被激活；发送板执行一个报文转换信号，进行开关切换，再通过一个光耦合器，ATP 报文就从 B44 传送到 B30 了。

（三）遥供无绝缘音频轨道电路的技术要求

（1）应用范围：车站、区间和道岔。
（2）牵引回流：采用双轨条。
（3）抗干扰：通过频率调制来传输区间空闲情况和报文信息。
（4）检测电缆故障：通过编码传输和混线检测方式来系统检测电缆故障。

（5）故障-安全措施：接收部分为双通道结构；对于 GJ 的相同开关状态，通过两个继电器的不同状态来检测错误。

（6）全部工作频率：9.5～16.5kHz。

（7）调制方式：FSK。

（8）编码位模式：15 种位模式，分别为 2.2、2.3、2.4、2.5、2.6、3.2、3.3、3.4、3.5、4.2、4.3、4.4、5.2、5.3、6.2。

（9）传输速率：时分比特位传输，不大于 200 bit/s；LZB 电码传输，不大于 200bit/s。

（10）运营可靠性：平均无故障工作时间（MTBF）计 0.2 个故障/年（每个遥供无绝缘音频轨道电路的 MTBF 的计算值为 4.3 万小时，实际值为 7 万小时）。

（11）最大控制距离（轨旁盒—联锁柜）：6.5km。

（12）电缆有效长度（最大值）：1.5km（根据接线情况）。

（13）轨道电路有效长度：30～300m。

（14）环境温度：-30～70℃。

（15）GJ 吸合、释放延迟时间：$t_{吸}$=0.6s，$t_{落}$=0.35s。

（16）供电参数：工作电压为交流 230×(1-20%)～230×(1+10%)V，频率为 50Hz±1Hz。

（17）功耗：标准配置，65V·A；道岔配置，75V·A；中央馈电，75V·A；交分道岔，85V·A。

（18）轨道道砟电阻（最小值）：R_B=1.5Ω·km。

（19）额定分路灵敏度：R_A≤0.5Ω。

相关案例

【案例 1】 7·23 甬温线特别重大铁路交通事故

2011 年 7 月 23 日 20 时 30 分 05 秒，甬温线浙江省温州市境内，由北京南站开往福州站的 D301 次列车与杭州站开往福州南站的 D3115 次列车发生动车组列车追尾事故。

2011 年 7 月 23 日 19 时 30 分左右，有雷击中温州南站沿线铁路牵引供电接触网或附近大地，通过大地的阻性耦合或空间感性耦合在信号电缆上产生浪涌电压，在多次雷击浪涌电压和直流电流的共同作用下，LKD2-T1 型列控中心设备采集驱动单元采集电路电源回路中的熔断器 F2（额定值为 250V、5A）熔断。该熔断器熔断前，温州南站列控中心管辖区间的轨道无车占用，温州南站列控中心设备的严重缺陷导致后续时段实际有车占用时，列控中心设备仍按照熔断器熔断前的无车占用状态来控制输出，最终使温州南站列控中心设备控制的区间信号机错误保持绿灯状态。

雷击还造成 5829AG 轨道电路发送器与列控中心的通信故障，使从永嘉站出发驶向温州南站的 D3115 次列车的超速防护系统自动制动，D3115 次列车在 5829AG 区段内停车。轨道电路发码异常导致其三次转目视行车模式起车受阻。停留 7min 40s 后，D3115 次列车才转为目视行车模式，以低于 20km/h 的速度向温州南站缓慢行驶，未能及时驶出 5829 闭塞分区。因温州南站列控中心未能采集到前行的 D3115 次列车在 5829AG 区段的占用状态信息，所以温州南站列控中心管辖的 5829 闭塞分区及后续两个闭塞分区的防护信号机错误地显示了绿灯，向 D301 次列车发送了无车占用码，导致 D301 次列车驶向 D3115 次列车并发生追尾。

【案例2】 天窗作业

天窗即在铁路 24h 不间断的运行图内不铺画列车运行线或减少列车运行次数，为铁路维修养护、施工预留的空闲时间。

天窗按用途分类，有以下两种。

（1）施工天窗：在实施技改工程、线路大中修、大型机械作业、接触网大修时，不应少于 180min。

（2）维修天窗：电气化，双线不应少于 90min，单线不应少于 60min；非电气化，双线不应少于 70min，单线不应少于 60min。

维修天窗在时间安排上应与施工天窗重叠套用，除春运、暑运、黄金周及中国国家铁路集团有限公司（简称中国铁路）调度命令停止外，原则上每月每区间不应少于 20 次（双线为单方向）。当维修单位不需要维修时，可不申请或减少天窗，不计入天窗维修考核。

各条线路的天窗及其位置在编制列车运行图时确定，铁路局调整繁忙干线和影响跨局运输的干线天窗必须报中国铁路批准。

双线车站同时影响上行、下行正线的渡线道岔或影响全站信号设备正常使用的电务为主、工务综合利用的设备检修，每月应保证 2 次，每次不少于 30min 的封锁时间。对于编组、区段站，可按接发列车的方向划分联锁区，每个联锁区每月应保证 1 次不少于 30min 的封锁时间。

编组、区段站的每个供电臂每月应保证 1 次不少于 30min 的封锁停电时间。对于具备条件的电气化双线区段，应适当安排垂直检修天窗。

对于不影响跨局运输的干线和支线施工，天窗及其次数可由铁路局适当调整。

知识拓展

轨道电路常见故障分析

1. 分路不良故障分析

分路不良故障指的是区段有车占用时，有关 GJ 不落下，控制台或显示器相对应的区段不显示红色光带。造成这种故障的原因，除了轨道电路本身达到"分路状态最不利条件"，还有轻车、轨面不清洁（如生锈）等。

分路不良故障对车站作业的影响主要在安全方面，由于不能利用 GJ 检查出区段有车占用，所以可能造成安全隐患。

（1）当线路出现分路不良故障时，在列车行驶至该区段后，轨道电路不显示红色光带，在车站计算机或调度终端上不能监控列车的运行状态，系统不能检测到该段轨道电路被列车占用。

（2）当后续列车接近有列车占用且出现轨道电路分路不良的区段时，列车检测到前方轨道有列车占用，不会减速停车，极易造成列车追尾事故的发生。

（3）若分路不良的区段为岔区，当后续列车接近时，系统将自动扳动道岔，排列进路，造成道岔上的列车脱轨或颠覆。

因此，在发现分路不良故障后，必须及时报告有关部门，严格执行有关要求，认真确认列车位置，锁闭有关道岔，确保办理列车运行和调车作业的安全。

分路不良故障同样影响作业效率。由于不能可靠地分路有关区段，造成在列车进出车辆段的过程中，进路不能正常解锁，控制台上遗留有白色光带，需人工操作才能解锁有关区段；在区间，造成车次号丢失（列车的占用以红色光带为依据，不以车次号为依据），通过车站计算机或调度终端不能监控列车的运行状态。

2. 红色光带故障分析

红色光带故障指的是区段没有车占用时，控制台或显示器相对应的区段显示红色光带。造成这种故障的主要原因有轨道电路送电电压小、道床潮湿、肮脏使得泄漏电流大，以及轨道电路有断线或断轨情况等。

显示红色光带的区段相当于有列车占用，因此发生红色光带故障主要影响车站及区间的行车效率，部分行车安全需依靠人工来保障，有关工作人员必须严格执行非正常情况下的作业办法，具体有以下几种情况。

（1）有关工作人员将故障地点和故障现象通知给信号维修人员，并与之及时联系，确认故障原因及恢复时间。

（2）列车驾驶员在行车调度员的授权下，及时转换驾驶模式，确保列车安全运行。

（3）有关工作人员按照行车调度员的指示，及时转换道岔，开放信号。

任务二　认识计轴器与应答器

学习目标

（1）了解计轴器的工作原理。
（2）了解计轴器的实际应用。
（3）了解应答器的工作原理。
（4）了解应答器的实际应用。

计轴器的工作原理

学习任务

认识计轴器与应答器，主要认识计轴器与应答器的轨旁设备、微机计轴系统。

工具设备

计轴器、应答器、综合后备盘（IBP）、模拟沙盘。

项目四　轨道电路、计轴器与应答器

教学环境

室内信号实训基地、校外地铁站、车辆段、多媒体教室。

基础知识

随着城市轨道交通的发展，目前新建地铁线路信号系统多采用 CBTC 系统。在 CBTC 系统降级模式下，采用联锁+计轴（列车监测）的运营模式，并采用计轴器作为辅助列车位置检测设备，计轴系统不具备轨道电路检查断轨状态和传输行车相关信息的功能。

计轴系统通过计轴点来检测进入与离开某段线路的列车轴数，判定两个计轴点之间区段的空闲或占用情况，其用途与轨道电路相似。检测区段状态信息及列车运行方向是计轴器的基本功能。

应答器是现代城市轨道交通信号系统中的安全设备，是整个信号系统安全体系中不可或缺的部分。应答器可在特定的地点实现车地间的数据交换，向列车提供可靠的轨旁固定信息或可变信息，是大速率、大信息量的点式数据传输设备。

一、计轴系统

（一）计轴系统的基本概念

一个计轴点有两套电磁传感器，分别是发送器和接收器，相邻的计轴点构成的区段被称作计轴区段。计轴区段如图 4.13 所示。

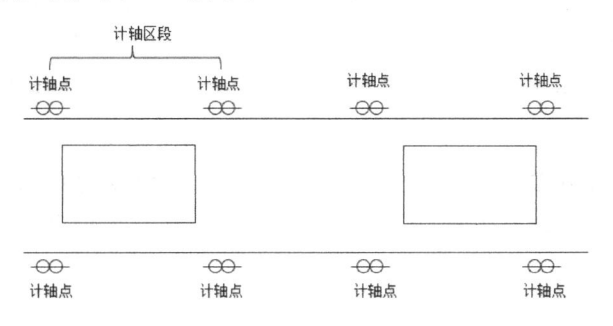

图 4.13　计轴区段

计轴点通常设置在信号机、车站的头端墙、尾端墙和尽头线等处，在城市轨道交通信号系统中，计轴系统的作用相当于轨道电路的作用，用来判断列车在计轴区段内是否被占用，以及判断列车的运行方向。在计轴区段的距离过长时，CBTC 系统还会在计轴区段内划分虚拟区段。

（二）计轴器的工作原理

计轴器实际上是电磁式有源传感器，即一个发送器（T）和一个接收器（R）被分置在钢轨的外侧和里侧。发送器发射出的磁力线穿过接收器，并在接收器上产生感应信号。当无车轮经过发送器和接收器的间隙时，发送器发出的磁力线会绕过钢轨的气隙，在接收器上产生较弱的感应信号。当有车轮经过发送器和接收器的间隙时，金属车轮和钢轨顶面在接触后构成一个磁路，这个磁路会增强穿过接收器的磁通，于是每当有车轮经过时，就会在接收器上产生一个感应信号。计轴器的工作原理如图 4.14 和图 4.15 所示，计轴器的外形如图 4.16 所示。

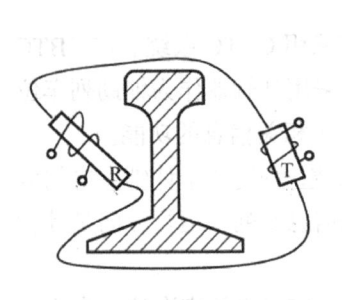

图 4.14　无车经过时计轴器的工作原理

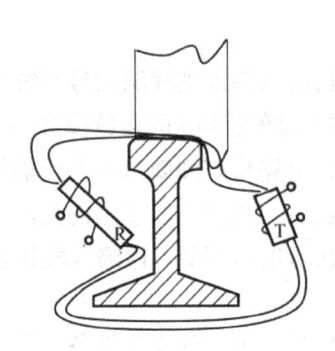

图 4.15　有车经过时计轴器的工作原理

图 4.16　计轴器的外形

当没有车轮经过接收器 A 和 B 时，两个接收器的输出电平都是 0。如果有列车从左侧开过来，车轮依次经过 a、b、c、d 和 e 五个点 [见图 4.17 (a)]，会先后出现接收器 A 和 B 都没有被遮挡、遮挡接收器 A、遮挡接收器 A 和 B、遮挡接收器 B、接收器 A 和 B 都没有被遮挡的情况。接收器 A 和 B 的输出电平如图 4.17 (b) 所示。反之，如果反方向来车，接收器 A 和 B 的输出电平会发生变化。从图 4.17 中可以看出，从左侧来车，接收器 A 的输出电平先变高，然后接收器 B 的电位变高，接收器 A 和 B 的电位以经过图 4.17 的"a→b→c→d→e"变换或"e→d→c→b→a"变换为一个周期，每个周期相当于一个车轴经过了计轴点。如果把图 4.17 (b) 中接收器 A 和 B 的电平顺序变化记作一个周期，就表示有一个轮对经过接收器 A 和 B，按照常见的 6 辆电客车（24 个轮对）的编组，当整列车通过接收器 A 和 B 时，接收器就会产生 24 个周期。接收器 A 和 B 发出电平信号的周期个数等于经过的轮对个数。

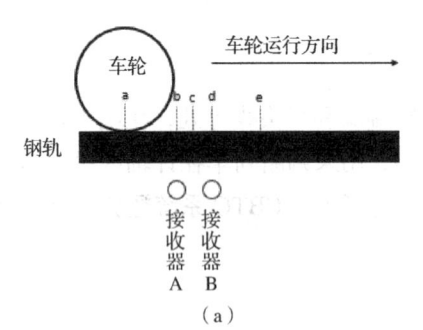

输出电平	左侧来车					右侧来车				
	a	b	c	d	e	e	d	c	b	a
A	0	1	1	0	0	0	0	1	1	0
B	0	0	1	1	0	0	1	1	0	0

图 4.17　接收器接收信号并发出电平信号

假设接收器有 A 和 B 两个，车轮经过接收器 A 时，接收器 A 发出高电平信号（1）；无车经过时，接收器 A 发出低电平信号（0）。接收器 B 的工作原理同接收器 A。接收器 A

和接收器 B 同时被遮挡时，接收器 A 和 B 都发出高电平信号（1）。

接收器发出的信号经过电子连接箱传送给室内计算机主机系统，由室内计算机主机系统计算列车轴数，并根据两个计轴器的作用时机，判明列车的运行方向。同样，当列车车轮抵达计轴器 B 的作用区域时，计轴器 B 将车轴脉冲经电子连接箱传送给室内计算机主机系统，由室内计算机主机系统来确定对列车轴数是累加计数还是递减计数。依据该区段的驶入点和驶出点所记录列车轴数的比较结果，确定该区段的占用或空闲状态，并输出控制信息，使该区段的 GJ 落下或吸起。同样，在道岔区段，设置计轴器的原则类似于轨道电路的"一送多受"，不再赘述。这样做，即可根据区段的列车占用状态，构成车站联锁和区间闭塞关系，如图 4.18 所示。

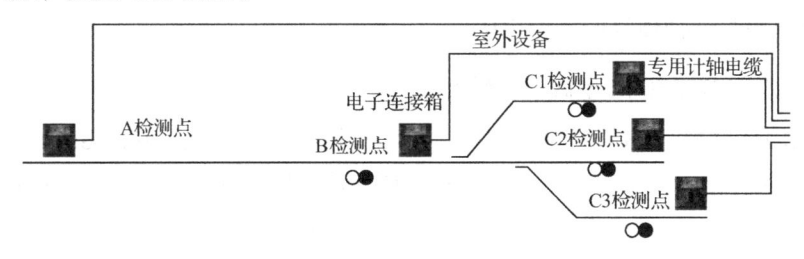

图 4.18 计轴的基本原理图

（三）计轴系统的组成

计轴系统的室外部分由安装在钢轨上的车轮检测器（车轮传感器）和轨旁电子检测设备构成。其作用是检测钢轨上运行的列车轮对，并对其进行计数；对现场信号进行采集、处理、转换，将所得信息传送到计轴主机上并对其进行运算。

计轴系统的结构框图如图 4.19 所示。计轴系统的室内部分由计轴主机（运算单元）、计轴电源和防雷单元构成。其作用是对轨旁电子检测设备传送来的信息进行运算，给出相应区段的占用条件或接收区段复位的条件。结合电路包含与计轴主机相连接的计轴复位电路、计轴输出的 GJ 电路。

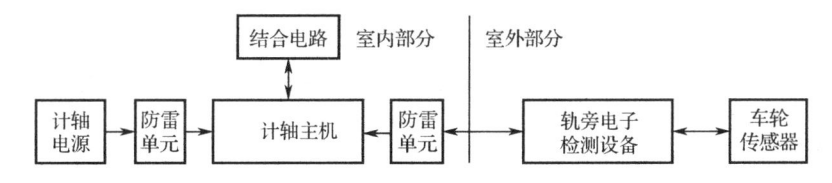

图 4.19 计轴系统的结构框图

（四）计轴预复位

计轴设备容易受外界环境干扰，受干扰的原因包括"掉电"、电磁干扰、计轴器处划过金属物等，因此计轴器显示的轴数常会出现差错而导致系统故障，车站控制室的 HMI 发出警报声，同时在 HMI 上对应的故障计轴区段显示粉红色光带。所谓计轴预复位，即将计轴器显示的轴数清零，同时计轴区段为出清状态（GJ 吸起）。实际上，计轴预复位是一个安全作业程序，在计轴系统故障状态下使用。

计轴预复位的过程如下。

（1）车站控制室值班员向行车调度员报告计轴故障区段代号，由车站控制室值班员和行车调度员共同确认计轴故障区段没有列车占用。

（2）车站控制室值班员接受调度命令，处理计轴故障，在 HMI 上单击"计轴复位"按钮，并在 60s 内从 IBP 上找到对应代号的计轴区段的复位按钮，按压计轴故障区段的复位按钮。

（3）车站控制室值班员通知行车调度员计轴复位操作成功。

（4）行车调度员安排第一趟列车以限速 25km/h 通过计轴故障区段。

（5）车站控制室计轴粉红色光带消失，计轴复位成功，车站控制室值班员向行车调度员报告计轴预复位操作完毕。

计轴预复位

（五）AzS（M）350 M 型微机计轴系统

AzS（M）350 M 型微机计轴系统是一种小型微机计轴系统。它以 SIMIC-C 安全型计算机为控制核心，并配备完善的配套电路，构成运算单元。每个运算单元既可以直接连接 4 个西门子 ZP43V 型计轴点设备，又可以具备检查两个区段的能力，并且通过多个运算单元的有机组合来构成一个整体系统，用以检查不同规模形式的站场和区间轨道的空闲与占用状态。AzS（M）350 M 型微机计轴系统已在许多国家和地区得到应用。广州地铁 1 号线、2 号线联络线就采用了该系统。

AzS（M）350 M 型微机计轴系统包括站场或区间钢轨上和轨旁的西门子 ZP43V 型计轴点设备，室内的 AzS（M）350 M 型运算单元组合，ZP43V 型计轴点设备与 AzS（M）350 M 型运算单元间的外部电缆连接系统，AzS（M）350 M 型运算单元与车站联锁系统之间的接口电路，以及值班控制台上的控制按钮与配套的电源设备等。

计数单元是一种基于微计算机系统的、可靠的数据处理设备。其核心是经过安全性证明的 SIMIS-3216 计算机系统，该系统有 3 个数据处理通道，且 3 个通道内的数据流同步。在结构上，计数单元装在 4 排框架上，组件以插入方式安装在框架上。

AzS（M）350 M 型微机计轴系统的主要特征为：①最多可接续 16 个计数点；②可以自动纠错；③可以经由联锁总线或调制/解调器向计算机服务器及维修中心给出故障表示。

二、应答器

应答器是一种采用电磁感应原理构成的高速点式数据传输设备，用于在特定地点实现地面与列车的通信。应答器可分为无源应答器和有源应答器，二者通过车下天线分别向列车车载设备提供固定信息和可变信息。

无源应答器存储的信息是不变的，而有源应答器与轨旁设备相连，存储的信息是可变的。

（一）应答器的工作原理

应答器采用射频识别（RFID）技术，利用电磁感应或微波进行非接触、双向通信，通过交换数据来识别对象。RFID 系统一般由读写器、标签和天线三部分组成。读写器通过控制射频模块向标签发射读写信号,接收标签的应答,并由主机将数据处理后供其他系统使用。在城市轨道交通中,通常使用应答器进行单向通信,单向通信即地对车的通信。地面应答器和车载天线的安装如图 4.20 所示。

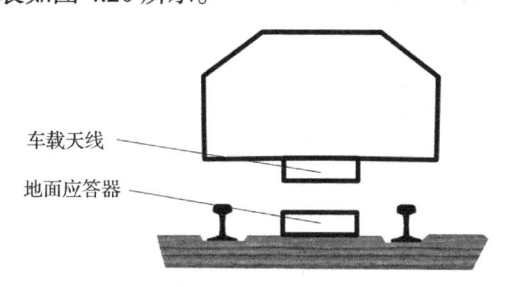

图 4.20 地面应答器和车载天线的安装

无源应答器存储的数据有线路参数(线路坡度等)等,当列车车载天线经过无源应答器上方时,车载天线向无源应答器发送电磁能量,为无源应答器提供电能。无源应答器将存储的数据通过车载天线传送到车载设备上。在列车车载天线离开无源应答器后,应答器进入休眠状态。

有源应答器通过电缆与轨旁电子单元(LEU)连接,存储道岔信息、信号机信息等,向列车传送变化的信息。有源应答器的安装方式与无源应答器类似。

无源应答器和有源应答器分别如图 4.21 和图 4.22 所示。

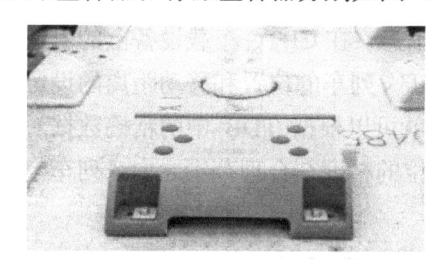

图 4.21 无源应答器   图 4.22 有源应答器

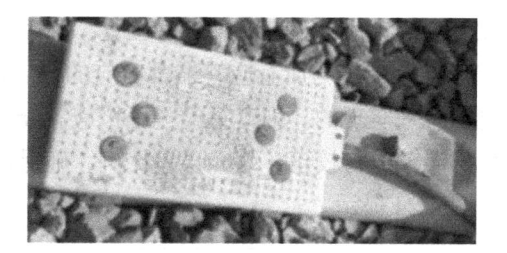

(二)应答器系统的组成

地面设备有无源应答器、有源应答器和 LEU,车载设备有查询主机、车载天线和天线电缆。无源应答器系统不包含欧式编码器,无源应答器被磁场激活后向列车应答器发送存储的信息。有源应答器既包括无源应答器组成部分,又包括欧式编码器等设备。在 CBTC 系统降级时,LEU 获取联锁系统的信号机信息和道岔信息等,并将获得的信息通过有源地面应答器发送给列车应答器天线,车载设备由此获得运行的移动授权。应答器系统的组成如图 4.23 所示。

(三)应答器的分类

应答器按功能分类,可以分为无源信标和有源信标。

无源信标分为移动列车初始化信标(MTIB)、重定位信标(RB)及精确停车信标(PSBa),

主要用于 CBTC 系统模式下的列车定位、精确停车等。

有源信标分为预告信标和信号重开信标。在 BM 模式下，信号机信息、道岔状态信息由联锁系统经欧式编码器和有源信标传送给列车。列车在读取到信标时，可得知前方进路状态，以便获得点式移动授权（ITC-MA）。有源信标在 CBTC 系统模式下也可用作 RB。

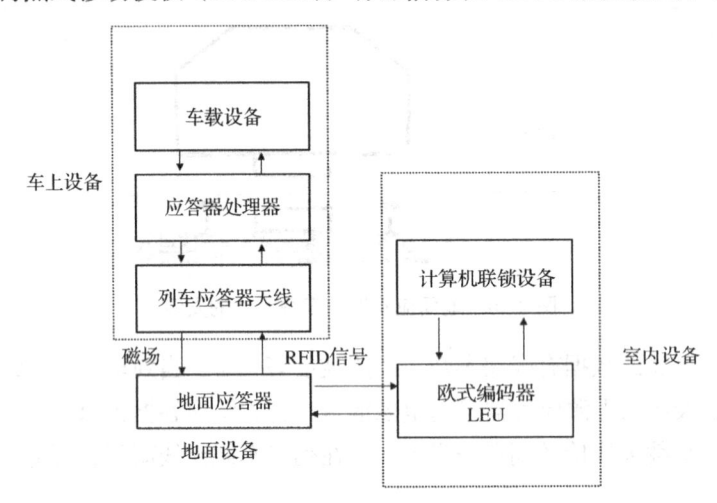

图 4.23　应答器系统的组成

（四）应答器的功能

1. 列车定位的实现及误差校正

在无源应答器中存储着编号、位置、链接等信息，在 CBTC 车载设备上的轨道数据库（TDB）中则存储着与所有应答器都对应的存储信息。列车的位置和移动距离的设定是通过测速电动机来实现的。列车每经过一个应答器，就可以根据 TDB 中的精确数据对列车本身定位的误差进行校正，缩小误差比例，确保定位的精度在合理范围之内。列车定位的原理图如图 4.24 所示。

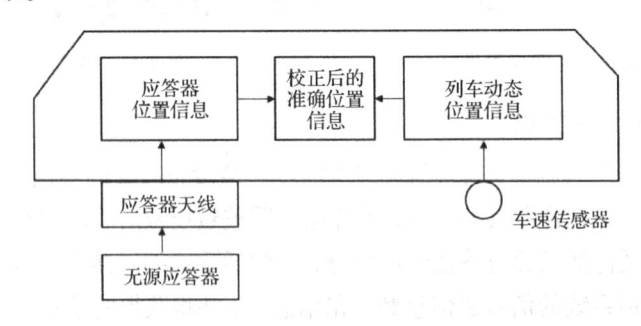

图 4.24　列车定位的原理图

2. 轮径校核

列车的速度传感器与轮对耦合，如果轮径变小，列车的速度传感器就会发出比实际转速高的转速信号，导致列车的速度传感器不能正确反映列车的实际速度。

用车载里程计测量两个应答器之间的车轮数，并将其与车载数据库中预置的这两个应答器之间的实际距离比较，由车载控制器计算出实际轮径，即可实现自动轮径校核。一般在车辆段/停车场出入段线及正线平直区段设置用于轮径校核的专用传感器，以确保列车在上线运营或在正线运行时，轮径值可以得到校核。

3. 系统初始化

当列车从车辆段/停车场驶入正线时，需在出段线路转换轨"登录"ATC 区域。列车驶入转换轨，经转换轨上的应答器触发后，转换车载控制器模式，下载电子地图的版本号应与车载控制器自存的版本号一致。列车运行一段距离后，进行列车定位功能的自检。当列车经过第二个应答器时，对其提供的位置信息与自检计算得到的定位数据进行对比，若一致，则 ATS 子系统发送列车的识别号经区域控制器（ZC）到达车载控制系统，此列车便完成了初始化程序，正式登录 ATC 区域。

4. 移动授权

在 CBTC 系统的 BM 模式下，行车间隔和列车防护依靠联锁进路的固定闭塞及联锁控制的信号机来显示。进路通常是两个顺向信号机间的路径。在 CBTC 系统的 BM 模式下，系统中的联锁子系统只有在进路和保护区段均具备一定条件的情况下才开放信号。此时，ATP 计算的移动授权默认从始端信号机到终端信号机，紧急制动曲线会在前方出站信号机处终止。连接 LEU 的主应答器或预告应答器发送 LEU 根据采集到的信号机开放状态生成的应答器报文，车载设备根据收到的信息对列车进行控制。

对于区间信号机，通常为其设置预告应答器，用于复示主应答器的信息。预告应答器扩展移动授权示意图如图 4.25 所示。如果预告应答器提供"进路开放"信息，则列车将认为其对应的信号机发出的信号为开放信号，移动授权计算可延伸至下一条进路，即采用新 ITC-MA；否则，列车将在主应答器前停车，即采用原 ITC-MA。

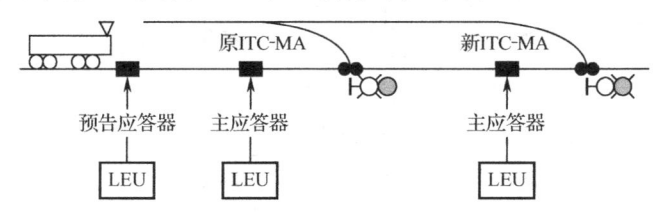

图 4.25 预告应答器扩展移动授权示意图

对于出站信号机，通常不设置预告应答器，列车默认在出站信号机对应的有源应答器前停车。有源应答器被设置在列车正常停车位置与对应信号机之间。这种位置关系使列车在正常制动曲线下不会读到有源应答器。若出站信号机没有开放，司机错误发车，车载计算机通过查询器天线检测到该信号机的禁止信息，则立即实施紧急制动，从而防止列车冒进红灯信号。出站信号有源应答器的位置示意图如图 4.26 所示。

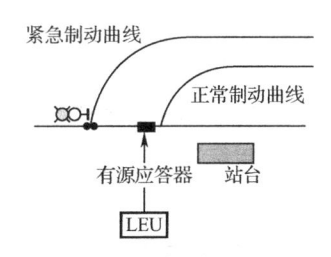

图 4.26 出站信号有源应答器的位置示意图

5. 进路信息提示

利用有源应答器的设置，可以在应答器报文中对列车前方的进路信息进行提示。道岔防护信号机对应的有源应答器，通常需对道岔直向/侧向的锁闭信息进行编码，并将其发送给列车。车载 ATP 子系统在收到对应的应答器信息时，可通过进路信息来确定前方的进路，并根据需要更新线路信息。

6. 精确停车

列车在车站停车时，车门与站台门的开度要配合良好，车门与站台门之间的停站允许误差要控制在 0.25～0.5m。列车精确停车信息需要地面应答器提供。图 4.27 阐明了采用应答器装置能够测定车门是否与站台门对准。用于车站定位停车的应答器在站台确定的范围内，沿线路设置在两条钢轨之间特定的位置，应答器将轨旁的准确位置信息传送至车载计算单元内。位置的输入被用于确定何时启动停车曲线。接近停车位置的应答器数量决定站停位置的精确度，一般为 3 或 4 个。在图 4.27 中的上行方向上，当列车运行至始端应答器位置时，列车接收到第一个应答器信息（停车标志位置信息），启动定点停车程序，按照定点停车曲线运行，其制动率被控制为一个恒定值，此时列车离定位停车点较远；当列车到达中间应答器位置时，应答器将根据定点停车曲线对实际车速进行校正；当列车接收到终端应答器位置信息时，列车转为定位模式，制动率进一步降低；最后，当列车接收到站台接近传感器（金属对位板）的信息时，立即实施全常用制动，将车停住。列车停准后，先由车载设备向轨旁发送列车停稳信号，然后才进行开关车门和屏蔽门的操作。如果列车停止但未读取到接近传感器的信息，将无法进行开关车门和屏蔽门的操作。

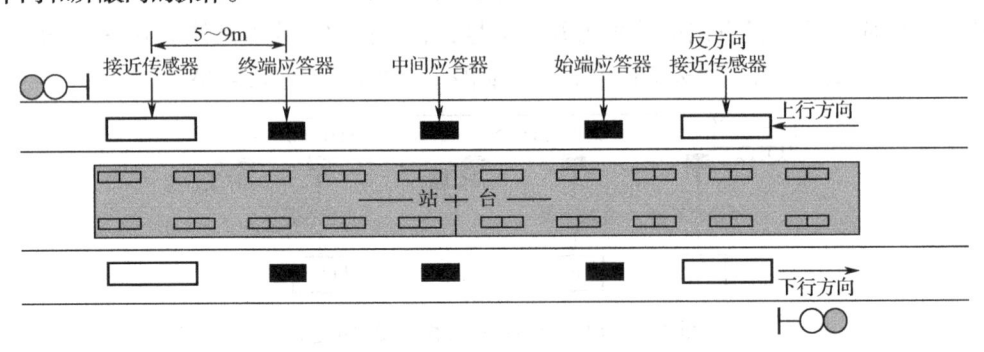

图 4.27 列车精确停车示意图

7. 其他功能

应答器还可为系统提供线路固定速度限制、坡度、弯道、无线切换点、无电区、转换轨、公里标、临时速度限制等信息，从而为系统提供更强的运行控制能力。

相关案例

【案例 1】 应答器的技术参数

20 世纪 80 年代初，瑞典最早将应答器应用于铁路，后来法国、德国、日本等相继采用应答器作为车地之间点式通信的工具。经过应用的积累，诞生了欧洲铁路标准SUBSET-036，该标准框定了应答器系统的结构及技术参数。它所规定的应答器系统是电感耦合RFID系统，采用非谐性反馈频率，数据发送频率为4.237MHz。低频应答器能耗低、成本低，适用于短距离但安全性要求较高的场合。

SUBSET-036所规定的应答器的主要技术参数如下。

（1）耦合方式：电磁感应式。
（2）能量传输频率：27.095MHz±5kHz。
（3）中心频率：4.234MHz±200kHz。
（4）数据传输速率：564.48×（1±2.5%）kbit/s。
（5）有效数据范围：>500mm。
（6）报文码长：1023bit。
（7）可用码长：830bit。
（8）读取距离：220~460mm。

【案例2】 地铁列车在车站准确停车

地铁列车在进站过程中，会按照车站的对标点和屏蔽门的位置进行对标停车，在人工驾驶模式下，由司机进行手动操作停车；在自动驾驶模式（AM模式）下，由信号系统设备自行完成自动停车功能。屏蔽门是根据车门位置安装的，比车门大一点点。地铁列车在站台停好后，车头所在的点叫作服务停车点（SSP）。SSP的设置可以确保车头停在这一点时，车门刚好是对准屏蔽门的。

在地铁列车进站停车之前，要通过信标来对地铁列车的位置进行精确定位，一般1个站台会布置3或4个信标（精度要达到0.5m）。ATO子系统会根据自己的定位和目标停车点，计算地铁列车的速度曲线，以保证地铁列车在停下来时刚好停在SSP。地铁列车精确定位停车的原理图如图4.28所示。

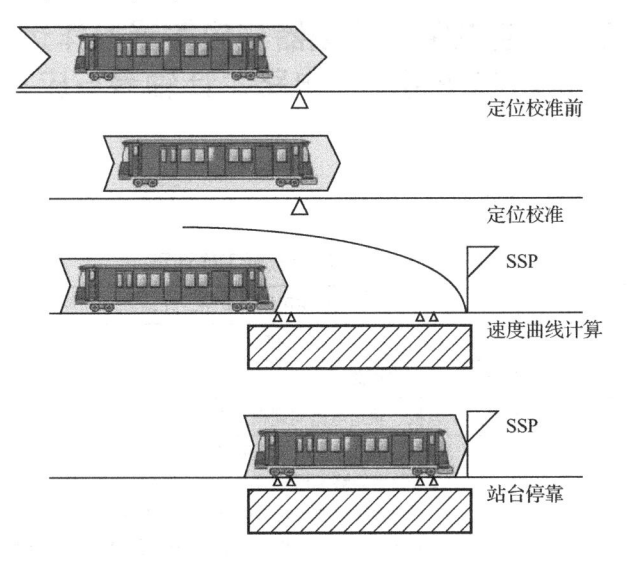

图4.28 地铁列车精确定位停车的原理图

知识拓展

计轴受干扰的处理

一、单个计轴受干扰造成计轴区域出现粉红色光带的处理

（1）当非道岔区段及道岔区段出现粉红色光带但无须转换道岔组织行车时，在由行车调度员会同相关车站的工作人员共同确认该区段空闲后，指令车站进行预复位操作，行车调度员再组织列车通过该区段。行车调度员在得到车站控制室报告列车出清后。行车调度员再进行"确认计轴有效"操作。若粉红色光带仍未消除，则按单个计轴故障处理。

（2）当道岔区段出现粉红色光带且需转换道岔组织行车时，在由行车调度员会同相关车站的工作人员共同确认该区段空闲后，指令车站人工办理进路并进行预复位操作，行车调度员再组织列车通过该区段。相关车站在确认列车出清且粉红色光带消失后，再进行转换道岔的相关操作。若粉红色光带仍未消除，则按道岔故障处理。

（3）当单个计轴受干扰造成计轴区域出现粉红色光带时，首列列车通过该区域须限速25km/h，司机须加强线路瞭望，如发现异常，应及时采取措施并报行车调度员处理；如未发现异常，不论粉红色光带是否消除，后续列车都应按驾驶模式要求的速度运行，且司机须加强线路瞭望。

二、单个计轴受干扰造成计轴区域出现棕色光带的处理

当单个计轴受干扰造成计轴区域出现棕色光带且影响列车运行时，在由行车调度员会同相关车站的工作人员共同确认该区段空闲后，指令车站进行预复位操作，行车调度员再组织列车以限速25km/h通过该区段。列车出清之后，行车调度员再进行"确认计轴有效"操作。若棕色光带变为粉红色光带，则按照出现粉红色光带的规定处理；若不影响列车运行，则原则上待运营结束后再行处理。当道岔区段出现棕色光带且需转换道岔组织行车时，行车调度员指令车站提前做好人工办理进路的准备工作。

任务三　轨道电路、计轴器与应答器操作运用实例
　　　　——认识和使用轨道电路、计轴器与应答器

1. 实训项目教师工作活页

实训项目教师工作活页如表4.1所示。

表4.1　实训项目教师工作活页

实训项目	认识和使用轨道电路、计轴器与应答器		
学时	2	班级	略
实训场所	信号实训实验室、车站、车辆段		
工具设备	继电器、信号机、示教板、轨道电路实训箱、多媒体设备		
教学目标	专业能力目标	（1）学生能够说出轨道电路、计轴器与应答器的作用。 （2）学生能够说出轨道电路的几种状态。 （3）学生能够说出轨道电路的分类方式及各类轨道电路的适用范围。 （4）学生能够说出相敏轨道电路和音频数字轨道电路的原理及特点。 （5）学生能够说出计轴器的作用和应答器的布置原则	

续表

	方法能力目标	（1）学生能综合运用专业知识，通过专业书籍、多媒体课件和图片资料来获得辅助信息。 （2）学生能根据实训项目的学习任务来确定实训方案，从中学会展示活动过程和成果
	社会能力目标	（1）学生能在实训活动中保持积极向上的学习态度。 （2）学生能与小组成员和教师就学习中的问题进行交流和沟通。 （3）学生能与他人共享学习资源，具有较强的合作能力和良好的团队协作精神
教学评价		（1）学生活动：①以5～7人小组为单位开展实训活动，根据本组同学在实训过程中的能力表现及结果进行自评和组内互评；②根据其他小组同学在成果展示活动中的表现及结果进行组间互评。 （2）教师活动：①教师组织学生开展评价活动和总结；②对学生在本实训项目中的任务成绩做出综合评价
教学资料		（1）城市轨道交通信号设备教材。 （2）FTGS-917型轨道电路技术资料。 （3）实训项目学生学习活页
指导教师		教学时间　　　　　　　　年　　月　　日

2. 实训项目学生学习活页

实训项目学生学习活页如表4.2所示。

表4.2　实训项目学生学习活页

实训项目　认识和使用轨道电路、计轴器与应答器
班级：_____　姓名：_____　学号：_____　时间：_____
一、实训目标 1. 专业能力目标 （1）能够说出轨道电路、计轴器和应答器的作用。 （2）能够说出轨道电路的几种状态。 （3）能够说出轨道电路的分类方式及各类轨道电路的适用范围。 （4）能够说出相敏轨道电路和音频数字轨道电路的原理及特点。 （5）能够说出计轴器的作用和应答器的布置原则。 2. 方法能力目标 （1）能综合运用专业知识，通过专业书籍、多媒体课件和图片资料来获得辅助信息。 （2）能根据实训项目的学习任务来确定实训方案，从中学会展示活动过程和成果。 3. 社会能力目标 （1）能在实训活动中保持积极向上的学习态度。 （2）能与小组成员和教师就学习中的问题进行交流和沟通。 （3）能与他人共享学习资源，具有较强的合作能力和良好的团队协作精神。 二、知识总结 （1）试比较计轴设备与轨道电路的优缺点。

续表

（2）为什么一个计轴点要设置两个计轴器？

（3）简述利用计轴系统进行列车检测的原理。

（4）简述 AzS（350）M 型微机计轴系统的组成。

三、操作应用

（1）下图为轨道上某个计轴点的两个计轴器，分别安装在 A、B 两处，当列车从 A 点出发通过 B 点时，分析 A、B 两处计轴器输出的脉冲。

```
        R1  ▽        ▽  R2
        T1  △        △  T2      传感器
            A         B
```

（2）如何对计轴系统进行复位？

（3）应答器具备哪些功能？

（4）有源应答器和无源应答器有什么不同？

四、实训小结
_____
_____

续表

五、成绩评定

1. 学生评价

评价等级	A	B	C	D	E
学生自评					
组内互评					
组间互评					

2. 教师评价

评价等级	A	B	C	D	E
专业能力					
方法能力					
社会能力					
评价结果					

3. 综合评价

评价等级	A	B	C	D	E
评价结果					

注：按照学生自评分数占 10%、组内互评分数占 10%、组间互评分数占 20%、教师评价分数占 60% 的比例计分，其中，A—优，100 分；B—良，85 分；C—中，75 分；D—及格，60 分；E—不及格，50 分。

4. 评价量规

等级	行为表现描述
A	能圆满、高效地完成实训任务的全部内容
B	能顺利地完成实训任务的全部内容
C	能完成实训任务的全部内容，但需要一些帮助和指导
D	自己只能完成实训任务的部分内容，但在他人的现场指导下，能完成实训任务的全部内容
E	不能完成实训任务的全部内容

思考与练习

1. 简述轨道电路的基本原理。
2. 电气绝缘的轨道电路的原理是怎样的？这类轨道电路在哪些城市有应用？
3. 计轴器是如何判断来车方向和计算列车轴数的？
4. 应答器具体是如何分类的？

项目五　联锁系统

计算机联锁系统是实现城市轨道交通现代化和自动化的基础设施之一，是一种高效、安全的车站联锁系统，是提高车站通过能力的基础。同时，计算机联锁系统具有故障-安全性能，与电气联锁系统相比，其在设计、施工和维护方面都更便捷，且便于改造和增加新功能，为城市轨道交通信号向智能化和网络化方向发展创造了条件。

任务一　认识联锁系统

学习目标

（1）了解联锁关系的基本概念。
（2）了解列车进路及保护区段。
（3）了解联锁关系。

学习任务

认识联锁系统，主要认识列车进路及保护区段、联锁关系。

工具设备

人工闭塞工具、单动道岔、信号机、联锁机柜。

教学环境

室内信号实训基地、校外地铁站、多媒体教室。

基础知识

一、联锁关系的基本概念

在城市轨道交通的车站或车辆段内，列车在站（段）内运行时所经过的路径被称为进路。每条进路都有一组或多组道岔，道岔的位置不同，进路也不同。每条进路必须有信号机防护。为了保证列车运行及调车作业的安全，站内相关信号、道岔、进路之间必须建立一种相互制约的关系，这种关系被称为联锁关系，简称联锁。用于实现联锁关系的控制设施被称为车站信号联锁系统。

二、列车进路及保护区段

如按作业性质分，进路大体上可分为列车进路和调车进路两类。凡是进站、出发及通过列车的进路都被称为列车进路,包括接车进路、发车进路和通过进路;凡是调车车列为完成调车作业而经过的进路都被称为调车进路。进路一般指从防护该进路的信号机起至同一方向限制列车或调车车列运行的信号机(或站界标、车挡表示器)止的一段线路。以一架信号机作为进路始端的进路可以是一条,也可以是多条。

(一)列车进路

1. 无岔站列车进路

两个无岔站只有出站信号机。一条进路的始端信号机是 S010201,终端信号机是 S010101;另外一条进路的始端信号机是 S010102,终端信号机是 S010202。由于这两条中间站线路较为简单,上行线、下行线之间没有渡线,也没有进站信号机,所以这种区间距较短的站间进路就是由两个出站信号机构成的进路。在 CBTC 系统降级模式下,两个出站信号机构成了固定闭塞区间。无岔站列车进路如图 5.1 所示。

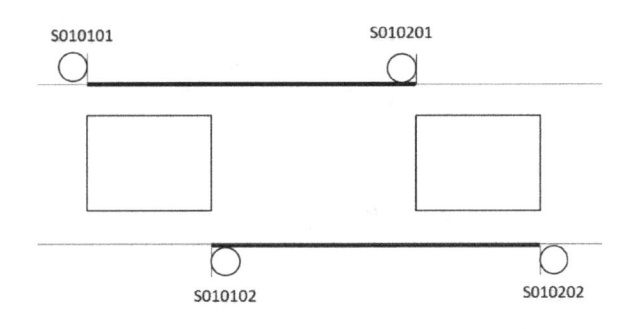

图 5.1 无岔站列车进路

2. 进折返线进路

折 I 道进折返线进路如图 5.2 所示。列车在折返站进行折返作业,可以通过 CBTC 系统的 ATS 子系统自动排列进路,也可以在站控模式下人工排列进路。列车在折 I 道进折返线进路上的始端信号机是 S012302,终端信号机是 S012309。进路排列成功后,始端信号机显示黄色允许信号,终端信号机显示红色禁止信号,进路显示绿色光带,进路锁闭,进路中的三组道岔尖轨在反位。列车也可以在折 II 道进折返线进路上完成折返。列车在折 II 道进折返线进路上的始端信号机是 S012302,该信号机显示黄色允许信号;终端信号机是 S012308,该信号机显示红色禁止信号。此时,一组道岔尖轨在反位,两组道岔尖轨在定位。折 II 道进折返线进路如图 5.3 所示。

3. 出折返线进路

折 I 道出折返线进路如图 5.4 所示。列车进入折返线后,进折返线进路解锁,进路中所有道岔都恢复到定位。列车在折 I 道出折返线进路上的始端信号机是 S012307,该信号机显示黄色允许信号;终端信号机是 S012301,该信号机显示红色禁止信号。进路显示绿色光带,进路锁闭。在进路的三组道岔尖轨中,两组在定位,一组在反位。列车在折 II 道出折返线进路上的始端信号机是 S012306,该信号机显示黄色允许信号;终端信号机是

S012301，该信号机显示红色禁止信号。此时，三组道岔尖轨均在反位。折Ⅱ道出折返线进路如图 5.5 所示。

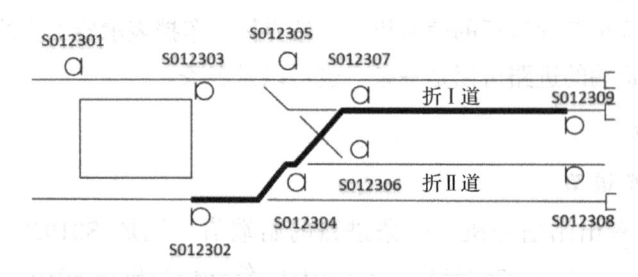

图 5.2　折Ⅰ道进折返线进路

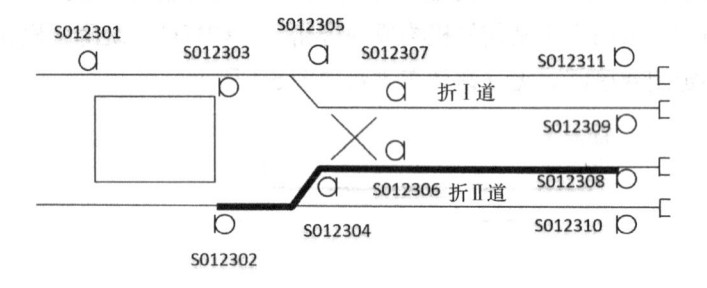

图 5.3　折Ⅱ道进折返线进路

进折返线进路

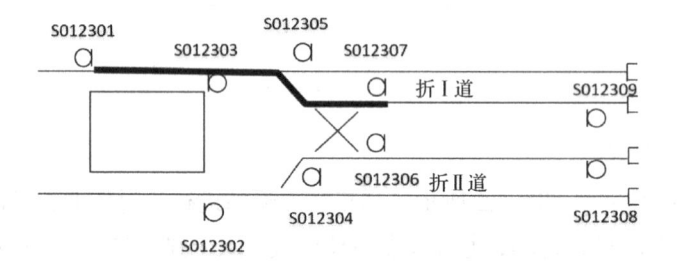

图 5.4　折Ⅰ道出折返线进路

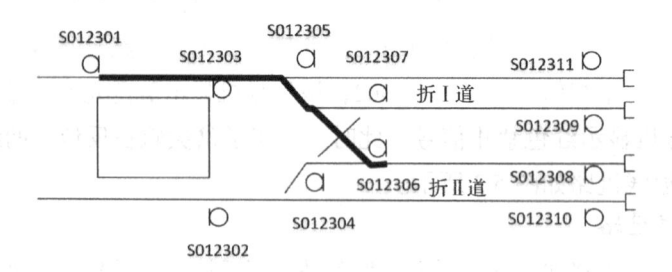

图 5.5　折Ⅱ道出折返线进路

4．人工控制进路

在 CBTC 系统模式下，ATS 子系统会根据列车运行图自动排列进路。在人工控制进路的条件下，当信号机旁边出现三角形符号时，在以该信号机为始端的进路中，至少有一条不会被自动排列。人工控制进路如图 5.6 所示。以 S012302 为始端信号机的进路有三条，终端信号机分别是 S012309、S012308 和 S012310。在虚线表示的进路中，至少有一条需要信号系统在站控模式下由车站控制室值班员人工排列进路。

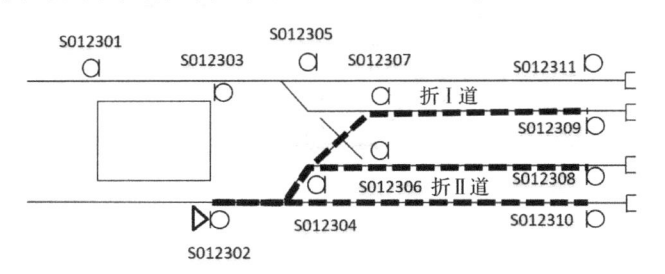

图 5.6　人工控制进路

人工控制进路

5. 通过进路

在列车通过某个进路之前，信号系统要检查联锁设备是否满足进路排列的联锁条件。在联锁设备满足进路排列的联锁条件后，进路完成道岔的转换、进路锁闭和开放进路始端信号机的过程。列车出清进路后，进路要从锁闭状态恢复到解锁状态，关闭进路始端信号机。对于联锁集中站，在站控模式下，设置某条进路为通过进路，该进路一直处于锁闭状态。进路显示绿色光带，开放始端信号机。设置通过进路的目的是提高人工排列进路时的工作效率。通过进路的符号是在始端信号机旁边显示绿色箭头。通过进路如图 5.7 所示。

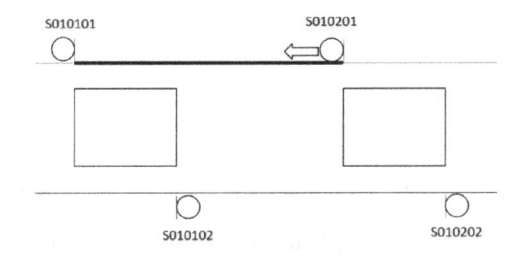

图 5.7　通过进路

6. 调车进路

在车辆段或停车场内，电客车要完成试车、修车和解编等作业，需要进调车作业。在图 5.8 中，电客车将由存车线 4 移动到存车线 3，其中一条调车进路的始端信号机是发车信号机 S4，终端信号机是调车信号机 D1，图中粗实线为调车进路。

（二）保护区段

为了保证列车的安全运行，避免列车因种种原因不能在信号机前方停住而导致事故的发生，应充分考虑列车的制动距离及线路等因素，在停车点前设置保护区段，即终端信号机后方的 1 或 2 个区段为保护区段。

侧面防护分为两种，即主进路的侧面防护和保护区段的侧面防护。侧面防护通过侧面道岔来实现，或者通过信号机显示红色信号来实现。道岔为一级侧面防护，信号机为二级侧面防护。图 5.9 中的浅色粗线为保护区段。

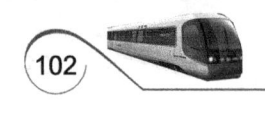

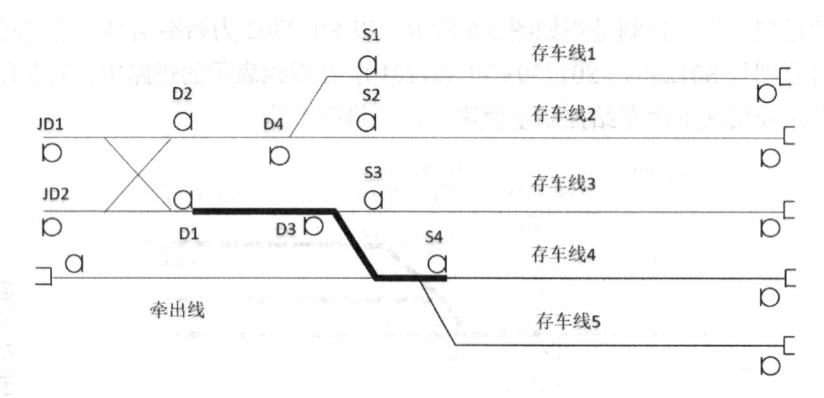

图 5.8　调车进路

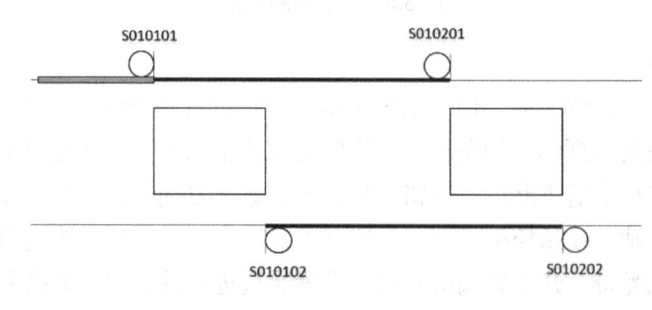

图 5.9　保护区段

三、联锁关系

（一）进路与道岔的联锁关系

道岔有定位和反位两个工作位置，进路则有锁闭和解锁两种状态。只有道岔位置正确，进路才能锁闭，进路解锁后，才能改变道岔位置。建立一条进路时，只有与进路相关的道岔锁闭在规定位置，才能开放信号。若与进路相关的道岔的开通位置不对，则不能开放信号。图 5.10 中的粗实线为下行接发车进路，反方向运行进路如图 5.11 所示，进路道岔联锁表如表 5.1 所示。在表 5.1 中，进路号 1 对应的 P012603/P012604、P012601/P012602 表示联动道岔在定位；进路号 2 对应的（P012603/P012604）表示联动道岔在反位，P012601/P012602 表示联动道岔在定位。

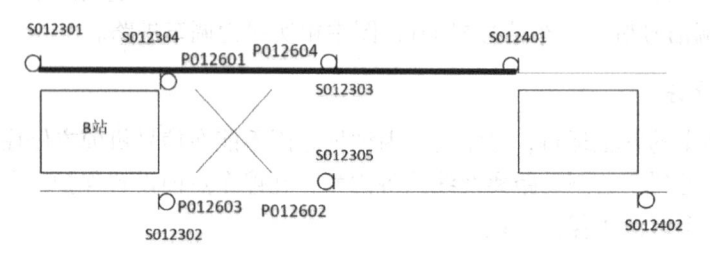

图 5.10　下行接发车进路

项目五　联锁系统

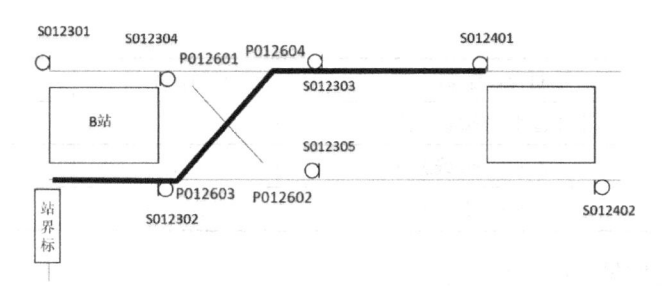

图 5.11　反方向运行进路

表 5.1　进路道岔联锁表

进 路 号	进 路 名 称	道　　岔
1	下行接发车进路	P012603/P012604 P012601/P012602
2	反方向运行进路	（P012603/P012604） P012601/P012602

（二）进路与进路的联锁关系

（1）抵触进路。建立一条进路时，如果另外一条进路与该进路有重叠部分，即使两条进路经过的道岔位置不同，不加以防护也不会发生危险，因为两条进路不可能同时建立。在一般情况下，用道岔位置能够区分、不可能同时建立的两条进路被称为抵触进路。

抵触进路和敌对进路

（2）敌对进路。用道岔位置无法区分，但同时建立有可能发生危险的两条进路互为敌对进路。敌对进路中的两条进路有重叠部分。折返进路联锁如图 5.12 所示。进路联锁表如表 5.2 所示。

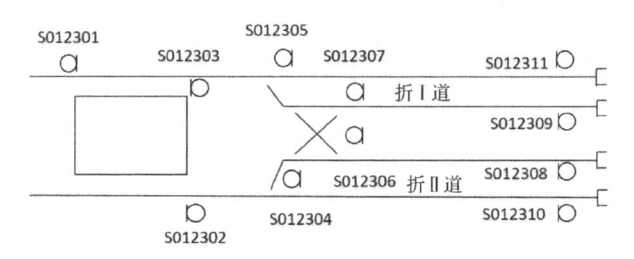

图 5.12　折返进路联锁

表 5.2　进路联锁表

进 路 号	进 路 名 称	敌 对 进 路	抵 触 进 路
1	上行站线进折Ⅱ道进路	7	2、3、5、8
2	上行站线进折Ⅰ道进路	3、5、8	1、4、6、7
3	下行站线进折Ⅱ道进路	2、5、8	1、4、6、7
4	下行站线进折Ⅰ道进路	4	2、3、5、8
5	折Ⅱ道进下行站线进路	2、3、8	1、4、6、7

续表

进路号	进路名称	敌对进路	抵触进路
6	折Ⅰ道进下行站线进路	4	2、3、5、8
7	折Ⅱ道进上行站线进路	1	2、3、5、8
8	折Ⅰ道进上行站线进路	2、3、5	1、4、6、7

(三) 进路与信号机的联锁关系

由于任何一条进路都有信号机防护,建立一条进路时,若能保证该进路的敌对进路的防护信号机不开放,则排除了敌对进路建立的可能,因此下面介绍进路与信号机之间的联锁关系。建立一条进路时,用道岔位置无法区分,但又不允许开放的信号即为敌对信号。

对于图 5.13 所示的敌对信号,当建立从 S012302 至 S012308 的折返进路时,进路的道岔位置依次为 P012302、P012303/P012304 和 P012305/P012306,S012306 是从该折返线到上行站线进路的始端信号机。由于原路进出该折返线的进路没有道岔可以区分,所以 S012306 发出的是从 S012302 至 S012308 的折返进路的敌对信号。

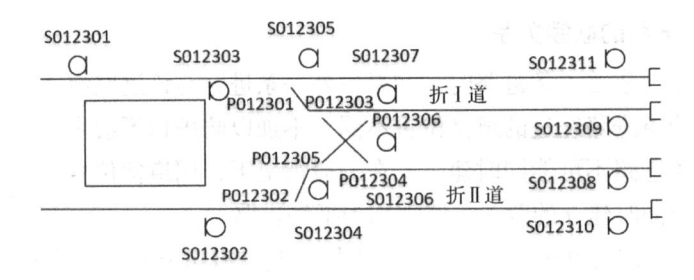

图 5.13 敌对信号

(四) 进路与区段的联锁关系

当联锁条件要求建立一条进路时,必须检查有关区段,只有当其空闲时,才能开放信号,否则会造成列车或调车车列的冲突。在信号开放的过程中,必须始终检查、监督区段的空闲情况。

(1) 建立列车进路时,必须检查进路范围内各区段的空闲情况。

(2) 建立调车进路时,只检查道岔区段的空闲情况。当调车进路的最末区段为股道或无岔区段时,尽管这些区段在调车进路的范围内,但为了保证机车联挂或满足取送车辆的需要,若股道或无岔区段有车占用,则允许向其排列调车进路,不检查其空闲情况。

(3) 当有侵限绝缘,经侵限绝缘一侧的区段建立进路时,要对与侵限绝缘相邻的另一区段进行有条件的检查,既要保证平行作业,又要防止发生侧面冲突。

四、排列进路联锁关系需要满足的条件

(1) 不允许办理会导致列车、机车车辆冲突的进路。

防护进路的信号开放前,应确认其敌对信号处于关闭状态;防护进路的信号开放后,应将其敌对信号锁闭在关闭状态,不允许办理与之相敌对的进路。

（2）进路上的道岔必须被锁闭在与所办理进路相符合的位置。

车辆段联锁设备通过按压控制台按钮或单击计算机屏幕上的有关按钮来办理进路，在有关道岔转换至开通进路的位置并锁闭后，再开放信号。

（3）信号机的显示必须与进路的开通状态相符合。

在车辆段中，调车信号机的显示不指示道岔开通方向，但有些信号机（如进段信号机）的显示应指示所防护进路中的道岔开通方向。

在车辆段联锁设备中，防护进路的信号机显示允许灯光表示进路已经准备好，允许列车进入。防护进路的信号开放应满足以下几点要求。

① 只有当进路上各区段空闲时，才能开放信号。
② 只有当进路上有关道岔在规定位置时，才能开放信号。
③ 若敌对信号未关闭，则防护进路的信号不能开放。

相关案例

【案例1】 匡巷事故

1988 年 3 月 24 日，一列由 ND2 型内燃机车牵引、从南京开往杭州的 311 次旅客列车，在运行到沪杭铁路外环线（下行线）匡巷站时并没有按照图定停车。按行车计划，该列车本应在匡巷站停车，会让从长沙开往上海的 208 次旅客列车。但是由于 311 次旅客列车的两名司机严重违章失职，将接听车站紧急呼叫的无线列调电话关闭，又没有认真瞭望，导致列车冒进红色出站信号，挤坏道岔并冲入上行线，在下午 2 时 19 分与正要进站的 208 次旅客列车正面相撞，事故发生于今天的沪昆铁路 K12+700m 处。此次事故造成中断正线行车 23h 7min，29 人遇难。

【案例2】 股道和道岔的编号

为了作业和维修管理上的方便，股道和道岔都应统一编号。

1. 股道编号方法

站内正线用罗马数字编号，站线用阿拉伯数字编号。

（1）在单线铁路上，应当从站舍一侧开始顺序编号；对于位于站舍左方、右方或后方的线路，在站舍前的线路编号结束后，再从正线起，向远离正线的方向顺序编号，如图 5.14 所示。

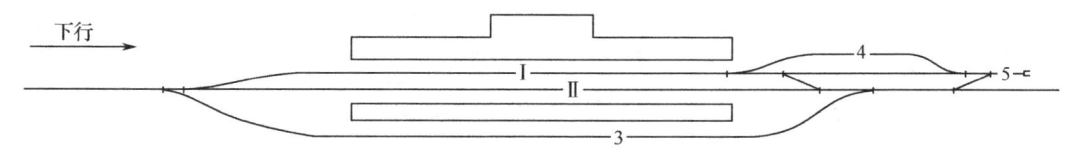

图 5.14 单线股道编号

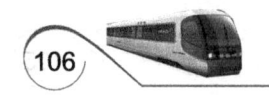

（2）在复线铁路上，从正线向外顺序编号，下行正线一侧为单数，上行正线一侧为双数，如图5.15所示。

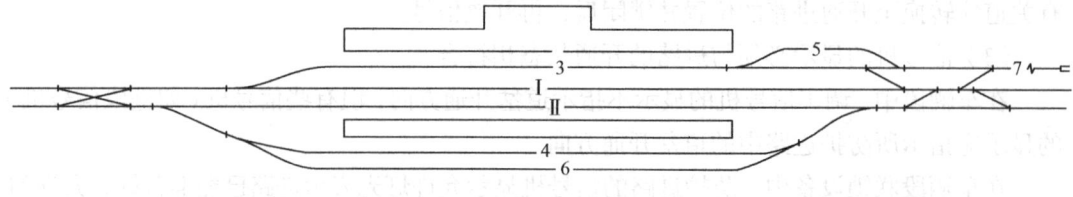

图5.15 复线股道编号

（3）在尽头式车站中，当站舍位于线路一侧时，从靠近站舍的线路起，向远离站舍的方向顺序编号。当站舍位于线路终端时，面向终点方向由左侧线路起向右顺序编号，大站上股道较多，应分别按车场各自编号，如图5.16所示。

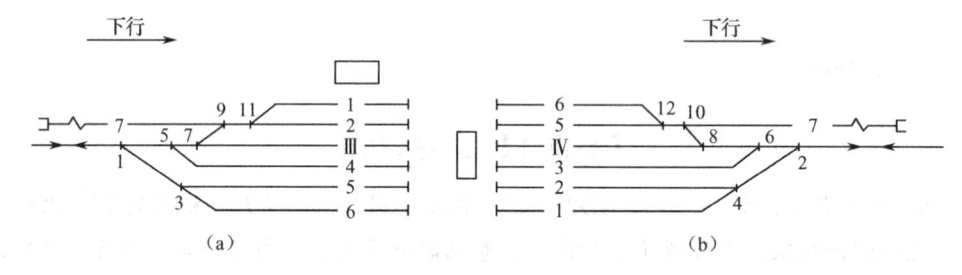

图5.16 尽头式车站股道编号

2. 道岔编号方法

（1）用阿拉伯数字从车站两端起由外向内顺序编号。上行列车到达的一端为双数，下行列车到达的一端为单数。

（2）对于站内道岔，通常以车站站台中心线作为划分单数与双数的分界线。

（3）每个道岔均应单独编号，对于渡线、交分道岔等处的联动道岔，应为连续的单数或双数（见图5.17和图5.18中的1号与3号、10号与12号道岔）。

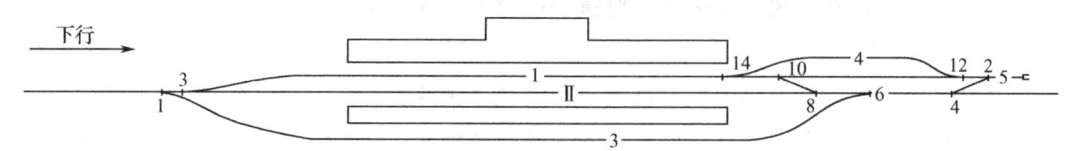

图5.17 单线铁路站内线路、道岔编号图

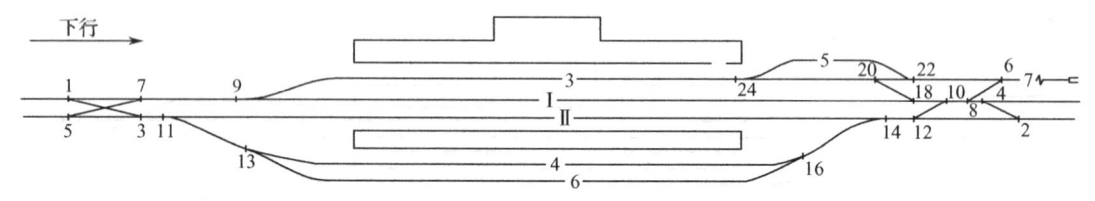

图5.18 双线铁路站内线路、道岔编号图

（4）当车站有几个车场时，每个车场的道岔必须单独编号，此时道岔号码应使用三位数字，百位数字表示车场号码，个位和十位数字表示道岔号码。应当避免在同一车站内有相同的道岔号码。

知识拓展

铁路中行车组织及线路的名词解释

1. 行车组织的名词解释

（1）车列：将若干车辆连挂在一起的编组。

（2）列车：挂上机车，配备上乘务人员，并在区间运行时的车列。

（3）调车：在车站内进行列车编组、解体、转线、车辆摘挂、转场，采排场专用线的取送，以及机车出入库作业等，使机车车辆有目的的移动（列车、单机、动力车在车站的到发、通过并在区间运行不属于调车）。

（4）区间：为了安全、有效地组织列车运行，铁路线路以车站和线路所为分界点被划分成许多线段，包括站间区间和所间区间。

（5）占用区间：区间已进入列车、办理闭塞、封锁区间、已溜入或停有车辆、区间岔线开通反位时的状态。

（6）闭塞：为防止列车在区间内发生冲突或追尾事故，在同一区间或双线区间的同一方向上，同一时间只允许有一列列车运行。

（7）闭塞设备：为施行闭塞而采用的设备。

（8）进路：列车或调车车列在车站内由一点运行到另一点的全部行程。

（9）通过进路：通过线两端进站信号机（或站界标）之间的一段线路。

（10）接车进路：接入列车从进站信号机（或站界标）至接车线末端（出站信号机或警冲标）的一段线路。

（11）发车进路：发出列车从列车前端至相对进站信号机（或站界标）的一段线路。

（12）调车进路：由调车信号机（手信号）至次一架调车信号机（手信号）的一段线路。

（13）冒进信号：机车车辆的任何一部分超过显示停车信号的位置。

（14）越过警冲标：超过不准向线路交叉点方面的地点警冲标。

（15）妨碍接发车的有关进路：直接妨碍接发车的调车作业活动或邻线调车时可能越过警冲标，侵入接发车限界。

2. 线路的名词解释

（1）站线：站界内的线路，有到发线、通过线、翻车线、车库线、停车线等。

（2）干线：连接车站及通往各工作面或连接厂房专用线而担负较大运量的重要线路。

（3）岔线：按作业用途确定的专用线路，如安装线、电铲线等。岔线分为站管岔线、区间岔线、干线岔线。

（4）站管岔线：与车站衔接的线路。

（5）区间岔线：与区间干线衔接的线路。

（6）干线岔线：与干线衔接的线路。

（7）固定线：担负大运量又不移动的线路。

（8）移动干线：担负大运量而移动较少的线路。

（9）移动线（活道）：采排场工作面上的活动线路。

（10）定位：道岔向某一线路经常保持开通的位置。

任务二　6502 电气集中联锁

学习目标

（1）了解 6502 电气集中联锁设备的分类。

（2）了解 6502 电气集中联锁设备的功能。

（3）了解 6502 电气集中联锁的特点。

（4）了解 6502 电气集中联锁的操作过程。

学习任务

认识 6502 电气集中联锁，主要认识 6502 电气集中联锁的操作。

工具设备

6502 电气集中联锁设备、联锁示教板。

教学环境

室内信号实训基地、多媒体教室。

基础知识

6502 电气集中联锁设备是用于保证站内运输作业安全，以及提高作业效率的铁路信号设备。将道岔、进路和信号机用电气方式集中控制与监督，并实现它们之间的联锁关系的技术方法被称为电气集中联锁。用继电器实现联锁关系的电气集中联锁被称为继电式电气集中联锁。6502 电气集中联锁是我国目前应用最普遍的一种继电式电气集中联锁，我国上海地铁 1 号线、北京地铁 1 号线、广州地铁 1 号线等的车辆段均采用了 6502 电气集中联锁。

一、6502 电气集中联锁设备的分类

6502 电气集中联锁设备分为室内设备和室外设备，如图 5.19 所示。信号楼内设有室内设备，如控制台、区段人工解锁按钮盘、继电器组合及继电器组合架、电源屏和分线盘。室外设备有色灯信号机、电动转辙机、轨道电路、电缆和电缆盒。

项目五 联锁系统

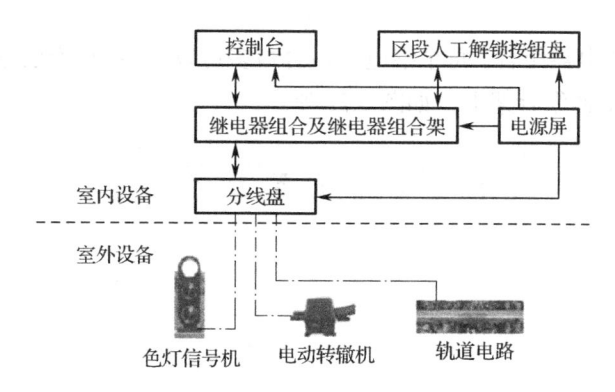

图 5.19 6502 电气集中联锁设备的组成简图

（一）室内设备

1. 控制台

控制台设置于车站运转室内，其盘面由带有按钮及表示灯的单元块拼装而成，用光带组成模拟站场线路图形，是车站值班员指挥列车运行和调车作业的中心。车站值班员利用控制台盘面上的按钮来操纵全站联锁区域内的道岔，排列列车进路及调车进路，开放和关闭信号，并通过盘面上的表示灯来监督道岔位置、线路占用情况及信号机显示状态。控制台如图 5.20 所示。

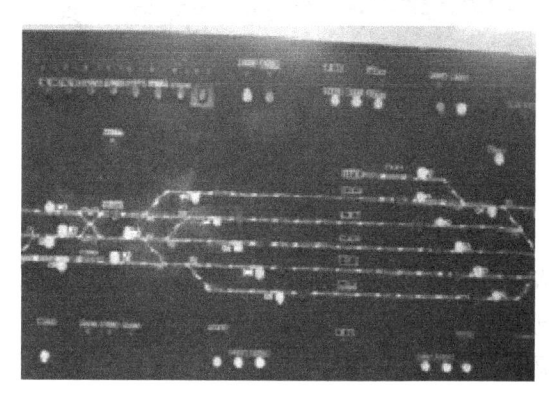

图 5.20 控制台

2. 区段人工解锁按钮盘

区段人工解锁按钮盘被安装在车站运转室内，其盘面设有许多带铅封的事故按钮，每个按钮对应车站的一个道岔区段或有列车经过的无岔区段。当区段因故不能按进路方式解锁时，可以利用有关按钮办理区段人工解锁。当采用取消解锁或人工解锁的办法也不能关闭信号时，可以利用区段人工解锁按钮盘来关闭信号。

区段人工解锁按钮盘应与控制台隔开一定距离。操作时，一人按压控制台上的总人工解锁按钮，另一人按压区段人工解锁按钮盘上的按钮，避免单人操作危及行车安全。区段人工解锁按钮盘如图 5.21 所示。

3. 继电器组合及继电器组合架

6502 电气集中联锁电路由若干种继电器定型组合构成，每个定型组合电路均由若干继

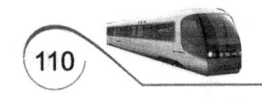

电器组成，被称为继电器组合。每个继电器组合最多可以安装 10 个继电器，将这些组合按设计要求安装在继电器组合架上，如图 5.22 所示。

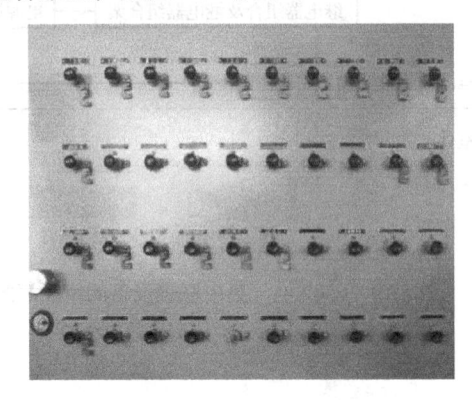

图 5.21　区段人工解锁按钮盘

图 5.22　继电器组合及继电器组合架

4．电源屏

电气集中联锁车站应有可靠的交流电源，以保证不间断地供电。电源屏提供电气集中联锁需要的各种交流电源、直流电源及闪光电源等。有的车站设有区间电源屏，以便为区间信号设备供电。电源屏如图 5.23 所示。

图 5.23　电源屏

5. 分线盘

分线盘（见图5.24）是室内、室外电缆连接的地方。

图 5.24　分线盘

除了设有上述设备，信号机械室内还设有信号微机监测设备、铁路列车调度指挥系统（TDCS）站机等，采用CTCS-2系统的区段还设有车站列控中心，采用调度集中（CTC）手段的区段还设有CTC分机。

（二）室外设备

1. 色灯信号机

在正线上使用三显示信号机，在车辆段或停车场内使用二显示信号机或三显示信号机。

2. 电动转辙机

车站联锁区内的每个道岔上都设有一台或多台电动转辙机。

3. 轨道电路

在电气集中联锁车站的股道、联锁区道岔区段和无岔区段，均应装设轨道电路，以反映列车、调车车列的占用情况。

4. 电缆和电缆盒

室内与室外信号设备间、室内控制台与继电器组合架间的联系都用电缆完成。室外电缆的分歧点、连接点及终点处设有电缆盒或变压器箱，用以实现电缆与电缆、电缆与设备之间的连接。

二、控制台盘面

6502电气集中联锁采用控制和表示合用的控制台，控制台上设有按钮和表示灯。按钮用来进行各种操作。

按钮均采用二位式。二位式按钮只有定位（平时所处位置）和按下两个位置。

按钮分为自复式和非自复式两种：自复式按钮带复位弹簧，按下时接通，松手后自动恢复定位；非自复式按钮无复位弹簧，按下后处于按下位置，恢复时需手动拉出。

控制台上涉及行车安全的按钮必须加铅封，必要时可装设计数器。

在控制台盘面上利用光带来模拟站场线路，排列与取消进路时，控制台上有明显的表示，通过光带的不同状态来监督进路的开通、解锁，以及区段的占用、空闲和故障等，同时利用信号复示器和道岔表示灯来监督现场信号机、道岔的状态。

（一）与排列进路有关的按钮和表示灯等

1. 进路按钮

（1）列车进路按钮。列车进路按钮为二位自复式绿色按钮，设在对应进站信号机、出站信号机处的光带上，在办理列车进路时作为始端、终端按钮。

（2）调车进路按钮。调车进路按钮为二位自复式白色按钮，设在对应调车信号机处的光带旁边，在办理调车进路时作为始端、终端按钮。

（3）变通按钮。变通按钮在大站、咽喉道岔位置使用得较多，当从进路的始端至终端有几条径路时，一般根据作业需要，规定其中一条为基本进路，其余均为变通进路。如果在变通进路与基本进路不重叠的位置上无调车进路按钮，则在相应位置的光带上增设变通按钮，为二位自复式绿色按钮，专门用于办理变通进路。

2. 表示灯

为了记录或监督按钮的按下情况，应对应每个按钮设置表示灯，表示灯闪光或显示稳定灯光表示进行了按下按钮的操作。

3. 光带

在控制台盘面上利用光带来模拟站场线路，通过光带的不同状态来监督进路的锁闭和解锁，区段的占用、空闲和故障，以及道岔的开通方向等。

用于监督站内轨道电路的光带有三种状态：平时应处于灭灯状态；控制台显示红色光带表示对应的区段被占用或故障；当办理好进路时，控制台上与该进路有关的区段显示白色光带。

4. 信号复示器

信号复示器用于监督信号机的状态。除进站信号机的信号复示器经常显示红灯外，其他信号复示器平时均处于熄灭状态，表示有关信号机关闭。

（二）与操纵道岔有关的按钮和表示灯

每个咽喉区设有道岔总定位按钮和道岔总反位按钮各一个，均为二位自复式，道岔总定位按钮上方有一个绿灯，道岔总反位按钮上方有一个黄灯，按下按钮时灯亮。

每组道岔设有一个道岔单独操纵按钮和一个道岔单独锁闭按钮（双动道岔合用一个道岔按钮）。道岔单独操纵按钮为自复式，用于单独转换该组道岔。道岔单独锁闭按钮为非自复式，按下该按钮时，表示灯（红色）亮，用于单独锁闭该组道岔。

每个道岔按钮上方设有两个表示灯，亮绿灯表示道岔在定位，亮黄灯表示道岔在反位，而道岔在转换中或挤岔时，黄灯和绿灯均不亮。

三、控制台操作

（一）基本操作原则

当 6502 电气集中联锁采用双按钮操纵方式来办理进路、取消进路、人工解锁进路、单独操作道岔时，都要按压两个按钮才能使设备动作，这样可以防止由于误操作按钮而导致城市轨道交通信号设备错误动作。

（二）进路锁闭

列车进路、调车进路均设置有进路锁闭。进路锁闭指的是在进路排通、防护进路的信号开放后，进路上有关道岔不能转换，有关敌对信号不能开放。在控制台上办理好进路后，从进路的防护信号机开始至进路的终端显示白色光带，称该进路处于锁闭状态。集中联锁的道岔区段是锁闭的主要对象，进路锁闭实际上是由该进路的各区段的锁闭构成的。

根据进路接近区段的占用状态的不同，进路锁闭分为预先锁闭和接近锁闭。

1. 预先锁闭

在进路排通、防护进路的信号开放后，接近区段空闲时的进路锁闭，称为进路的预先锁闭。

2. 接近锁闭

在进路排通、防护进路的信号开放后，接近区段有车占用时的进路锁闭，称为进路的接近锁闭，又称完全锁闭。

当调车信号机未设接近区段时，调车信号开放后即构成接近锁闭。

进路锁闭程度的不同主要影响人工办理进路解锁的方式。

（三）信号的开放

在控制台上操纵按钮办理进路后，满足下列条件，信号即可自动开放。

（1）进路空闲。

（2）有关道岔转换至规定位置。

（3）敌对进路未建立并锁闭在未建立状态。

（4）进路锁闭。

（四）信号的关闭

在下列几种情况下，已经开放的信号应即时自动关闭。

（1）当列车进入列车信号机内方第一个区段时。

（2）当调车车列全部越过开放的调车信号机，即出清调车进路接近区段时，若接近区段留有车辆，则在车列出清调车信号机内方第一个区段后，信号关闭。

（3）当信号显示与防护进路的条件不符合时（如进路上轨道电路故障、信号机灯丝断丝等）。

（4）办理取消进路或人工解锁进路时。

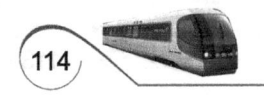

(五) 进路的自动解锁

进路的自动解锁指的是在进路锁闭信号开放后，随着列车的出发、到达、通过，以及调车车列的牵出、折返，进路上有关区段自动解锁，控制台上相应区段的白色光带自动熄灭。

进路的自动解锁根据电路动作特点的不同，分为以下两种情况。

1. 正常解锁

正常解锁即在列车或调车车列顺序占用和出清进路的各区段后，进路上的区段自动顺序解锁。

2. 调车中途返回解锁

调车中途返回解锁即在车站咽喉区调车的过程中，调车车列未占用或部分占用的区段能够随着调车车列的折返而自动解锁。

(六) 人工办理解锁进路及解锁区段

在正常情况下，已经办理好的列车进路或调车进路会随着列车出清该进路而自动解锁。但在误操作和紧急情况下，需要人工办理解锁进路。

1. 取消解锁

当列车进路已经办理好，但是进路及进路接近区段尚处于空闲状态，无列车占用时，控制台值班员认为，因为误操作等原因，需要取消进路。办理取消解锁后，开放的始端信号机立刻关闭，进路解锁。当进路处于预先锁闭状态时，办理取消解锁，可将进路解锁。

2. 人工解锁

当列车进路已经办理好，进路无列车占用，但是接近区段有列车占用时，办理取消解锁，列车很有可能在已经关闭的信号机前方无法停车，从而冒进信号。所以，当有列车接近已经办理好的进路时，应办理人工解锁，这样才能将进路解锁。当进路处于接近锁闭办理人工解锁进路时，进路自动延时解锁，其中，接车进路和正线发车进路延时 3min，站线发车进路及调车进路延时 30s。设置延时解锁是为了防止解锁原有进路改办其他进路时，处于接近区段的列车车列或调车车列可能由于停车不及冒进信号而轧上正在转换的道岔。延时 3min 或 30s 能够确保列车车列或调车车列有足够的停车时间。

3. 区段故障解锁

当发生车站停电后恢复供电情况，或者进路因故障没有完全解锁等情况时，控制台上的全部或部分区段显示白色光带。此时，有关区段均处于锁闭状态，只有办理区段故障解锁，才能使有关区段解锁并恢复到空闲状态。

(七) 道岔的锁闭

除了进路锁闭，联锁道岔还有以下 3 种锁闭方式。

1. 区段锁闭

当道岔区段有车占用时，区段内有关道岔不能转换，称为区段锁闭，此时控制台上有关道岔区段显示红色光带。

2. 单独锁闭

利用控制台上的道岔单独锁闭按钮来断开道岔控制电路,该道岔便不能转换。对道岔进行单独锁闭操作后,控制台上该道岔的表示灯显示红灯。

3. 故障锁闭

在故障情况下,道岔区段被锁闭,此时控制台上有关道岔区段显示白色光带。例如,列车经过进路后,由于分路不良,导致部分区段不能解锁,控制台上遗留有白色光带。

(八) 道岔的转换

在不采用上述任何一种锁闭方式的条件下,联锁道岔允许进路操纵和单独操纵。单独操纵优先于进路操纵。在进路操纵过程中,如果尖轨转换遇阻而不能转换到底,为保护电动机,则允许采用单独操纵,使尖轨转回原来位置。

为保证列车和调车作业安全,联锁道岔一经启动,则不受列车或调车车列进入道岔区段的影响,应继续转换到底。

转换到位后,控制台有相应定位或反位表示,联锁道岔只有两端尖轨均转换到位才能构成表示。

(九) 信号的重复开放

信号在因故关闭后,未经人工办理,不能自动重复开放。

(十) 引导接车

当办理接车进路,有关信号机、轨道电路、道岔等发生故障时,进站信号机不能正常开放,应使用引导接车的方式,使进站信号机开放引导信号,将列车接入站内。

四、列车进路的办理方法

6502 电气集中联锁采用双按钮选路方式,即只需在控制台上顺序按压进路的始端、终端按钮,就能按照操作意图自动转换道岔、锁闭进路、开放信号,而且不论进路中有多少组道岔,都能自动转换道岔,简化了操作手续,提高了效率。

6502 电气集中联锁,同一咽喉区在同一时间只能办理一条进路,即在排列进路表示灯点亮时不能办理第二条进路。只有在第一条进路已经选出,排列进路表示灯熄灭后,才能办理第二条进路。在路上有车占用,轨道电路故障,正在进行人工解锁,以及敌对进路已建立时,都不能办理进路。

(一) 接车进路的办理办法

办理接车进路时,以对应防护接车进路的进站信号机处的列车按钮为始端按钮,以股道入口处的列车按钮为终端按钮。

(二) 发车进路的办理办法

办理发车进路时,以对应防护发车进路的出站信号机处的列车按钮为始端按钮,以对应发车进路终端处的列车按钮为终端按钮。

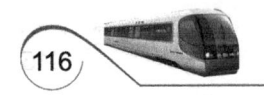

（三）变通进路的办理办法

在大站咽喉区内，进路的始端和终端之间往往有几条路径，根据作业需要，一般规定路径最短或对其他进路影响最小的进路为基本进路，其余为变通进路，又被称作迂回进路。

（1）在变通进路上的调车信号按钮，无论单置、并置，还是差置，均可作为列车进路的变通按钮。如果同时有几个调车信号按钮满足要求，办理时按压其中任意一个即可。

（2）在变通进路上没有调车信号按钮时，应专门设置一个按钮作为列车进路的变通按钮。

五、调车进路的办理方法

（一）调车基本进路的办理办法

办理调车基本进路与办理列车进路的办法相似，即按压调车进路按钮（其颜色为白色）。调车基本进路的始端按钮是防护进路的信号机的调车按钮，按以下两种情况来确定调车基本进路的终端按钮。

（1）在以单置调车信号机为进路终端时，终端按钮是该调车信号机的调车按钮。

（2）在以并置或差置调车信号机为进路终端时，终端按钮是与进路终端调车信号机构成并置或差置关系的另一架调车信号机的进路按钮，而非终端调车信号机的进路按钮，这是由电路结构决定的。

（二）长调车进路的办理办法

长调车进路可以分段办理，即一段一段地分别办理组成长调车进路的各短调车进路。为了简化操作手续，长调车进路可以一次性办理，按下长调车进路的始端、终端按钮，即可选出整条长调车进路，其终端按钮的确定原则与调车基本进路相同。

（三）调车变通进路的办理办法

办理调车变通进路与办理列车变通进路的办法相似，即顺序按压始端调车进路按钮、变通按钮和终端调车进路按钮。确定变通按钮的办法如下。

（1）在变通位置上有专门设置的变通按钮时，可将其作为调车变通进路的变通按钮。

（2）在变通位置上设置的反向单置调车信号按钮可作为调车变通进路的变通按钮。

（3）在变通位置上的并置、差置及同向单置调车信号按钮不能作为调车变通进路的变通按钮。

六、引导接车的办理方法

引导接车是车站联锁设备故障时采用的接车办法。采用引导接车时，准许列车在相应信号机前方不停车，以不超过 20km/h 的速度进入站内，并准备随时停车。

办理引导接车时，为了保证行车安全，也要锁闭进路上的道岔，即引导锁闭。引导锁闭分为两种：一种是按照进路锁闭方式实施，称为引导进路锁闭；另一种是锁闭全咽喉区的联锁道岔，称为引导总锁闭。

为办理引导进路锁闭及引导总锁闭，在控制台下部的左右两端，对应每个进站信号机设置一个带有铅封的引导按钮，该按钮上方有白色表示灯；在每个咽喉区设置一个带有铅封的非自复式引导总锁闭按钮，该按钮上方有白色表示灯。

（一）引导进路锁闭的办理办法

当进站信号机或接车进路信号机因故不能正常开放（如允许信号灯断丝），以及接车进路上某段区段故障而不能正常建立接车进路时，应使用引导进路锁闭方式接车。

引导进路锁闭的办理手续如下。

（1）将进路上的有关道岔转换到规定位置而开通进路，如果有道岔区段轨道电路故障，还要对该区段的道岔进行单独锁闭操作（防止在故障排除后，该区段的道岔自动解锁）。

（2）破开铅封，按压相应的引导按钮，其上方白色表示灯点亮，沿道岔开通方向锁闭进路，控制台显示白色光带，进站信号机开放引导信号。

（3）列车驶入进站信号机内方，引导信号自动关闭，引导进路不随列车运行而自动解锁。在列车沿进路通过后，除股道显示红色光带外，整条引导进路显示白色光带，引导按钮上方表示灯不灭，进路继续处于锁闭状态。

（4）车站值班员在确认列车全部驶入股道并停妥后，办理引导进路解锁手续，即同时按压本咽喉区的总人工解锁按钮和接车进路始端按钮，进路不经延时而立即解锁，白色光带熄灭。

引导信号开放后，如果需要关闭引导信号，可通过办理引导进路解锁手续[步骤（4）]来实现。

如果接车进路范围内轨道电路故障，而且故障区段内道岔需要转换，则应在现场手摇道岔，使道岔失去表示，不能按进路方式进行锁闭操作，只能采用引导总锁闭的方式来办理接车进路。

（二）引导总锁闭的办理办法

引导总锁闭用于接车进路上的道岔失去表示，以及向非接车线路接车或向无联锁线路接车（如向调车线、货物线接车），是将全咽喉区的联锁道岔全部锁闭的方式。由于这种方式中没有进路锁闭，因此在控制台上没有白色光带。

引导总锁闭的办理手续如下。

（1）将进路上的有关道岔转换到规定位置而开通进路。

（2）破开铅封，按下本咽喉区的引导总锁闭按钮，其上方白色表示灯点亮，表示将全咽喉区的联锁道岔锁闭。

（3）破开铅封，按下相应的引导按钮，进站信号机开放引导信号，但没有白色光带。

（4）列车驶入进站信号机内方，引导信号自动关闭，在控制台上可以通过红色光带来监督列车运行。

（5）车站值班员在确认列车全部驶入股道并停妥后，办理解锁手续，拉出引导总锁闭按钮，本咽喉区的道岔解锁。

采用引导总锁闭方式接车，不检查本咽喉区的联锁条件，也不锁闭另一咽喉区的敌对进路，此时应停止本咽喉区的一切其他接发车和调车作业，以及另一咽喉区的敌对作业，行车安全完全由人工保证。

开放引导信号后，如果要关闭引导信号，只要拉出引导总锁闭按钮即可。

采用上述两种方式引导接车时，都是利用进站信号机内方第一个区段来关闭引导信号的。当进站信号机内方第一个区段故障时，引导信号不能保持，需按住引导按钮，才能保证引导信号开放，待确定列车头部进站后，才能松开引导按钮。

七、进路的解锁、取消

（一）进路的自动解锁

进路的自动解锁即在进路锁闭、防护进路的信号开放后，随着列车的出发、到达、通过，以及调车车列的牵出、折返，进路上有关区段自动解锁，控制台相应区段的白色光带自动熄灭，无须任何操作。

1. 正常解锁

信号开放后，列车顺序接近、占用、出清进路上各区段，自进路的始端至终端，各区段顺序解锁。

调车进路的正常解锁与列车进路基本相同，只是调车信号要在调车车列全部越过调车信号机后才自动关闭。

需要说明的是，进路中各区段顺序解锁的一个条件是前一个区段已经解锁。当由于轨道电路分路不良等原因而造成某区段没有显示红色光带时，该区段及其后的各区段不能解锁。在列车或调车车列经过后，这些区段又重新显示白色光带，需要人工操作才能解锁各区段。

2. 调车中途返回解锁

调车中途返回解锁是指在调车中途折返时，对原调车进路上不能正常解锁的区段，在调车车列折返后，也能使之自动解锁。

（二）进路的取消

信号开放后，列车或调车车列尚未进入进路的接近区段，即在进路处于预先锁闭状态时，如需解锁进路关闭信号，可使用进路取消的方法，同时按压进路始端按钮和本咽喉区的总取消按钮，信号自动关闭，进路解锁，进路上的白色光带熄灭。

为了办理进路的取消，在控制台下方的每个咽喉区设置有一个总取消按钮，按钮上方有红色表示灯。

（三）进路的人工解锁

在列车或调车车列驶入进路的接近区段后，一般不允许解锁进路，如因特殊情况需解锁进路，则必须使用人工解锁的方法。

为了办理进路的人工解锁，在控制台下方的每个咽喉区设置带有铅封的总人工解锁按钮，按钮上方有三个红色表示灯，分别标有"30秒人工解锁""总人工解锁""3分人工解锁"，用于表示当前正在进行的任务。

办理人工解锁的方法：同时按压进路的始端按钮和本咽喉区的总人工解锁按钮，信号随即关闭，进路延时解锁。自信号机关闭，接车进路和正线发车进路延时3min解锁，此时人工解锁按钮上方"3分人工解锁"表示灯点亮；发车进路和调车进路延时30s解锁，此时总人工解锁按钮上方"30秒人工解锁"表示灯点亮。

同一咽喉区不能在同一时间办理两条进路的人工解锁，只有在前一条进路延时解锁后，才能办理另一条进路的人工解锁。

（四）区段进路的解锁（区段解锁）

在列车或调车车列沿进路通过后，某些区段因故不能正常解锁，或者由于某种原因（如停电后恢复供电）而引起错误锁闭时，应采用区段故障解锁的方法使有关区段解锁。办理区段故障解锁时，需要两个人协同操作，一个人按压控制台上本咽喉区的总人工解锁按钮，另一个人同时按压区段人工解锁按钮盘上需解锁区段的事故按钮，白色光带熄灭，区段解锁。对于无列车通过的无岔区段，不设事故按钮，其两端道岔区段在实施区段人工解锁后，白色光带自动熄灭。

八、控制台上的其他操作

（一）道岔的单独操纵

在控制台上方针对每组道岔设置一个道岔单独操纵按钮，在每个咽喉区设置一个道岔总定位按钮和一个道岔总反位按钮。

当有关道岔区段未处于锁闭状态时，可以单独转换道岔。同时按下道岔单独操纵按钮和本咽喉区的道岔总定位按钮，道岔转换至定位，道岔表示灯显示绿灯；同时按下道岔单独操纵按钮和本咽喉区的道岔总反位按钮，道岔转换至反位，道岔表示灯显示黄灯。

（二）道岔的单独锁闭

当需要单独锁闭某组道岔时，按下道岔单独锁闭按钮，此时按钮内红灯点亮，表示该道岔被单独锁闭，不能转换。解除单独锁闭时，再次按下道岔按钮即可使之恢复定位，按钮内红灯熄灭。

（三）重复开放信号

在车站办理好进路信号开放后，由于进路上轨道电路瞬间显示红色光带等原因，防护进路的信号自动关闭。电气集中联锁设备要求：故障恢复后，信号不能自动重复开放，需人工操作，信号才能开放。

重复开放信号的方法：经有关部门（如工务、电务部门）确认故障恢复并签认后，在已有进路处于锁闭状态（白色光带完好）的基础上，按下进路始端按钮，防护进路的信号即可重复开放。

（四）取消对进路按钮的误操作

6502电气集中联锁电路能够自动记录按下进路按钮的操作。当由于对进路按钮误操作而造成按钮表示灯闪光时，控制台上本咽喉区的排列进路表示灯显示红灯。此时，只有取消对该进路按钮的操作，该咽喉区才能办理其他进路。

取消对进路按钮误操作的方法：按下本咽喉区的总取消按钮，本咽喉区的所有进路表示灯及排列进路表示灯均熄灭，取消对进路按钮的操作。

在由于道岔、轨道电路故障等，按下进路的始端、终端按钮，进路不能建立时，有关按钮的表示灯也处于闪光状态，按上述方法同样能够取消对按钮的操作。

（五）接通表示灯

1. 接通光带

在每个咽喉区设置一个接通光带按钮（二位自复式）。按下该按钮可使本咽喉区内按道岔开通位置点亮全部光带（但不说明进路已经建立），便于了解各道岔的开通方向。

2. 接通道岔

在每个咽喉区设置一个接通道岔按钮（二位非自复式）。按下该按钮可使本咽喉区的所有道岔表示灯都按道岔所在位置点亮；拉出该按钮后，道岔表示灯熄灭。

（六）切断报警

当发生挤岔、主灯丝断丝、跳信号等故障时，6502电气集中联锁控制台发出声光报警，且对于每种故障均设置有二位非自复式按钮，用于切断声光报警。

1. 切断挤岔报警

在控制台下方中部设置挤岔报警按钮，在该按钮上方设置红色的挤岔报警表示灯，监督全站道岔。

控制台上电铃鸣响，挤岔报警表示灯亮，相应道岔的定位、反位表示灯均熄灭，其他道岔表示正常，无表示的道岔挤岔或失去表示超过13s。

车站值班员按下挤岔报警按钮，使电铃暂停鸣响，并通知电务维修人员及时修复。修复后，电铃再次鸣响，通知车站值班员进行故障修复，拉出挤岔报警按钮后，电铃停止鸣响。

2. 切断主灯丝断丝报警

在控制台下方的每个咽喉区设置一个主灯丝断丝报警按钮，在按钮上方设置红色的主灯丝断丝报警表示灯。控制台上电铃鸣响，主灯丝断丝报警表示灯亮，说明本咽喉区某一列车信号机正点亮的灯泡主灯丝故障，需改点副灯丝。

车站值班员按下主灯丝断丝报警按钮，使电铃暂停鸣响，并通知电务维修人员及时更换灯泡。更换灯泡后，若电铃再次鸣响，则通知车站值班员进行故障修复，拉出主灯丝断丝报警按钮后，电铃停止鸣响。

3. 切断跳信号报警

在控制台下方的每个咽喉区设置一个跳信号报警按钮，在按钮上方设置红色的跳信号报警表示灯。

控制台上电铃鸣响，跳信号报警表示灯亮，说明本咽喉区已开放的进站信号机或正线出站信号机在列车未接近时因故自动关闭。

车站值班员按下跳信号报警按钮，使电铃暂停鸣响，并通知电务维修人员及时修复。修复后，电铃再次鸣响，通知车站值班员进行故障修复，拉出跳信号报警按钮后，电铃停止鸣响。

相关案例

【案例1】 6502电气集中联锁室外设备轨道电路的导通试验

目前，6502电气集中联锁室外设备轨道电路仍在铁路信号设备中使用着。6502电气集中联锁室外设备轨道电路的导通试验是车站信号设备施工的重要环节，该试验的总体思路是先局部后整体、先简后繁。根据这个思路，先利用模拟条件对室外设备（信号机、道岔、轨道电路等）进行单独调试，再利用模拟电路对电气集中的室内设备进行单独调试，缩小查找故障的范围，将相互关联的复杂故障化解成单个故障。待室内、室外设备均调试完毕，再连接起来进行统调。

在6502电气集中联锁室外设备轨道电路的导通试验中，最容易发生的故障是出现红色光带，由于区段一般距离较长，线路上的设备较多，影响轨道电路的因素相应也较多，所以该故障处理起来比较复杂。一般应本着就近的原则，首先测量受电端或送电端的轨面电压值。对于受电端，如果轨面电压值小于正常状态下的电压值或测不到电压，则故障可能发生在钢轨线路上或送电端。反之，如果轨面电压值大于正常状态下的电压值，则故障可能发生在受电端，这时应检查受电端的引接线是否折断或接触不良，箱盒内配线是否错误，以及受电电缆是否开路等。对于送电端，若轨面电压值正常，则说明故障在线路上。其故障原因有两种可能，一种是轨道接续线接触不良，压降过大，使得受电端的电压值减小，出现红色光带；另一种是线路上泄漏电流过大，可能是工务绝缘不良、轨距保持杆绝缘不良等原因造成的。若送电端的轨面电压值过小，其故障原因可能是轨道绝缘破损（主要应检查岔心绝缘）、道岔角钢绝缘破损、引接线钢丝绳接触不良、箱盒内配线错误等。

【案例2】 铁路信号智能电源屏

1. 铁路信号智能电源屏的基础功能

（1）基本供电功能：根据铁路信号供电的标准，以及不同规模的铁路信号站场、区间设备的用电要求，选配不同频率、电压、容量的单元模块，可以组成满足不同城市轨道交通信号设备的用电要求的智能电源屏。

（2）辅助管理功能：应用计算机和通信技术，实现系统和模块的监测、控制管理、故障报警、记录、分析。另外，随着铁路信号可靠性技术水平的提升，用户对智能电源设备又提出了新的要求：智能电源屏必须实现二路引入电源在切换时间不大于0.15s时的稳定工作；具有电源输出零中断功能，有效去除脉冲及浪涌干扰；当智能电源屏的电源模块出现故障时，该模块可以带电热插拔更换，且不影响城市轨道交通信号设备的正常工作。这些是用户对智能电源屏的基本要求，同时客观地体现了两方面的内容，一方面是运输高速、重载发展对供电提出了新的要求,另一方面是铁路信号智能电源的技术发展必须努力实现这些要求。

2. 综合不间断电源(UPS)铁路信号智能电源屏主接线方案

综合 UPS 铁路信号智能电源屏系统是一套不间断供电系统,是适应铁路提速、扩能、安全要求的智能系统,也是采用完全成熟的高频逆变应用技术的功率电子电源系统。该系统具有如下特点。

(1)二路输入电源可以是单相、三相中的任何一种,前置 UPS 可对二路供电电源的谐波干扰进行抑制,电源输入无接点切换、零中断,可为高等级铁路或重要枢纽站提供更加可靠的电源系统。

(2)直流、交流电源输出均可实现并联均流冗余热备份,交流输出负载可实现并联输出。

(3)具有通用总线结构,完全模块化,带有自诊断、监测功能一体化的模块可以在任意位置安装,方便实现扩容改造。

(4)电源前面板设计成了人性化的系统模拟盘显示方式,替代了传统的仪表显示方式,设备的工况一目了然。

(5)采用逆变技术,在不具备两路三相输入电源的车站,采用成熟的单变三劈相技术,可实现没有三相电源的车站三相交流转辙机的正常工作。

【案例3】 对6502电源屏的介绍

1. 技术条件

一级负荷(凡是发生停电,都会造成行车秩序混乱的负荷),不间断供电(双网络供电),对交流有稳(调)压功能,过电流、过电压保护功能,电源切换时间小于0.15s。

2. 组成

6502电源屏由稳压屏、交流主、交流副、转换屏、直流主、直流副、25周轨道电源屏组成。

3. 供电电源的种类

(1)交流电源:信号机点灯 XJZ—XJF,220V;轨道电路 GJZ—GJF,220V;道岔表示电路 BJZ—BJF,220V;控制台表示灯 JZ—JF,24V。

(2)直流电源:继电器 KZ—KF,24V;控制转辙机 DZ—DF,220V。

任务三 计算机联锁

学习目标

(1)了解计算机联锁的功能与特点。

(2)了解西门子计算机辅助信号系统(SICAS)的组成及功能。

(3)了解 SICAS 车站级 LOW 联锁的操作。

进路被联锁拒绝

进路的排列和取消

项目五　联锁系统

学习任务

认识 SICAS，主要认识 SICAS 车站级 LOW 联锁的操作。

工具设备

SICAS 型计算机联锁模拟系统、联锁示教板。

教学环境

计算机联锁模拟机房、多媒体教室。

控制权转移

基础知识

我国第一套计算机联锁设备于 1984 年在南京梅山铁矿地下运输线正式开通，而后陆续在冶金、矿山等铁路试用。1989 年，中国铁道科学研究院通信信号研究所研制的计算机联锁系统首先在郑州北编组站峰尾开通，这是计算机联锁系统应用于国家铁路的开始。而后，中国铁道科学研究院通信信号研究所于 1993 年在哈尔滨铁路局平房站安装了计算机联锁系统，于 1994 年在浦口交通站安装了计算机联锁系统。至此，我国铁路开始在铁路干线采用计算机联锁系统。

目前，我国已经研制出多套适合我国铁路和城市轨道交通特点的计算机联锁系统。

一、计算机联锁的功能与特点

计算机联锁系统是由微型计算机的软硬件和其他的一些电子、继电器件组成的，具有故障-安全性能的实时控制系统。该系统安全可靠、处理速度快，与继电集中联锁系统相比，具有十分明显的技术经济优势，在安全性、可靠性、经济性等方面都是继电集中联锁系统无法比拟的，而且设计、施工、维修和使用极为方便，是一套全新的系统设备。

（一）功能

（1）联锁逻辑运算：接收 ATS 设备或车站值班员的进路命令，实现对道岔和信号机的控制。

（2）轨道电路信息处理：处理列车监测功能的输出信息，以提高列车监测信息的完整性。

（3）进路控制：设定、锁闭和解锁进路。

（4）道岔控制：解锁、转换和锁闭道岔。

（5）信号机控制：确定信号机的显示状态。

（二）特点

（1）性能方面：大大减少了系统设计与施工的工作量，方便了系统的功能扩容与完善；提供了现代化的声像图文显示，人机交互功能完善；系统的可靠性和安全性更高。

（2）经济方面：性能价格比高，适合大型车站的系统应用；采用分布式系统结构，降低了干线电缆的使用造价；体积小、占地面积小，车站规模越大，面积节省效果就越显著。

（3）维护方面：安装、运行、维修费用大幅度减少；具有自诊断、故障定位等功能，可实现远程实时控制；继电部分结构简单，便于维护。

（4）其他方面：系统便于联网，为铁路信号系统的智能化和网络化方向发展创造了条件。

二、计算机联锁操作方式

计算机联锁基本保留了 6502 电气集中联锁的操作原则，但计算机联锁多采用显示和操纵分开的方式。根据人机会话硬件设备形式的不同，计算机联锁有以下几种操作方式。

1. 控制台方式

在计算机联锁发展的初级阶段，系统的操作通过控制台来实现，有的采用专用按钮盘（由绘制站场图的金属板和按钮组成）配备显示器，有的直接采用原有电气集中控制台。但控制台不能完全体现计算机联锁的特点，在站场改扩建时，控制台的配线和开关量输入板改动较大。

2. 数字化仪方式

数字化仪由各种标准尺寸的面板和控制定位工具组成，先与个人计算机（PC）通过串行口连接，再编制通用程序，即可利用上位机的按钮发送任务。车站值班员的操作意图通过操作光笔操作数字化仪来实现，与传统按压按钮的操作方式相似。其特点是不用另外增加硬件设备，只需通过各种绘图软件来绘制相应站场图并输入相应数据，即可完成控制台的设计。

3. 鼠标方式

鼠标方式即通过鼠标单击显示器上的按钮来实现各种功能。使用数字化仪方式或鼠标方式，计算机联锁系统一般都使用大屏幕显示器，以便车站值班员可以清晰地看到站场的实际状态及各种信息。显示器能给出控制台的全部信息，以彩色光带和图形符号模拟表示出整个站场线路、区段、信号机及道岔等的位置及状态，给出各种操作表示，还能提供当前时间、无效操作的提示，配合语言系统发出各种报警信号。

三、正线 SICAS

SICAS 是一个模块化的、灵活的联锁系统，可以通过单独操作、进路设置等方式来实现对道岔、信号机等室外设备的监督和控制。SICAS 被广泛地应用在国家铁路和城市轨道交通领域。

（一）SICAS 的组成及功能

SICAS 总体上由 LOW（现场操作员工作站）、联锁计算机、现场接口计算机、接口控制模块，以及现场的道岔、轨道电路和信号机组成，如图 5.25 所示。

LOW 是人机操作界面，可以将设备和列车运行情况图形化显示，接收操作员的操作指令，并将其传递给联锁计算机进行处理。

联锁计算机根据需要可采用二取二结构或三取二结构，其主要功能有接收来自 LOW 的操作指令和来自现场的设备状态信息，联锁逻辑运算，排列、监督和解锁进路，动作和监督道岔，控制和监督信号机，防止同时排列敌对进路，向 ATC 系统发出进入进路的许可,并将产生的结果状态和故障信息传送至 LOW。

```
        ┌─────────────┐
        │    LOW      │
        └──────┬──────┘
               │
        ┌──────┴──────┐
        │  联锁计算机   │──────┐
        └──────┬──────┘      │
               │             │
        ┌──────┴──────┐      │
        │ 现场接口计算机│      │
        └──────┬──────┘      │
               │             │
        ┌──────┴──────┐      │
        │ 接口控制模块  │      │
        └──────┬──────┘      │
        ┌─────┼─────┐        │
    ┌───┴─┐ ┌─┴──┐ ┌┴────┐
    │道岔 │ │信号机│ │轨道电路│
    └─────┘ └────┘ └─────┘
```

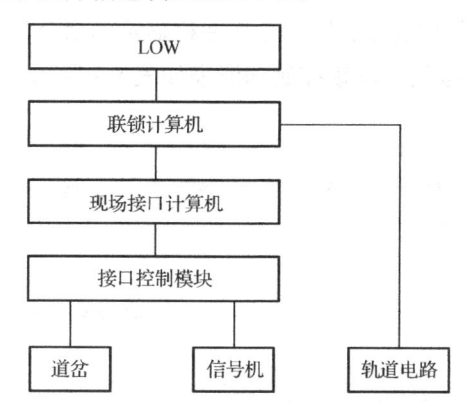

图 5.25　SICAS 的总体结构

根据配置的不同,SICAS 对现场设备进行控制的部分包括电子元件接口模块系统、现场接口计算机、接口控制模块等。

联锁计算机对现场设备的控制有三种基本配置:一是带接口控制模块的系统,SICAS 经接口控制模块来控制现场设备;二是带现场接口计算机和接口控制模块的系统,SICAS 经现场接口计算机和接口控制模块来控制现场设备;三是带电子元件接口模块系统的系统,SICAS 经电子元件接口模块系统控制现场设备。

此外,SICAS 还有与 ATC 系统、其他联锁设施(车辆段联锁设备、相邻 SICAS)连接的接口。

(二) SICAS 车站级 LOW 联锁的操作

LOW 是 SICAS 网络的区域终端设备,每个联锁站都有一套 LOW 设备,主要由一台计算机和一台记录打印机组成。SICAS 的本地操作和表示是通过 LOW 来完成的。

1. 显示器主界面及命令按钮的操作

主界面可以显示整个电子联锁站场及所有过程信息,A 类、B 类、C 类报警单或 48h 调档,以及站场图,把本联区管辖的必要设备显示出来。车站级 LOW 的主界面如图 5.26 所示。

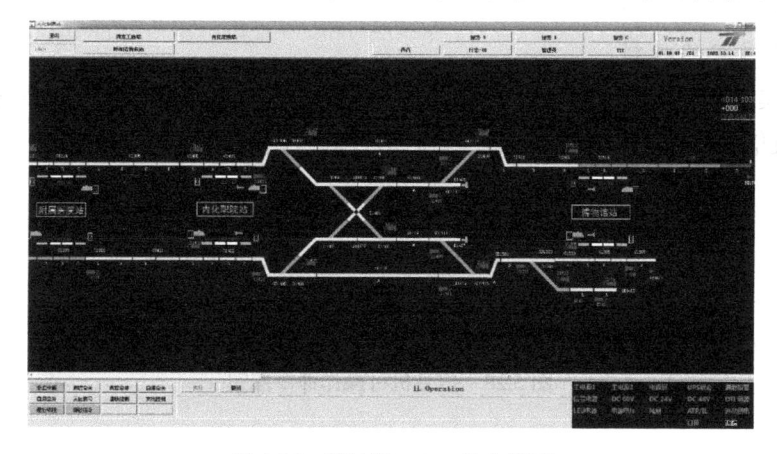

图 5.26　车站级 LOW 的主界面

在车站级 LOW 的主界面左下角有命令按钮栏，可以显示当前所有的命令按钮，供操作员选择。如果没有选择任何要素，则命令按钮栏显示的命令为可以对联锁进行的所有操作，如图 5.27 所示。命令按钮栏联锁控制功能表如表 5.3 所示。

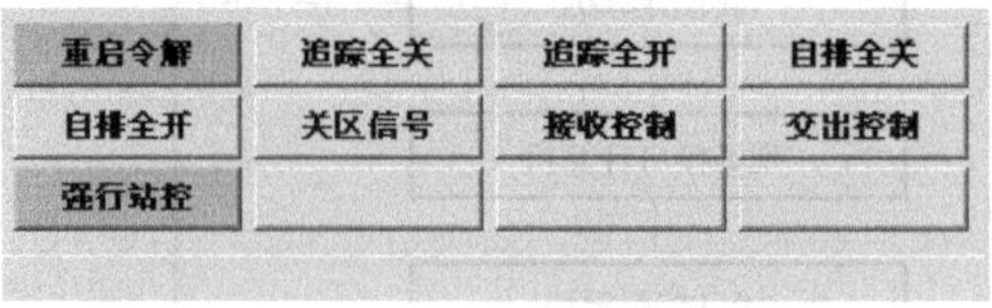

图 5.27　车站级 LOW 的主界面命令按钮

表 5.3　命令按钮栏联锁控制功能表

命令按钮	联锁控制功能
自排全开	进路自动排列（ARS）是 ATS 子系统的一部分，它与联锁配合，根据目的地码，为列车运行自动排列进路。联锁区所有信号机的编号都为绿色
自排全关	为所有信号机关闭进路自动排列状态，停止为列车自动排列进路。联锁区所有信号机的编号都为红色
追踪全开	把本联锁区信号机全部设置为自动排列追踪进路状态，根据接近区段，自动排列固定方向的进路，并且追踪进路运行方向通常是正常运营的方向。联锁区所有信号机的编号都为黄色
追踪全关	本联锁区信号机关闭自动排列追踪进路状态，如果任一已排列的行车进路或进路要素被人工解锁，则现有的进路自动追踪功能最终在该信号机处关闭。联锁区所有信号机的编号都为红色
交出控制	只有在 LOW 上执行了"交出控制"操作，控制中心才可以执行"接收控制"操作，从而取得控制权。绿色闪烁站名表示控制权在向控制中心交接的过程中，白色站名表示控制权在控制中心
接收控制	接收对本站的控制权。只有在接收控制权以后，在 LOW 上的操作才有效。白色闪烁站名表示车站在接收控制权的过程中，绿色站名表示控制权在车站
☼强行站控	车站强行取得控制权，即在控制中心没有下放控制权的情况下，可以通过该操作取得对 LOW 的控制权，对联锁设备进行相关操作
☼关区信号	关闭并封锁联锁区全部信号机，将开启的信号机关闭，将关闭的信号机封锁
☼重启令解	要求所有车都停到位。如果在联锁故障修复后不执行此操作，那么在操作其他命令时就会提示"被联锁拒绝"

注：☼为安全命令，需要二次确认。

2. 对信号机的控制

当选择某个信号机时，信号机可操作命令按钮如图 5.28 所示，可对信号机执行"封锁信号""开放信号""关闭信号"等操作。对信号机的控制功能表如表 5.4 所示。

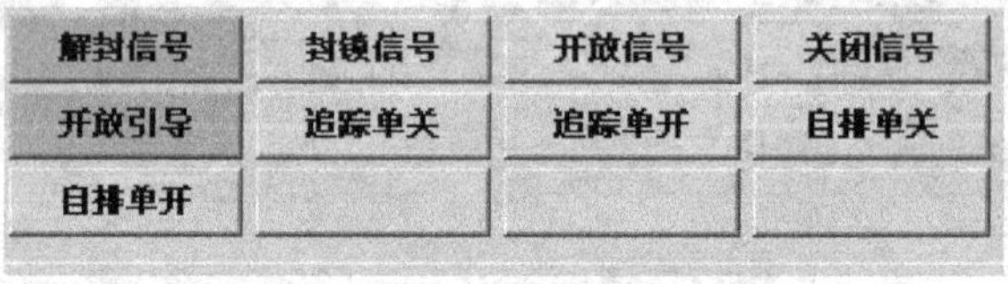

图 5.28　信号机可操作命令按钮

表 5.4 对信号机的控制功能表

信号	控制功能
开放信号	在信号到达主信号层，信号没有被封锁，且信号机正常时，把本信号机设置为开放状态
关闭信号	信号机处于开放状态，把开放的信号机设置为关闭状态
封锁信号	把在关闭状态下的信号机封锁。信号机被封锁后，将不能开放主信号，但可以开放引导信号；信号机被人工解封后，即使在信号没有开放过的情况下，信号都不会自动开放，只可以人工再次开放信号
解封信号	取消在关闭状态下的信号机的封锁
自排单开	执行自排单开命令后，可以把单架信号机设置为自动排列进路状态
自排单关	关闭进路自动排列，把单个信号机设置为人工排列状态
追踪单开	把单个信号机设置为联锁自动排列进路状态（由联锁机调用唯一的进路）
追踪单关	单个信号机取消联锁自动排列进路状态
开放引导	如果进路的始端信号机因为进路或信号机本身而故障，那么在确保行车安全的情况下，显示红灯+黄灯的引导信号，要求列车限速进入前方进路，随时准备停车

3. 对区段的控制

当选择某个区段时，区段可操作命令按钮如图 5.29 所示。此时，可对选中的区段执行"解封区段""封锁区段""强解区段""重置计轴"等操作。对区段的控制功能表如表 5.5 所示。

图 5.29 区段可操作命令按钮

表 5.5 对区段的控制功能表

命令按钮	控制功能
强解区段	解封道岔：解锁进路中的区段，如果接近区段及进路无车，则区段立即解锁；如果接近区段及进路有车，则区段延时解锁（延时 30s）。强解区段是针对单个逻辑区段而设置的
封锁区段	执行命令后，不能通过该区段排列进路。封锁成功后，轨道中部显示深蓝色，对于已经排列的进路，封锁区段只对下一条进路起作用
解封区段	取消对该区段的封锁，允许通过该区段来排列进路
轨区设限	区段限速设置。设置好轨道限速值后，在区段下方以红色字体显示限速值，正线限速值为 0、20km/h、25km/h、30km/h、45km/h、60km/h
轨区消限	取消对区段的限速
强行消限	强行取消对区段的限速，因 ATP 故障，正常消限无法执行，人工确认后执行该命令
重置计轴	一段计轴区间的状态设置为"零轴"状态，仍提供一个占用指示 针对的是计轴区段，不是逻辑区段 作用是将计轴数显示的轴数清零，区段颜色是淡粉色

4. 对道岔区段的控制

当选择某个道岔区段时，道岔可操作命令按钮如图 5.30 所示。此时，可对选中的道岔区段执行"转换道岔""封锁道岔""强解道岔""单独锁定"等操作。对道岔区段的控制功能表如表 5.6 所示。

图 5.30　道岔可操作命令按钮

表 5.6　对道岔区段的控制功能表

命令按钮	控制功能
单独锁定	锁定该道岔（电子锁定），阻止该道岔通过电操作转换
取消锁定	取消对该道岔的（电子）锁定，道岔可通过执行转换道岔命令自由转动
转换道岔	道岔没有被锁闭（没有被进路、保护区段、侧防征用），没有挤岔，且没有（单独）锁定。执行该命令后，可以把该道岔从一个位置转换到另一个位置
强行转岔	在转换道岔不起作用时，执行此命令来转换道岔（条件同上）
封锁道岔	禁止通过该道岔排列进路，但道岔可通过执行转换道岔命令进行位置转换
解封道岔	取消对该道岔区段的封锁，允许通过该道岔区段来排列进路
强解道岔	与强解区段命令按钮的控制功能相同
重置计轴	与区段重置计轴命令按钮的控制功能相同
挤岔恢复	道岔没有锁闭（没有被进路、保护区段、侧防征用），道岔挤岔（挤岔显示），没有（单独）锁定。执行该命令后，可以取消挤岔逻辑标记，并且道岔转换一个位置
岔区设限	同区段设限，限速值为 0、5km/h、10km/h、20km/h、25km/h
岔区消限	同区段消限
强行消限	同区段强行消限

相关案例

【案例 1】　IBP

1. IBP 简介

在城市轨道交通监控系统中，车站监控室内的 IBP 在越来越多的线路中得到了应用，它集中显示火灾自动报警系统（FAS）、环境与设备监控系统、供电系统、安全门系统、自动售检票系统（AFC）、信号系统、广播系统、闭路电视监控系统（CCTV）等主要系统的运行状态，并在紧急状态下对车站内相应的系统设备进行操作。IBP 上涉及安全的操作按钮都带有铅封。

2. IBP 的构成

IBP 一般由上层、下层两部分构成，上层部分为 IBP 盘面，主要设有指示灯和按钮，用于显示设备运行状态和控制操作；下层部分为设备操作台，主要放置各专业系统的设备，如显示器、调度电话、监视器等，以及相关的辅助设备。车站监控室 IBP 与各专业系统通过电缆采用硬节点方式连接，其构成主要有工作电源、盘面布置的各专业操作按钮、钥匙等部件。

IBP 盘面上的按钮有紧急停车按钮、取消紧停按钮、扣车按钮、终止扣车按钮、报警切除按钮等，在所有车站的车站控制室都设置了这些按钮。计轴复位按钮、计轴预复零按钮及 ATS/LCW 切换开关只在集中站设置（LCW 意为本地控制工作站）。IBP 盘面如图 5.31 所示。

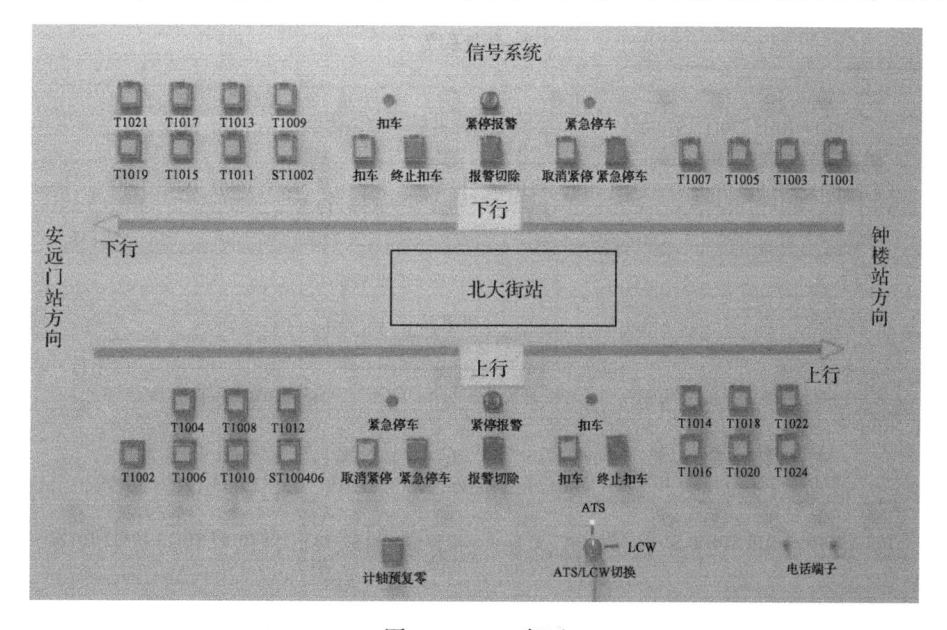

图 5.31　IBP 盘面

3. IBP 盘面及按钮设置

（1）非集中站 IBP 盘面及按钮设置。

非集中站 IBP 盘面及按钮设置如图 5.32 所示。

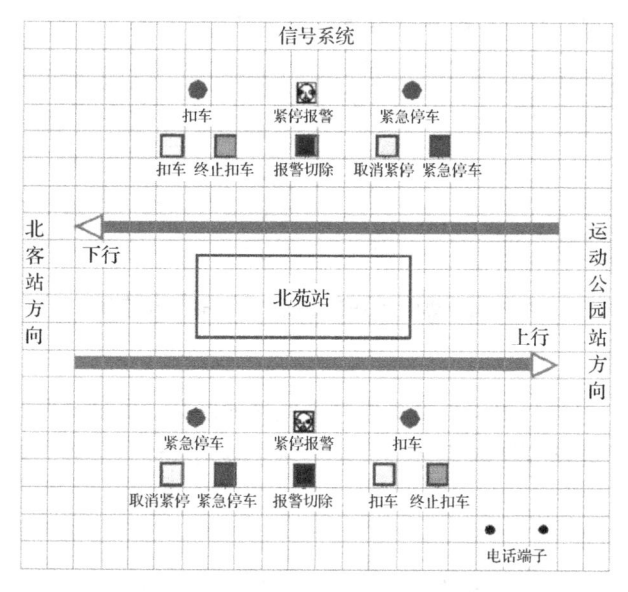

图 5.32　非集中站 IBP 盘面及按钮设置

IBP 盘面上设有扣车、终止扣车、紧急停车、取消紧停、报警切除等按钮，其中，取消紧停按钮采用带铅封的自复式按钮，报警切除按钮采用非自复式按钮。

（2）集中站 IBP 盘面及按钮设置。

集中站 IBP 盘面及按钮设置如图 5.33 所示。

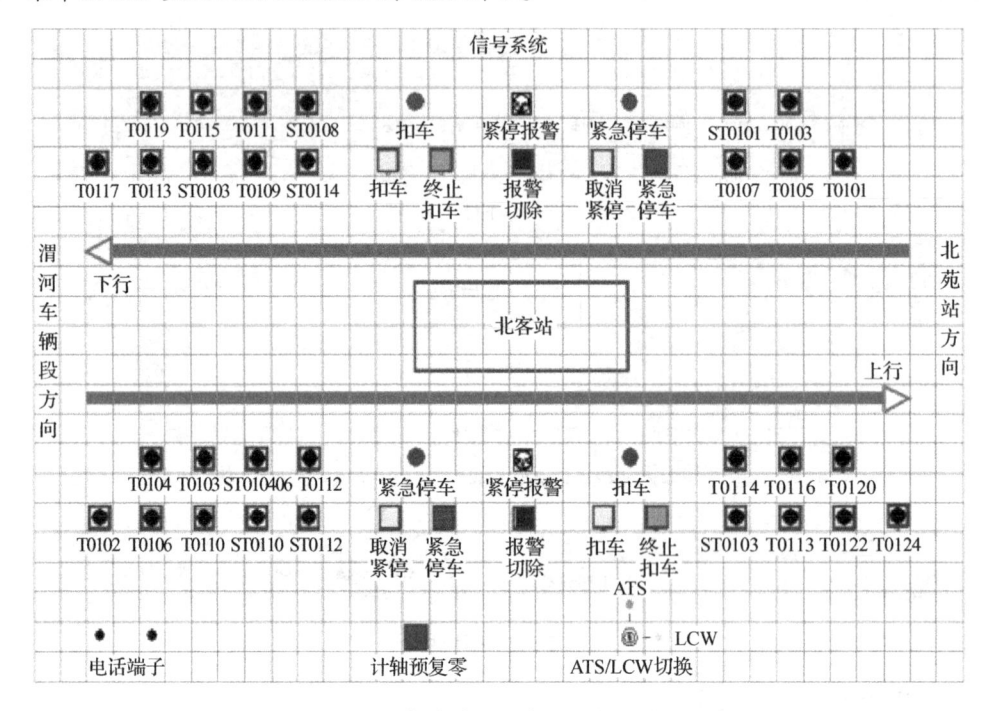

图 5.33 集中站 IBP 盘面及按钮设置

在集中站 IBP 盘面上，既有非集中站的按钮，又有每个区段的计轴复位按钮、计轴预复零按钮（带铅封）及 ATS/LCW 切换开关，如图 5.34 所示。

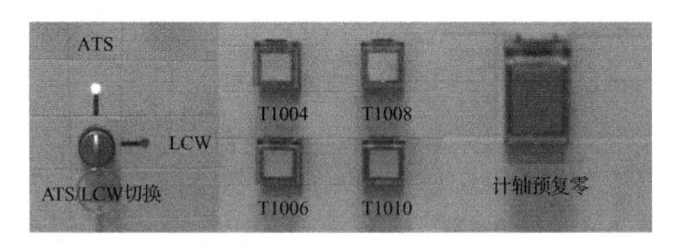

图 5.34 集中站 IBP 盘面上的计轴复位模块

4．IBP 功能介绍

在正常情况下，由控制中心调度员指挥全线路的运行。在特殊情况下，当控制中心失去功能时，整个地铁线路可降级运行，由各车站直接完成运行管理，此时 IBP 就体现出它的功能。

（1）紧急停车功能。

所有车站站台和车站控制室都设有紧急停车按钮。这些按钮一经按下，所对应防护区域（上行、下行站台）内的信号将立刻被关闭，并且这些区域内的移动授权应该被取消。

当紧急停车按钮被按下时，如果 CBTC 列车已经进入站台区域，则 CBTC 列车立即紧急制动并停车；如果 CBTC 列车正在接近站台，ZC 会将移动授权更新到站台之前，并且为了防止列车进入站台区域，列车会根据其与站台的距离来决定施加常用制动还是紧急制动。

（2）站台扣车功能。

车站值班人员通过 IBP 实施了站台扣车，出站信号机关闭（点红灯），对 CBTC 列车信号机依旧保持灭灯，移动授权收回，列车施加常用制动，如果此时 ATS 子系统正常工作，TDT 将显示扣车信息。

列车到站停稳后，倒计时从 ATS 子系统给定的停站时间开始，显示在计时显示区上。站台扣车的复位只能通过按压终止扣车按钮来完成。

在 IBP 上，对应上行线、下行线，分别设有扣车按钮、终止扣车按钮和相应的表示灯。扣车按钮、终止扣车按钮如图 5.35 所示。

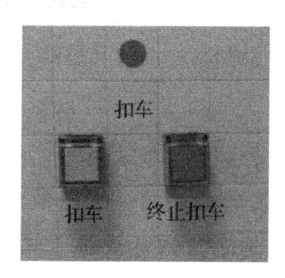

图 5.35　扣车按钮、终止扣车按钮

（3）计轴复零功能。

当计轴区段受到干扰，区段内无列车占用，但计轴区段显示占用时，使用计轴复位按钮对该区段进行复位操作。

在对应的每个区段设置计轴预复零按钮（白色），如图 5.36 所示。在每个联锁区设置一个总预复零按钮（红色铅封自复式按钮）。

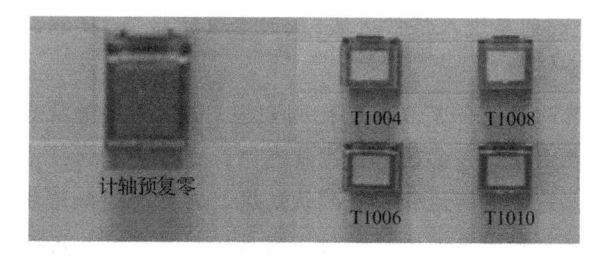

图 5.36　计轴预复零按钮

【案例2】　速度传感器

1. 速度传感器的测速原理

速度传感器（见图 5.37）是车载信号系统中重要的速度及距离测试设备，随着车轮的转动，速度传感器会输出数字脉冲。这些脉冲由硬件计数器计数，脉冲数量与车轮旋转角

度成正比,结合已知的车轮直径计算出车轮转动时的走行距离,从而可在给定周期内测试列车的运行速度。列车的实际运行速度及走行距离是车载信号系统的重要参数,也是车载 ATP 子系统运行及判断列车状态的重要依据。因此,车载测速部件必须为车载 ATP 子系统提供安全、可靠的速度及走行距离数据,且要在列车发生空转、打滑等特殊情况时消除相应的误差。速度传感器经过多次现场使用,被证明是非常可靠的。

图 5.37 速度传感器

2. 速度传感器的安装

速度传感器要安装于列车非动力轴的不同轮对上,通常安装于拖车的左一及右四轮对上(如西安地铁 2 号线),这样安装的好处为:①降低了共模故障的风险;②车载信号机柜安装于两端司机室,可缩短速度传感器到车载信号机柜的走线距离。

知识拓展

挤岔工况与失表示工况

如果道岔位置不正确,尖轨未能与基本轨密贴,则当列车直向通过道岔时,车轮的碾压会将尖轨与基本轨挤开,这一过程被称为道岔挤岔。此时,道岔处于失表示状态,既不在定位,也不在反位,呈四开状态,极易导致列车出轨和倾覆。发生道岔挤岔后,信号系统会关闭信号机,不允许列车进入挤岔区域,同时会发出报警,提醒调度员注意组织行车,并通知相关维护人员抢修。

道岔挤岔的工况有两种:当道岔为失表示状态、岔区为出清状态时,道岔挤岔为失表示工况;当道岔为失表示状态、岔区为占用状态时,道岔挤岔为挤岔工况。常规处置流程为:在失表示工况下,先由现场运营人员确认工况,再将其通知给相关部门人员,然后加装钩锁器,最后由司机驾驶列车低速通过该道岔区段;在挤岔工况下,现场运营人员确认了具体工况后,需将其通知给更多的相关部门人员,并通知维护人员赶赴现场进行列车起复及道岔故障排除等相关工作。现有信号系统不能区分两种道岔挤岔工况的信息传递。因此,目前通过管理来确保行车安全。若道岔挤岔发生在早晚高峰时段,则确认设备状态的耗时会对运营造成较大的影响,增加抢修时间,甚至会造成其他相关线路的客流积压,引起乘客的不满等。

任务四 联锁系统操作运用实例——认识和使用联锁系统

1. 实训项目教师工作活页

实训项目教师工作活页如表 5.7 所示。

表 5.7 实训项目教师工作活页

实训项目	认识和使用联锁系统		
学时	2	班级	略
实训场所	信号实训实验室、车站、车辆段		
工具设备	6502 电气集中联锁设备、控制台、示教板、联锁虚拟仿真系统		
教学目标	专业能力目标	（1）学生能够说出联锁系统的作用。 （2）学生能够说出控制道岔的程序。 （3）学生能够说出进路的定义和区别几种基础进路。 （4）学生能够说出联锁设备的基本要求。 （5）学生能够操作 6502 电气集中联锁设备和控制台	
	方法能力目标	（1）学生能综合运用专业知识，通过专业书籍、多媒体课件和图片资料来获得辅助信息。 （2）学生能根据实训项目的学习任务来确定实训方案，从中学会展示活动过程和成果	
	社会能力目标	（1）学生能在实训活动中保持积极向上的学习态度。 （2）学生能与小组成员和教师就学习中的问题进行交流和沟通。 （3）学生能与他人共享学习资源，具有较强的合作能力和良好的团队协作精神	
教学评价	（1）学生活动：①以 5~7 人小组为单位开展实训活动，根据本组同学在实训过程中的能力表现及结果进行自评和组内互评；②根据其他小组同学在成果展示活动中的表现及结果进行组间互评。 （2）教师活动：①教师组织学生开展评价活动和总结；②对学生在本实训项目中的任务成绩做出综合评价		
教学资料	（1）城市轨道交通信号设备教材。 （2）6502 电气集中联锁设备使用说明书。 （3）实训项目学生学习活页		
指导教师		教学时间	年　　月　　日

2. 实训项目学生学习活页

实训项目学生学习活页如表 5.8 所示。

表 5.8 实训项目学生学习活页

实训项目　认识和使用联锁系统
班级：_____　　姓名：_____　　学号：_____　　时间：_____
一、实训目标 1. 专业能力目标 （1）能够说出联锁系统的作用。 （2）能够说出控制道岔的程序。 （3）能够说出进路的定义和区别几种基础进路。 （4）能够说出联锁设备的基本要求。

续表

（5）能够操作 6502 电气集中联锁设备和控制台。
2. 方法能力目标
（1）能综合运用专业知识，通过专业书籍、多媒体课件和图片资料来获得辅助信息。
（2）能根据实训项目的学习任务来确定实训方案，从中学会展示活动过程和成果。
3. 社会能力目标
（1）能在实训活动中保持积极向上的学习态度。
（2）能与小组成员和教师就学习中的问题进行交流和沟通。
（3）能与他人共享学习资源，具有较强的合作能力和良好的团队协作精神。

二、知识总结

（1）联锁的基本内容有哪些？

（2）需要满足哪些条件才能开放信号？

（3）进路如何划分？

（4）6502 电气集中联锁设备由哪几部分组成？

三、操作应用

（1）下图为某站场图，请列出敌对进路。

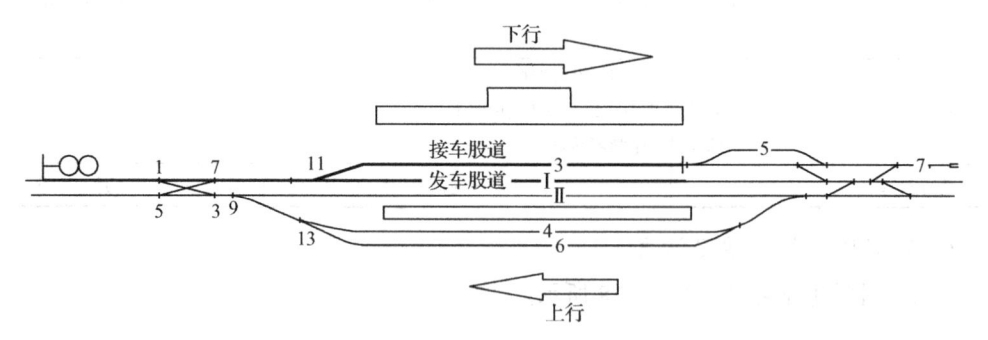

（2）排列进路联锁需要满足哪些条件？

（3）对联锁设备有哪些基本要求？

续表

(4) 6502电气集中联锁设备进路锁闭的流程是怎样的?

四、实训小结

_____

_____

_____

五、成绩评定

1. 学生评价

评价等级	A	B	C	D	E
学生自评					
组内互评					
组间互评					

2. 教师评价

评价等级	A	B	C	D	E
专业能力					
方法能力					
社会能力					
评价结果					

3. 综合评价

评价等级	A	B	C	D	E
评价结果					

注：按照学生自评分数占10%、组内互评分数占10%、组间互评分数占20%、教师评价分数占60%的比例计分，其中，A—优，100分；B—良，85分；C—中，75分；D—及格，60分；E—不及格，50分。

4. 评价量规

等级	行为表现描述
A	能圆满、高效地完成实训任务的全部内容
B	能顺利地完成实训任务的全部内容
C	能完成实训任务的全部内容，但需要一些帮助和指导
D	自己只能完成实训任务的部分内容，但在他人的现场指导下，能完成实训任务的全部内容
E	不能完成实训任务的全部内容

思考与练习

1. 计算机联锁有哪些优点?
2. 请说明进路、道岔和信号机是如何联锁的。
3. 什么是敌对进路和抵触进路?
4. 在 SICAS 中如何解锁列车进路?
5. 请说明排列进路时道岔、进路、信号机的动作和联锁的顺序。

项目六　ATC 系统

ATC 系统是以技术手段对列车的运行方向、运行间隔和运行速度进行控制，保证列车能够安全运行、提高运行效率的系统。ATC 系统分为列控地面子系统和列控车载子系统。在不同的应用场合中，ATC 系统的设备构成有所不同。应用较多的信号系统有卡斯柯信号有限公司、德国西门子公司、上海电气泰雷兹交通自动化系统有限公司和交控科技股份有限公司等的产品，这些企业大多使用 CBTC 系统。

任务一　认识 ATC 系统

学习目标

（1）了解 ATC 系统的组成。
（2）了解 ATC 系统的功能。
（3）了解不同闭塞制式的 ATC 系统。
（4）了解 ATC 系统的控制模式。

学习任务

认识 ATC 系统，主要认识德国西门子公司的 CBTC 系统。

工具设备

相关视频和 PPT、OCC 仿真系统、行车沙盘。

教学环境

地铁站和行车沙盘实验室。

基础知识

ATC 系统是我国城市轨道交通中保证列车行车安全、提高列车运行效率的重要系统。该系统依靠有效的技术手段对列车的运行速度、运行间隔进行实时监控和超速防护。目前，先进的城市轨道交通信号系统通常由 ATC 系统和联锁系统设备两大部分组成，用于列车运行控制、行车调度指挥、信息管理和设备维护等，可以实现行车指挥和列车运行自动化，减轻运营人员的劳动强度，以及发挥城市轨道交通的通过能力，是一个高效的综合自动化系统。

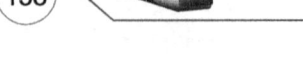

一、ATC 系统的组成

ATC 系统从功能角度，可以分为三个子系统：ATP 子系统，其主要作用是防止列车追尾、冲突事故的发生，并控制列车的运行速度，使其不超过允许的最大速度；ATO 子系统，其主要作用是实现列车的自动驾驶，并使列车在设定的车站自动停车；ATS 子系统，其主要作用是对线路上运行的所有列车都进行监督和管理，使列车根据列车运行图完成运营作业。

三个子系统的功能既相对独立，又紧密相连。三者通过信息交换网络构成闭环系统，实现地面控制与车上控制的结合、现地控制与中央控制的结合，构成一个以安全设备为基础，集行车指挥、运行调整及列车驾驶自动化等功能于一体的 ATC 系统。ATC 系统结构框图如图 6.1 所示。其中，TWC 意为车地通信。

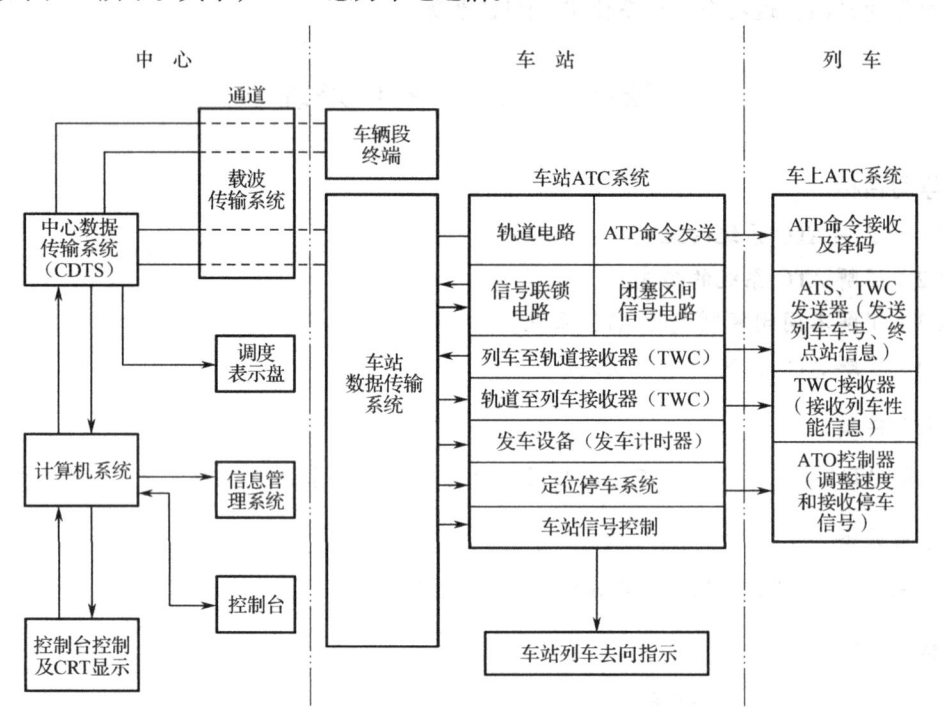

图 6.1　ATC 系统结构框图

二、ATC 系统的功能

（一）ATC 系统的 4 个功能

ATC 系统具有 ATS 功能、列车检测功能、ATC 功能和列车自动识别（PTI）功能。

1. ATS 功能

ATS 功能指 ATC 系统可自动或由人工控制进路，进行行车调度指挥，并向行车调度员和外部系统提供信息。该功能主要由位于 OCC 的中央 ATS 设备和位于车站的本地 ATS 设备实现。

2. 列车检测功能

列车检测功能一般由轨道电路完成。

3. ATC 功能

ATC 功能指在联锁功能的约束下，根据 ATS 的要求来实现列车运行的控制。ATC 功能有三个子功能：ATP/ATO 轨旁功能、ATP/ATO 传输功能和 ATP/ATO 车载功能。利用 ATP/ATO 轨旁功能，可以生成行车间隔和报文；利用 ATP/ATO 传输功能，可以发送感应信号，其中包括报文和车载 ATC 设备所需的其他数据；利用 ATP/ATO 车载功能，可以实现列车的安全运营和自动驾驶，且为信号系统和司机提供接口。

4. PTI 功能

PTI 功能即在 ATC 系统中，通过多种渠道来传输和接收各种数据，并在特定的位置将其传给 ATS 子系统，向 ATS 子系统报告列车的识别信息、目的号码、乘务组号和列车位置数据，以优化列车运行状况。

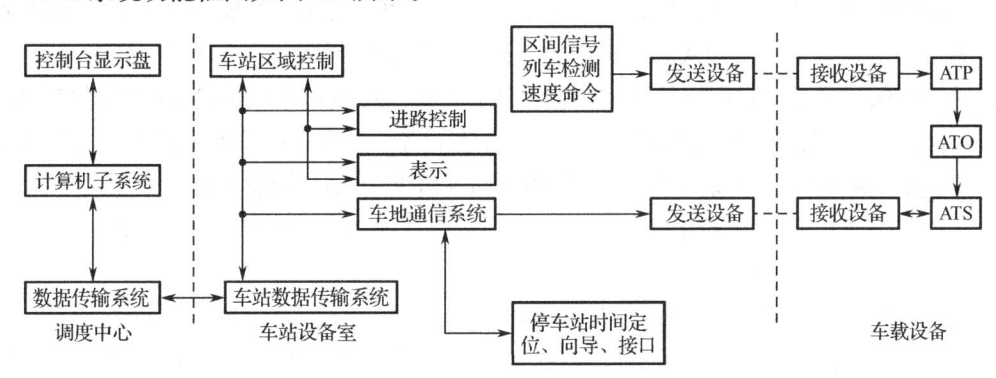

（二）ATC 系统功能框图

ATC 系统功能框图如图 6.2 所示。

图 6.2 ATC 系统功能框图

三、不同闭塞制式的 ATC 系统

根据闭塞制式的不同，城市轨道交通 ATC 系统可分为固定闭塞式 ATC 系统、准移动闭塞式 ATC 系统和移动闭塞式 ATC 系统。

（一）固定闭塞式 ATC 系统

传统的自动闭塞属于固定闭塞范畴，一般设地面通过信号机，装备机车信号，保证列车按照空间间隔控制运行的技术方法是用信号或凭证来实现的。自动闭塞一般以地面信号为主，分为二显示自动闭塞、三显示自动闭塞、四显示自动闭塞、多信息自动闭塞。

在二显示自动闭塞系统中，信号机只给出"行进"（绿）信息及"禁止"（红）信息。两列列车间的最短间隔是两个空闲的闭塞分区的长度，闭塞分区的长度应大于一个制动距离及一个安全距离之和。

三显示自动闭塞就是能利用信号机的三种显示，预告列车前方两个闭塞分区状态的自

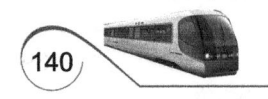

动闭塞。其特征为：能利用信号机的三种显示；能预告列车前方两个闭塞分区的状态；有两个速度等级，一个闭塞分区的长度大于列车从规定速度到速度为零的制动距离。

四显示自动闭塞就是能利用信号机的四种显示，预告列车前方三个闭塞分区状态的自动闭塞。其特征为：能利用信号机的四种显示；能预告列车前方三个闭塞分区的状态；有三个速度等级，两个闭塞分区的长度大于列车从规定速度到速度为零的制动距离。

系统在采取分级速度控制模式时，采用固定闭塞方式。运行列车的空间间隔是若干闭塞分区，闭塞分区数依划分的速度级别而定。在一般情况下，闭塞分区是用轨道电路或计轴装置来划分的，具有列车定位和占用轨道的检查功能。固定闭塞的追踪目标点为先行列车所占用闭塞分区的始端，后行列车从最大速度开始制动的计算点为要求开始减速的闭塞分区的始端，这两个点都是固定的，二者之间空间间隔的长度也是固定的。

固定闭塞式 ATC 系统通常以轨道电路检测列车位置和列车间距。线路条件和列车参数等均在闭塞设计过程中予以考虑，并体现在地面闭塞分区的划分中。ATP 子系统根据每个闭塞分区的限速指令，监控列车的速度。固定闭塞式 ATC 系统的速度控制模式一般都是分级速度控制模式。分级速度控制模式分为阶梯式和小曲线式两种。

大连地铁 3 号线使用的 ATC 系统就属于固定闭塞式 ATC 系统，是我国自主研发的 ATC 系统。该系统采用阶梯式分级速度控制模式，为了保证列车安全运行，列车运行前方要有较长的保护区段。它用钢轨作为传输载体，通过模拟轨道电路信息来实现列车定位功能，因而传输的信息量少，控制列车运行的精度不高，对列车运行的舒适度控制得不好，司机的劳动强度较大，不易实现列车的优化控制和节能控制，限制了行车效率的提高。

在固定闭塞式 ATC 系统的设计中，要求的运行间隔越短，闭塞分区（设备）就越多，列车最短行车间隔为 100s。

在图 6.3 中，阶梯式分级速度控制线表示限制速度，分段的小曲线表示允许速度，分段的小曲线大都是由车载信号设备虚构的。实际上，每个闭塞分区的始端入口处分段的小曲线连接，并不是在对由地面提供的线路参数进行计算后得到的。

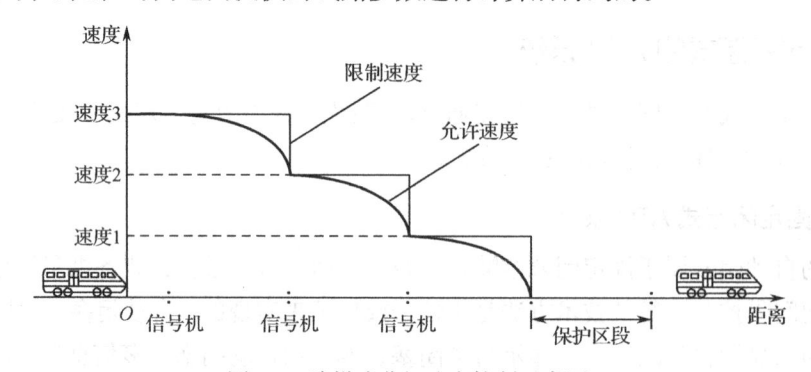

图 6.3 阶梯式分级速度控制示意图

上海地铁 1 号线引进的美国通用铁路信号公司的 ATP 子系统和北京地铁 1 号线引进的英国西屋信号有限公司的 ATP 子系统均采用阶梯式分级速度控制模式。

由于列车定位是以固定区段为单位的（系统只知道列车在哪个区段中，而不知道列车在区段中的具体位置），所以固定闭塞式 ATC 系统的速度控制模式必然是分级的。在这种速度控制模式下，需要向被控列车"安全"传送的只是代表少数几个速度级的速度码。

（二）准移动闭塞式 ATC 系统

准移动闭塞式 ATC 系统根据由列车前方目标距离、线路状态、列车性能等因素确定的速度控制曲线，对列车速度进行监控。从原则上讲，当列车运行速度超过速度控制曲线限定的速度值时，对列车实施安全制动控制，其速度控制模式具有一次连续的特点。

准移动闭塞对先行、后续列车的定位方式是不同的。先行列车的定位沿用固定闭塞的方式，而后续列车的定位则采用连续的或移动的方式。为了提高后续列车的定位精度，目前各系统均在地面上每隔一段距离设置一个定位标志（轨道电路的分界点、信标等），在列车通过时提供绝对位置信息。在相邻的定位标志之间，列车的相对位置由安装在列车上的轮轴计数器测得。

由于准移动闭塞同时采用移动和固定两种定位方式，所以它的速度控制模式既具有无级（连续）的特点，又具有分级（阶梯）的性质。当先行列车不动而后续列车前进时，后续列车的最大允许速度是连续变化的；而当先行列车前进，其尾部驶过固定区段的分界点时，后续列车的最大允许速度会按阶梯跳跃上升。

在准移动闭塞式 ATC 系统的设计中，要求的运行间隔越短，闭塞分区（设备）就越多，列车最短运行间隔为 85s。准移动闭塞式 ATC 系统连续曲线速度控制示意图如图 6.4 所示。

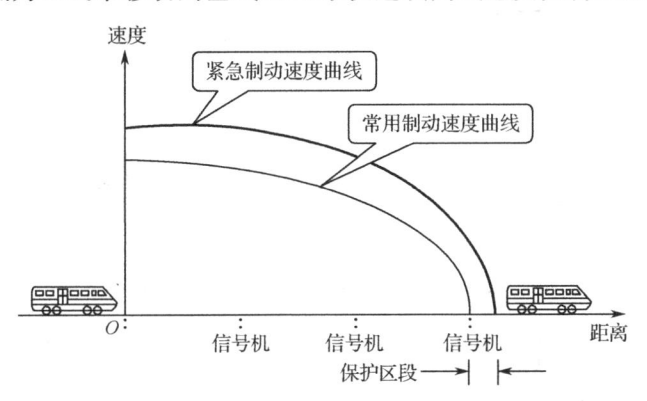

图 6.4　准移动闭塞式 ATC 系统连续曲线速度控制示意图

（三）移动闭塞式 ATC 系统

1. 移动闭塞的基本概念

移动闭塞的特点是前、后两列列车都采用移动的定位方式，不存在固定的闭塞分区，列车之间的安全追踪间距随着列车的运行而不断移动且变化。

移动闭塞可借助感应环线或无线通信的方式实现。早期的移动闭塞系统大部分采用基于感应环线的技术，即通过在轨间布置感应环线来定位列车和实现车载计算机与车辆控制中心之间的连续通信。而今，大多数先进的移动闭塞系统已采用无线通信系统来实现各子系统间的通信，构成基于无线通信技术的移动闭塞系统。

2. 移动闭塞的特点

（1）线路没有固定划分的闭塞分区，行车间隔是动态的，并随前一列列车的移动而移动。

（2）行车间隔是按后续列车在当前速度下所需的制动距离，加上安全余量计算和控制的，以确保不追尾。

（3）制动的起点和终点是动态的，轨旁设备的数量与列车运行间隔关系不大。

（4）可实现较短的列车运行间隔。

（5）采用地-车双向传输，信息量大，易于实现无人驾驶。

3. 移动闭塞系统的工作原理

移动闭塞与固定闭塞的根本区别在于闭塞分区的形成方法不同。图 6.5 所示为移动闭塞系统的工作原理图，该系统是一种区间不分割、根据连续检测的先行列车的位置和速度进行列车运行间隔控制的列车安全系统。这里的连续检测并不意味着一定没有间隔点。实际上，该系统把先行列车的后部看作是假想的闭塞区间。这个假想的闭塞区间随着列车的移动而移动。在移动闭塞系统中，后续列车的速度曲线随着目标点的移动而实时计算，后续列车与先行列车的保护区段后部之间的距离等于列车制动距离加上列车在制动反应时间内驶过的距离。

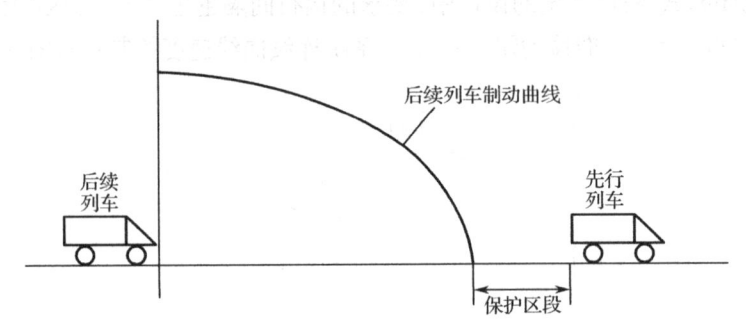

图 6.5 移动闭塞系统的工作原理图

移动闭塞技术在对列车的安全间隔控制上更进了一步。通过车载设备和轨旁设备连续地双向通信，控制中心可以根据列车实时的速度和位置，动态地计算列车的最大制动距离。列车的长度加上最大制动距离及在列车后方加上一定的防护距离，便组成了一个与列车同步移动的虚拟闭塞分区，如图 6.5 所示。由于保证了列车前后的安全距离，因此两个相邻的移动闭塞分区就能以很短的行车间隔同时前进，这能使列车以较高的速度和较短的间隔运行，从而提高运营效率。

无线移动闭塞系统主要由无线数据通信网、ZC、车载设备和控制中心设施等组成。其中，无线数据通信网是移动闭塞实现的基础。通过可靠的无线数据通信网，列车不间断地将其标志、位置、车次、长度、实际速度、制动潜能和运行状况等信息以无线传输方式发送给 ZC。ZC 追踪列车，并通过无线传输方式与列车进行信息交互，根据来自列车的信息来计算、确定列车的安全行车间隔，将相关信息（如先行列车的位置、移动授权等信息）

传递给列车，控制列车的运行。车载设备包括人机交互界面、车载计算机和其他设备（如传感器、查询器等）。列车将采集到的数据（如车辆信息、现场状况和位置信息等）通过无线数据通信网发送给 ZC，以协助其完成运行决策，同时对接收到的命令进行确认并执行该命令。

4. 移动闭塞式 ATC 系统的分类

移动闭塞式 ATC 系统就车地信息双向传输的速率而言，可分为基于电缆环线传输方式和基于无线通信与数据传输媒介传输方式两类。

移动闭塞式 ATC 系统根据无线扩频通信方式的不同，可分为直接序列扩频方式和跳频扩频方式两类。

移动闭塞式 ATC 系统根据数据传输媒介传输方式的不同，可分为点式应答器传输方式、自由空间波传输方式、裂缝波导管传输方式和漏泄同轴电缆传输方式四类。

四、ATC 系统的控制模式

ATC 系统应包括下列控制模式：控制中心自动控制模式（CA 模式），控制中心自动控制时的人工介入控制模式或利用 CTC 系统的人工控制模式（CM 模式），车站自动控制模式，以及车站人工控制模式。一个 ATC 系统在同一时间只能处于一种模式。

ATC 系统控制模式的优先等级从高到低依次为车站人工控制模式、车站自动控制模式、CM 模式、CA 模式。

（一）CA 模式

在 CA 模式下，列车进路命令由中央 ATS 设备发出，其信息来源是时刻表及列车运行自动调整系统。控制中心调度员可以对列车运行自动调整系统进行人工干预，使列车按调度员的意图运行。

（二）CM 模式

在控制中心自动控制时，控制中心调度员可中断某个联锁区、某个联锁区内部分信号机或某一指定列车的自动进路设定，直接在控制中心的工作站上对列车进路进行控制。在中断联锁区自动进路设定时，控制中心调度员可发出命令，利用联锁设备自动进路控制功能，随着先行列车的运行，自动排列一条后续列车的固定进路。在自动进路功能出现故障的情况下，控制中心调度员可以人工设置进路。

在 CM 模式下，车站的人工控制转到 ATS 子系统。一旦车站工作在该模式下，便由 ATS 子系统启动控制，而不由车站控制计算机启动控制。然而，车站控制计算机继续接收表示信息，更新显示和采集数据。

（三）车站自动控制模式

在中央 ATS 双套设备均发生故障后，ATC 系统进入车站自动控制模式。此时，车站本地 ATS 设备根据中央 ATS 设备在发生故障前下载的时刻表，自动接管控车任务，触发列车进路。联锁设备接收来自本地 ATS 设备的命令并设定进路，本地 ATS 设备正常时，它可以代替中央 ATS 设备进行控车，不会直接进入联锁模式来控车。

（四）车站人工控制模式

当中心级 ATS 系统因故不能设置进路（不论人工方式，还是自动进路方式），或者由于某种运营上的需要而不能由控制中心控制时，可改为车站人工控制模式，由车站控制室值班员在车站级 ATS 系统上自动或手动排列进路。车站自动控制和车站人工控制可合称车站控制。当车站工作在车站控制模式时，不能由 ATS 子系统启动控制。然而，中心级 ATS 系统将继续收到表示，更新显示和采集数据。

（五）控制模式间的转换

1. 从中心级 ATS 系统操作模式转换到车站级 ATS 系统操作模式

只有在控制中心 ATS 发出相应的命令后，控制模式才能转换为车站级 ATS 系统操作模式。一般由控制中心或车站申请进行站控，在另一方同意后，控制模式由中心控制模式转换为车站控制模式。因此，所有转换操作只有由车站调度员与控制中心调度员配合才能有效实施。在转换模式时，不用特别检查联锁条件，自动运行功能不受影响。

即使控制模式转换至车站级 ATS 系统操作模式，线路图及列车位置等信息也应该传输至控制中心 ATS 并显示，仅由车站操作站的打印机对显示和命令进行记录。

2. 强制转换为车站级 ATS 系统操作模式

在没有收到控制中心 ATS 发出的命令时，控制模式也可以转换为车站级 ATS 系统操作模式。一般只在紧急情况下进行转换，车站可以不经过中央允许而直接进行紧急站控，并且所有转换操作仅能由车站调度员来执行。

3. 转换为控制中心 ATS 操作模式

只有在车站操作站发出释放的命令后，控制模式才能转换为控制中心 ATS 操作模式，然后由控制中心 ATS 确认该转换命令。因此，所有转换操作只有控制中心调度员能有效实施。在这种情况下，只有正常的转换指令才能被接收。随着控制模式转换为控制中心 ATS 操作模式，控制中心 ATS 可以执行所有允许的操作。但是只有车站操作站才能有效实施以下转换操作：在车站操作站故障，车站操作站未发出释放命令的情况下，控制模式也可以转换为控制中心 ATS 操作模式。

在车站与控制中心进行站控、遥控操作时，存在以下几种操作类型。

车站请求站控，控制中心允许；车站请求遥控，控制中心允许；控制中心请求站控，车站允许；控制中心请求遥控，车站允许；在紧急情况下，车站不经控制中心允许，直接切换到紧急站控模式。

相关案例

【案例1】 双机加电信号错误显示

一、事故概况

2000 年 4 月 2 日 0 时 23 分左右，在某地铁 1 号线司机与值班员进行车机联控呼唤时，车站通知司机下行 1 道通过，但司机反映进站信号显示侧线（3 道）停车信号（控制台显示 1 道通过），故司机采取停车措施，列车停于站内 9 号道岔处，构成未准备好进路接车险性事故。

二、事故原因分析

这起事故是由于计算机联锁显示分机双机加电而造成的。事故的主要原因是车站计算机联锁系统本身没有对显示分机双机加电进行技术上的防护，存在双机加电的可能，而且在使用中对双机加电没有严格的规定，仅有"双机冷备"4 个字。加之，车站计算机联锁系统实行技术保密措施，厂家终生维护，使用人员对双机加电可能造成的后果（使用说明书未对其进行说明）不清楚。特别是在双机加电导致通信故障的情况下，车站计算机联锁系统不能有效防止控制台显示信息与联锁机表示信息的不一致性，且无任何警示，致使进路错误不能及时发现，违反了故障-安全信息原则。信号工在处理设备故障时，忽略了"双机冷备"的要求，致使控制台分机双机加电，是事故的次要原因。

【案例 2】 波导管技术在地铁信号系统中的应用

在地铁信号系统中，多采用定向天线、漏泄同轴电缆和裂缝波导管模式。在这三种模式下，裂缝波导管模式因其传输频带宽、传输损耗小、可靠性高、抗干扰能力强而得到较广泛应用（尤其是在同站台换乘场景下的应用）。上海地铁 16 号线信号系统车地无线通信双向传输就采用了此模式。

波导管可分为普通波导管和裂缝波导管两种，用来传送超高频电磁波，常见的横截面形状有矩形和圆形，超高频电磁波可以通过脉冲信号以极小的损耗传送到目的地。其内径的大小因所传输信号的波长而异。波导管在电路中呈现高通滤波器的特性：允许截止频率以上的信号通过，阻止截止频率以下的信号通过或使之衰减。

波导管的材质为金属，它被设定成空心架构，内壁十分顺滑。这类管路中有的带有非金属材质，但内侧添加了偏薄的金属层，传播着超高频电磁波。运用波导管能够降低传递脉冲损耗，实现顺利传递。常见的波导管有矩形波导管、雷达波导管、圆形波导管、光纤波导管。

在进行车地无线通信时，波导管拓展了常规状态下的频带宽度，能够抵抗干扰。在波导管特有的周边区段，可以布设无线架构下的某接收器，以便接纳管路裂痕辐射过来的信号。将该信号予以处理，可以从中获取可用信息。波导管配有多重无线单元，包含衔接着的接入配件、连接器及末端负载、同轴电缆和添加的双层法兰。

知识拓展

某城市轨道交通公司列车运行时的驾驶员操纵程序

1. 列车出库时的驾驶员操纵程序

（1）在列车整备完毕，列车状态符合正线服务后，驾驶员向车厂信号值班员报告列车

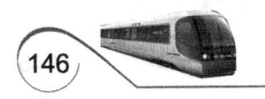

整备完毕。

（2）驾驶员在确认出厂信号开放后，按该列车出厂时刻以受限制的人工操作模式（RM模式）驾驶列车出库（整列车离开库门时的速度为5km/h）；在车库大门前、平交道口处一度停车，确认线路状况良好后再动车。

（3）列车运行到转换轨处一度停车。

① 待显示屏收到速度码，"ATO"灯亮后，驾驶员先确认进入始发站方向的进路防护信号开放，再使列车以AM模式运行至始发站。

② 当收不到速度码或有需要从另一站出发时，驾驶员将情况报告给行车调度员。

2. 正线运行时的驾驶员操作程序

（1）当列车在AM模式下运行时，驾驶员应保持工作状态：不间断瞭望，坐姿端正，左手置鸣笛按钮处，右手置于主控手柄处（不按压警惕按钮）。

（2）在列车运行期间，驾驶员要注意观察列车显示屏信息、各指示灯和仪表显示情况、自动开关状态。若列车在区间发生故障，列车应尽可能维持运行到进站。当遇到故障，列车需维持运行至终点站时，驾驶员必须时刻确认列车运行状态，防止列车故障进一步扩大。

（3）在列车运行中，驾驶员应坚持不间断瞭望前方进路状态，若发现线路、弓网故障及其他轨旁设备损坏或超限，应及时采取紧急措施，并将情况报告给行车调度员。

（4）在列车接近进站时，驾驶员应密切观察站台乘客状况，遇到乘客较多或有乘客越出站台黄色安全线的情况，应早鸣笛示警；遇到危及列车运行或人身安全的情况，应立即采取紧急措施。

（5）当列车发生故障或由于其他原因需临时停车时，驾驶员可通过列车紧急广播或人工广播来安抚乘客。在车站已知前方受阻延误、等候开车的时间较长时，驾驶员应开启客室门，并配合站务人员做好宣传解释，减少不必要的乘客投诉。

（6）当遇到由于列车本身原因或信号故障而造成的列车未对标停车时，驾驶员应立即手动对标停车。

（7）当列车在AM模式下发生紧急制动，需要以ATP子系统监督下的人工驾驶模式（SM模式）或RM模式运行时，驾驶员应严格遵循进路防护信号显示、ATP允许速度及列车运行速度的要求。

（8）雨天，线路湿滑时，在地面线路上，驾驶员应将列车转为以SM模式运行，严格控制列车运行速度，谨防列车打滑、空转而造成紧急制动或越出停车标。

（9）驾驶员在采用不受限制的人工驾驶（采用URM）模式启动列车时，应将主控手柄置于牵引区不低于40%处，在列车运行中应注意人工报站点播，严格控制列车运行速度，防止列车越出停车标。

（10）值乘驾驶员遇身体不适，应及时转告派班员或车长，请求协助，避免影响正线服务。

3. 站台作业（开关车门）时的驾驶员操作程序

（1）在AM模式下，列车进站自动对标停车后，列车显示屏出现相应侧车门释放信息，车门自动打开。若无特殊情况（列车无故障或无接听行车调度员电话），乘务员应在7s内于驾驶室侧门旁立岗，监视站台乘客的上下车情况。

（2）在SM、RM或URM模式下，列车折返对标停车后，列车显示屏未出现相应侧车门释放信息，需人工打开车门时，驾驶员必须严格执行"确认、呼唤、跨半步、开门"四步作业程序，即先确认停靠站台和需要打开的车门，执行车门呼唤制度，再跨出站台一脚（另一脚在驾驶室），按压一次"强行开门"按钮，最后打开相应侧站台车门，谨防错开门。

（3）关门前，驾驶员应观察TDT倒计时显示，对照运行时刻表的发车时刻，提前约10s侧转身体，按压"关"按钮，回转身体，立正面向列车尾部瞭望，待车门全部关好，所有车门黄色指示灯和运行状态黄灯灭，确认安全后（原则上不得使用"重开门"按钮，以防夹人），进入驾驶室，通过侧望监视镜确认车门无夹人、夹物情况后，按照规定程序启动列车。

（4）在大客流情况下，驾驶员应注意气压表的显示状态，当超过0.28MPa时，关门作业，加强"重开门"按钮的运用（防止夹人夹物），同时将情况报告给行车调度员。

（5）车门发生故障后，原则上，列车运行方向上的前三节车组由驾驶员负责处理，后三节车组由站台岗负责处理。

① 当后三节车组的车门发生故障，经驾驶员重开门等简单尝试，未能恢复而应切除该故障车门时，驾驶员面向列车尾部高举手臂轻拍车体，示意站台岗执行车门切除程序。

② 在驾驶员确认该故障车门的黄色指示灯及该车组的运行状态黄灯灭、车门控制盘"关"按钮绿灯亮和驾驶室设备柜无继电器响声后，车门切除成功，驾驶员进入驾驶室，按照规定启动列车。

4. 终点站折返时的驾驶员操作程序

（1）在列车进入终点站接近停车标时，显示屏出现折返图标，"AR"黄灯亮，列车停稳，左侧、右侧车门相继打开。

（2）在驾驶员按压"AR"按钮后，显示屏上折返图标的背景由蓝色变为黄色，"AR"黄灯灭，主控钥匙转换到"关"位置，锁好驾驶室侧门，折返上行端驾驶室。

（3）若终点站有折返驾驶员，本务驾驶员应与之对口交接列车运行状态及行车安全事项等，之后，在换乘亭等候转为下一趟折返驾驶员；若终点站无折返驾驶员，本务驾驶员应抓紧时间激活上行端驾驶室，确认列车状态良好。

（4）列车停稳后，折返驾驶员进入上行端驾驶室，确认"AR"黄灯闪烁，"RM"红色指示灯亮（表示折返成功），主控钥匙转换到"开"位置，确认显示屏显示正确，注册无线电，改变车次号，按规定在驾驶室侧立岗。

（5）当列车在URM模式下折返时，如无折返驾驶员，本务驾驶员应先开左边门下客（右边门不开），清客完毕，关左边门，折返上行端驾驶室，激活操纵台，开左边门上客。如有折返驾驶员，应待列车停稳后进入上行端驾驶室，与本务驾驶员交接，激活操纵台，开左边门上客（如需切除ATP设备，应在激活操纵台前完成）。

5. 列车进入停车场时的驾驶员操作程序

（1）在运营列车结束服务，到达终点站后，驾驶员应使用标准用语告知乘客，确认全部乘客下车后，按站务人员给的关门信号关门。

（2）驾驶员完成驾驶室折返，步行至另一端驾驶室。

（3）驾驶员在确认进路防护信号开放正确后，以 AM 模式或 RM 模式驾驶列车至转换轨处一度停车。

（4）驾驶员在确认入场信号机亮黄灯后，驾驶列车入场。待列车无线电转为"停车场"模式时，信号员即与驾驶员联系，告知其该列车的停放股道，驾驶员需原文复诵。

（5）库门前一度停车或平交道口前一度停车。

（6）列车停稳后，驾驶员应清洁驾驶室卫生，检查灭火器、列车备品，确认这些物品是否齐全、良好，将确认结果与千米数一起填写在列车状态卡上。

（7）在列车停在规定的位置后，驾驶员将方向手柄回零，将主控钥匙转换到"关"位置，对列车施加制动。在分空调、分照明、空压机停止工作后，鸣笛降弓，断开蓄电池供电，下车，锁好驾驶室侧门。

任务二　认识 ATP 子系统

学习目标

（1）了解 ATP 子系统的组成。

（2）了解 ATP 子系统的功能。

学习任务

认识 ATP 子系统，主要认识 ATP 子系统的功能。

工具设备

相关视频和 PPT、OCC 仿真系统、行车沙盘。

教学环境

地铁站和行车沙盘实验室。

基础知识

ATP 子系统是用于列车运行超速防护或列车运行速度监督，以保证行车安全、防止列车进入前方列车占用区段和防止超速运行的设施。ATP 子系统用来检测列车位置，并向列车传送 ATP 信息（目标速度信息或目标距离信息）。列车在收到 ATP 信息后，可自动实现速度控制，确保在目标距离内不超过目标速度的前提下安全运行。

ATP 子系统不断将来自联锁设备和操作层面上的信息、线路信息、前方目标点的距离和允许速度信息等，从地面通过轨道电路或车地无线网络等传至车上，再由车载设备计算得到当前所允许的速度，或者由行车控制中心计算出目标速度并传至车上，由车载设备测得实际运行速度，以此来对列车运行速度实行监督，使列车始终在安全速度下运行。当列车运行速度超过 ATP 装置所指示的速度时，ATP 的车上设备就发出制动命令，使列车自动制动；当列车运行速度降至 ATP 设备所指示的速度以下时，可自动缓解。而运行操作仍由司机完成。这样可缩短列车运行间隔，可靠地保证列车不超速、不冒进。

ATP 子系统是 ATC 系统的基本系统，是安全系统，必须符合故障–安全原则。

一、ATP 子系统的组成

ATP 子系统在城市轨道交通中承担着确保行车安全的重要职责，是 ATC 系统中一个关键的子系统。利用 ATP 子系统可以实现列车的安全运行，完成保证安全的各种任务。车载 ATP 设备可以连续检测列车的位置和速度，监督列车遵循速度限制、车门控制规则，追踪所有装备了信号设备的列车，考虑联锁条件（如转辙机的位置），并为列车提供移动授权，实现 ATP 子系统与 ATS 子系统、ATO 子系统及车辆系统的连接和信息交换。

ATP 子系统主要包括三部分，即设于控制站的轨旁单元、设于线路上各轨道电路分界点的调谐单元和车载 ATP 设备，还包括与 ATS 子系统、ATO 子系统、联锁设备连接的接口设备。利用 ATS 子系统可以监督和控制 ATP 子系统，联锁设备和轨道空闲检测装置为 ATP 设备提供基层的安全信息，列车是 ATP 设备的控制对象。

轨旁 ATP 设备框图如图 6.6 所示。轨旁 ATP 设备支持与联锁系统、ATS 子系统、列车、相邻 ATP 子系统连接的双向接口。与轨旁 ATP 设备相连接的子系统包括 ATS OCC、联锁计算机和用于无线通信的轨旁通信控制单元。

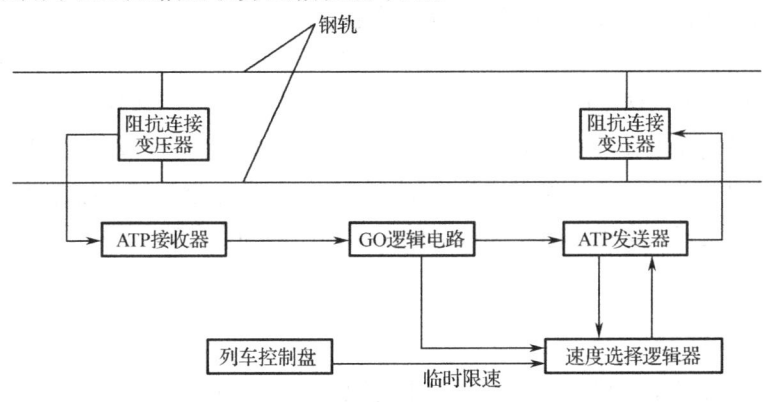

图 6.6 轨旁 ATP 设备框图

车载 ATP 设备框图如图 6.7 所示。车载 ATP 设备的功能主要是接收和鉴别列车速度命令、超速保护、施加制动、列车车门控制、溜车保护等。车载 ATP 设备支持与通信系统和车辆连接的双向接口，同时连接测速电动机和应答器通道。与车载 ATP 设备相连接的子系统包括应答器天线、测速电动机和雷达。无线通信单元有一个接收天线和一个发送天线。另外，车载 ATP 设备还与 ATO 和司机 HMI 连接。

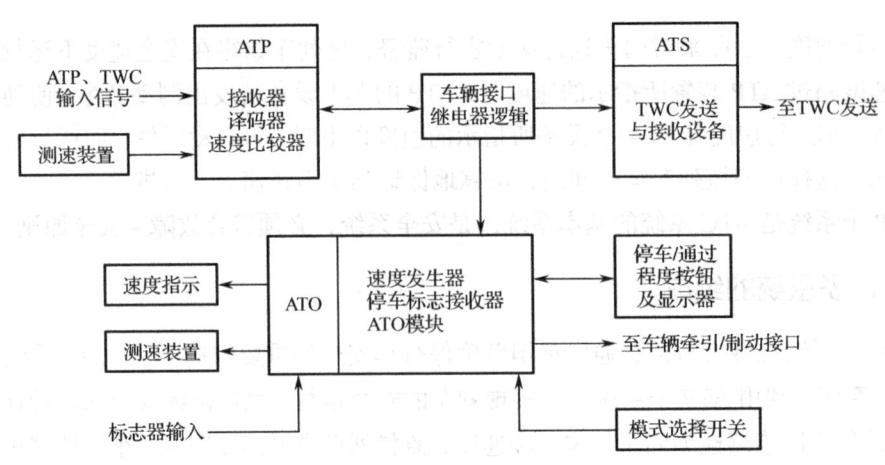

图 6.7　车载 ATP 设备框图

二、ATP 子系统的功能

联合利用 ATP 子系统和联锁系统可以实现列车的安全运行。联锁系统是底层的基本防护系统，轨旁 ATP 设备可以连续监视和检查联锁的条件，比如道岔监督、侧面防护、紧急停车按钮监督和其他进路情况的监督。

在点式列车控制级里，移动授权来自联锁系统，即通过 LEU 和可变数据应答器向列车发送轨旁相关变量信息。

在连续式列车控制级里，轨旁 ATP 设备主要通过移动闭塞列车分离原理来优化列车的运行，在安全的前提下，超越固定闭塞分区的限制。

移动闭塞列车分离基于提供给轨旁 ATP 设备的列车位置报告，在检测和识别应答器、测量列车位移的同时，列车连续地定位。轨旁 ATP 设备的移动闭塞列车追踪功能的输入信息来自信号装备列车的位置报告及轨道空闲检测结果。在连续式列车控制级里，移动授权来自该列车的追踪功能，并且通过双向通信通道从轨道发送至列车。位置报告信息和移动授权信息的双向交换，实现了基于无线通信的移动闭塞列车分离。ATP 子系统的功能及基本工作原理叙述如下。

（一）列车定位

列车定位的任务就是确定列车在路网中的地理位置。通常，ATP 子系统都是利用查询应答器、测速电动机和雷达完成列车定位的。安装在线路上某些位置的应答器用于列车物理位置的检测，每个应答器发送一个包含识别编号（ID）的应答器报文，由列车将其接收。在车载 ATP 设备的线路数据库里存有应答器的位置，这样就知道列车在线路上的确切位置了。由测速电动机和雷达执行列车位移测量。列车定位的误差来自应答器检测精度、应答器安装精度和位移测量精度。

列车定位流程如下。

（1）当车载 ATP 设备启动时，列车未定位，但是车载计算机单元的线路数据库里记录了应答器的位置。

（2）一旦列车连续经过两个应答器，就初始化列车的位置参数与运行方向，这样列车就"已定位"了。第一个应答器初始化应答器和查询器天线的位置参数，但是列车不知道自己在轨道上的运行方向；根据线路数据库里应答器的顺序，第二个应答器可以确定列车运行方向。列车在经过第二个应答器后，其位置可由测速电动机和雷达测量。

（3）已定位的列车在线路上运行时，其位置信息根据测速电动机和雷达测得的数据进行更新。当列车经过应答器时，车载计算机单元比对线路数据库中该应答器的物理位置，并对列车的当前位置参数进行调整，以便得到更加精确的位置。

（二）速度和距离测量

确定列车的速度和位置（距前方目标点的距离）是车载 ATP 设备的重要功能。列车实际运行速度是实行速度控制的依据，速度测量的准确性直接影响速度控制效果。列车的位置直接关系到列车的安全运行，通过确定列车的实际位置来保证列车运行间隔，以及列车能够在触及障碍物或抵达限制区之前停下或减速。对列车运行速度与距离的精确测量是所有与速度有关的安全计算及列车定位的先决条件。不论列车的定位状态如何，利用传感器数据的安全组合，都可以连续测量速度和距离。这样做，即使列车没有定位，列车的实际速度仍然可以被测知，并与预先定义的速度级别进行比较。

通常，测速电动机和雷达一起用于列车的速度和距离的精确检测。测速电动机经过了广泛验证，通过计算经车轮旋转在测速电动机里产生的脉冲来测量列车的速度和距离。雷达评估反射雷达波的多普勒效应，并计算速度和距离值。雷达测量的结果完全不受列车空转和滑行的影响，这得益于物理测量的原理。

为确保轮直径在规定的范围之内，每次维护服务后，必须输入轮直径。为补偿轮磨损和由于轮磨损而造成的维护服务间隔期内轮直径的改变，使用一种雷达和应答器重新同步的复杂方法。当列车经过应答器时，列车正确的位置被识别。在应答器之间，由雷达和测速电动机一起确定准确的列车运行速度和距离。应答器和测速电动机相结合可得到更加安全、可靠、精确的速度和距离值。

影响距离测量精度的因素主要有两个，即空转和打滑。空转在列车加速期间发生，由于车轮失去了与钢轨的黏着接触，因此测量的准确性受到不利影响。打滑在列车制动期间发生，由于车轮失去了与钢轨的运行接触，因此使列车不能定位。使用不受车轮旋转影响的雷达系统，可以保证 ATP 子系统得到准确的列车位置。

（三）ATP 监督

利用 ATP 监督功能可以保证列车的安全运行。每种监督功能只用于管理列车安全的一个方面，并在其各自的权限内产生紧急制动。所有监督功能都在信号系统范围内提供了最大限度的列车防护。各种监督功能之间的操作是独立的且同时进行的。

ATP 监督功能包括速度监督、方向监督、车门监督、紧急制动监督、后退监督、报文监督、设备监督等。

1. 速度监督功能

速度监督功能是超速防护的基础，是 ATP 监督功能中最重要的功能。它由 7 个速度监督子功能组成，每个子功能选定一个专用的、以速度为基准的安全标准。每个安全标准即为一个速度限制规则，速度限制可以是固定的，也可以根据列车的位置而连续改变或阶梯式改变。当列车的实际速度超过最大允许速度加上一个速度偏差值时，列车实施紧急制动。该偏差值可以根据安全标准来修改，并在系统设计时确定。各种速度偏差值在被选定后，用于在车载 ATP 设备中编程。

（1）RM 速度监督子功能。

RM 速度监督子功能以限制列车运行速度，使之达到低速度值为目的，这个低速度值（如 25km/h）适用于 RM 模式。RM 速度监督子功能在 RM 模式下有效，不用于任何其他模式。

速度限制是固定的（如不考虑列车的位置），并在系统设计时确定，这个确定值定义在车载 ATP 设备中。

（2）列车最大允许速度监督子功能。

列车最大允许速度监督子功能以限制列车运行速度，使之达到最大允许值为目的。它在 SM、AM 和 AR 模式下有效。

速度限制是固定的，其确定值定义在车载 ATP 设备中。

（3）停车点监督子功能。

停车点监督子功能以保证列车停在停车点（不超过停车点）为目的。在 SM、AM 和 AR 模式下，每当前方列车占用的区段内有安全停车点或危险停车点时，该子功能都有效。在 RM 模式下，该子功能无效。

按照列车与停车点之间的距离，列车的速度限制连续改变，并通过一条零目标速度的制动曲线来实现车速控制。利用车载 ATP 设备计算一条零目标速度的制动曲线的基础为：列车制动性能数据及已经接收到的报文数据中明确定义的线路坡度。

（4）速度限制起始点监督子功能。

速度限制起始点监督子功能可以保证列车在起始点就按照速度限制规则运行。先行列车占用区段内的速度限制起始点在 SM、AM、AR 模式下有效，在 RM 模式下则无效。

从速度限制起始点开始，速度限制随着目标点与列车之间距离的变化而变化，并通过一条最终速度非零的制动曲线来实现车速控制。制动曲线由车载 ATP 设备计算获得。

（5）进入速度监督子功能。

进入速度为列车进入前方下一个区段的最大允许速度，它要考虑下一个区段可能存在的任何停车点、可能存在的线路速度限制起始点、下一个进入速度。因而，进入速度是一种假设，用于避免定义精确的速度和目标的位置，位于列车占用区段前方以外，可以减少地对车传输数据的数量。

进入速度监督子功能的目的是保证列车运行速度同下一个区段的最大允许速度及以后的目标速度一致。这个子功能在 SM、AM 和 AR 模式下有效，在 RM 模式下无效。

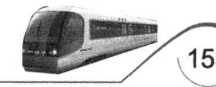

（6）线路允许速度监督子功能。

线路允许速度由列车头部占用区段的线路允许速度和列车其他部分仍占用的其他区段的线路允许速度决定。线路允许速度是根据列车的运行位置而改变的。车载 ATP 设备通过使用报文里的线路速度数据，测量运行距离及列车的长度，从而确定线路允许速度。

线路允许速度监督子功能的目的是保证列车运行速度同其所在位置的线路允许速度一致。这个子功能在 SM、AM 和 AR 模式下有效，在 RM 模式下无效。

（7）没有距离同步监督子功能。

没有距离同步监督子功能用于监督安全速度，在特殊情况下不能得到距离同步，而车载 ATP 设备准许在 SM 模式或 AM 模式下而不是在 RM 模式下进行操作。这种监督方式对应的情况很少出现，距离同步的丢失是由触发紧急制动时列车不处于稳定状态或列车已经在线上运行才打开车载 ATP 设备电源引起的。只有当车载 ATP 设备接收到授权其使用的报文时，才可以使用该子功能。

对该子功能的授权限制在下列情况下使用：①列车运行不存在从相邻轨道电路产生邻线干扰的危险；②列车运行前方当前占用区段无停车点；③当前区段的固定速度限制不小于以前区段的任何速度限制。

如果没有发生上述情况中的任何一种，则不允许轨旁 ATP 设备发出授权使用这项子功能的报文，且列车必须在无信号移动许可的 RM 模式下运行。

速度监督功能的输入包括车载速度/距离功能中的列车现行速度和位置信息，以及服务/自诊断功能中的列车数据（如列车最大允许速度）。

速度监督功能的输出包括：①向司机人机接口界面提供（通过列车总线）最大允许速度和列车速度警告；②向列车制动系统提供紧急制动命令；③向服务/自诊断功能提供列车数据、状态信息、处理和记录数据（包含紧急制动使用的数据），以及出错的信息。

2. 方向监督功能

方向监督功能的作用是监督列车在反方向运行中的任何移动，如果此方向的运行移动距离超过规定值，就会实施紧急制动。对反方向运行的移动距离的监督是累计完成的，以便无论是单次的移动还是几次短距离的移动，在累计反方向运行的移动距离达到规定值后，系统均会实施紧急制动。

在 SM、AM 和 AR 模式下，必须连续使用方向监督功能；如果列车正在运行，那么在 RM 模式下也可以使用方向监督功能。

当方向监督功能启动时，在驾驶控制中不考虑选用的方向（前行、反方向或中间位置），不论移动是由牵引动力引起的，还是在无动力时由斜坡的滑动造成的；不论移动是故意的，还是偶然的。如果列车反方向运行，列车的后部可能越过保护列车的危险点，那么该列车将占用为下一列列车准备的具有安全距离的区段。驾驶方向的监督可以限制这种占用的扩展。在定义一个安全距离时，会考虑最大占用距离，因此任何反方向驾驶中剩余的移动都不会对安全造成威胁。

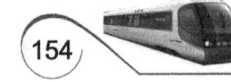

定义安全距离时应考虑到：当列车在坡度较大的上坡道启动时，允许列车稍微向后滑动一点；如果列车超过正确的停车位置，则允许司机向反方向实施短距离移动。

方向监督功能的输入来源于车载速度/距离功能中的移动距离和移动方向。方向监督功能的输出在列车制动系统中使用紧急制动命令，在服务/诊断功能中，紧急制动操作被保存记录。

3. 车门监督功能

如果检测到列车在移动，而车门没有锁，车门监督功能就会实施紧急制动。除在被抑制（旁路）驾驶模式下无效外，车门监督功能在其他驾驶模式下都有效。

如果列车移动超过一定的距离（如0.3m），或者列车以超过特定速度的速度（如ATP零速度）运行，当车门接点没有接收到"全部车门关闭"信号时，对列车实施紧急制动。当列车运行速度大于某特定值（如5km/h）时，禁止采用车门监督功能，这是为了避免假紧急制动的执行，这个假紧急制动可能是由车门接点的断续操作（振动）引起的。

在紧急情况下，列车停稳后，司机按压紧急车门按钮抑制了车门监督功能，这使得在车门接点发生故障时，也可以移动列车。当车门监督功能以这种方式被抑制时，司机必须完全负责并保证在随后运行阶段乘客的安全。在从车门接点再次接收到"全部车门关闭"信号后，车门监督功能自动恢复。

4. 紧急制动监督功能

紧急制动监督功能的作用是保证在接收到紧急制动报文时，在最短距离内停车。在SM、AM和AR模式下，紧急制动监督功能连续有效；而在RM模式下，该功能无效。在站台按下紧急停车按钮，紧急停车命令会立即生成。

紧急制动发生在列车运行速度超过最大允许速度（加上规定的误差）时，或者按压位于车站的紧急停车按钮时。紧急制动操作被记录在故障存储器中。借助服务与诊断计算机，可以得到记录的数据。

出现下列情况之一，车载ATP设备便实施紧急制动。

（1）列车运行速度超过速度曲线的允许速度。

（2）列车运行速度超过车辆的最大允许速度。

（3）位于站台的紧急制动按钮引起的紧急停车。

（4）列车在发生传输故障后，运行超过10m和5s。

（5）启动方向错误，车辆后退。

（6）在列车运行时，打开车门。

（7）车载ATP设备全面故障。

如果在列车处于停稳状态时对其实施了紧急制动，则紧急制动监督功能无效。列车紧急制动操作是以故障-安全的方式触发的。紧急制动总是引起列车停车，然后通知司机，可以通过执行RM模式来取消紧急制动，列车继续在限制人工驾驶模式下运行。列车重新获得定位后，可进入ATP监督模式。但如果紧急制动是由车载ATP设备出现全面故障引起的，则列车只能在关断模式下运行。

5. 后退监督功能

后退监督功能的作用是防止列车在后退时超过某个特定的距离。列车后退距离的累加减去几次短暂前行的距离不能超过规定的距离（3m）。假如超过此距离，列车将通过ATP实施紧急制动，确保列车不后退。

6. 报文监督功能

报文监督功能的作用是监测从ATP传输功能中接收到的报文。如果检测出传输报文的过程持续中断超过规定的时间（如3s），或者在中断期间列车运行超过某个规定的距离（一般为10m），报文监督功能会触发一次紧急制动。报文监督功能在SM、AM和AR模式下有效，在RM模式下无效。

7. 设备监督功能

设备监督功能用来监控车载ATP设备的正常工作，确保设备发生故障时的行车安全，列车不经检测是不允许运行的。一旦车载ATP设备被检测出故障，就会启动紧急制动直到列车停下来为止。此时，司机使用故障开关强制关闭ATP功能，然后按照控制中心的指挥人工驾驶列车。

（四）超速防护

城市轨道交通中的速度限制分为两种：一种是固定速度限制，如区间最大允许速度、列车最大允许速度等；另一种是临时速度限制，如在维修线路时临时设置的速度限制。

固定速度限制是在设计阶段设置的。车载ATP设备中存储着整条线路上的固定速度限制区信息。固定速度限制有以下几种。

（1）列车最大允许速度——取决于列车位置、停车点、联锁条件和列车本身的物理特性等。

（2）区间最大允许速度——取决于线路参数。

临时速度限制用于在一些特殊地段降低允许速度，以满足在特殊地段列车以较低速度的运行的要求。临时速度限制可以在ATS控制中心由操作员按照安全程序人工设置，设定的数据会从ATS子系统传送给轨旁ATP设备，轨旁ATP设备通过通信通道把所有的临时速度限制发送到车上，车载ATP设备接收来自轨旁ATP设备的移动授权，移动授权通过的最大允许速度与相应的区段的临时速度限制信息相一致。

ATP子系统始终严密监视速度限制不被超越，一旦超越，将先提出警告，然后启动紧急制动并做记录。

（五）停车点防护

停车点有时就是危险点，危险点在任何情况下都是不能越过的，因为越过危险点会发生危险。例如，当站内有车时，车站的起点即必须停车点，在停车点的前方通常设有一段防护段，ATP子系统通过计算得出的紧急制动曲线以该防护区段的入口点为基础，保证列车不超越该防护区段的入口点，如图6.8所示。其中，$v_目$为列车运行速度，$L_目$为列车制动距离。有时可在该防护区段的入口点处设置一个列车滑行速度值（如5km/h），一旦有需要，

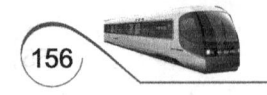

列车可在此速度值的基础上加速，或者停在危险点前方。

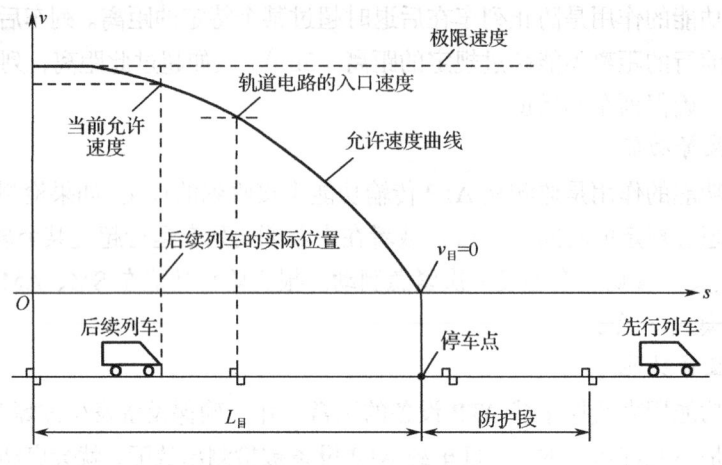

图 6.8 行车间隔控制

（六）行车间隔控制

行车间隔控制是一种既能保证行车安全（防止两列列车发生追尾事故），又能提高运行效率（使两列列车之间的间隔最短）的信号概念。在过去的以划分闭塞分区、设立防护信号机为基础的自动闭塞（固定闭塞）概念下，列车之间的间隔是靠自动闭塞系统来保证的，行车间隔以闭塞分区为单位；当采用准移动闭塞或移动闭塞时，闭塞分区的长度与位置均是不固定的，是随前方目标点（先行列车）的位置、后续列车的实际速度和线路参数（如坡度）而不断改变的。

图 6.8 表示出了基于轨道电路的准移动闭塞在行车间隔控制中的一些概念。

（七）车门控制

车门自动开闭是否由司机手动操纵并不重要，重要的是要对安全条件进行严格的监督，防止列车在运行期间打开车门，防止列车在站内时打开非站台侧的车门，以及防止在车门打开时列车启动等情况的发生。只有当 ATP 子系统检查所有安全条件均已满足时，给出明确的开门侧和开门使能，才能打开车门。

通常在车辆没有停稳时，ATP 不允许车门开启。当列车在车站的预定停车区域内停稳且停车点的误差在允许范围内时，地面定位天线会收到车载定位天线发送的停稳信号，列车从轨旁 ATP 设备处收到车门开启命令，ATP 才会允许车门开启，车载对位天线和地面对位天线才能很好地感应耦合并进行车门开关操作。这需要地面车载 ATP 设备及车辆门控电路的配合。

在列车停靠站台的精度已经偏离+0.5m（对于地下车站）或+1m（对于高架车站或地面车站）的情况下，可以允许列车以小于 5km/h 的速度移动，以满足精确停车的要求。

左右车门的选择由车门开启命令来执行，此命令通过轨旁 ATP 设备取得。

列车停站结束（或人工终止）后，由地面停站控制单元启动轨旁 ATP 设备，停发开门信号，关闭车门。车门关闭后，车载 ATP 设备才具备安全发车条件。

车站在检查了车门已关闭好后，才允许ATP子系统向列车发送运行速度命令信息。在列车收到运行速度命令信息，同时确认车门已关闭后，可按车载ATP设备收到的运行速度命令出发。

（八）屏蔽门控制

轨旁ATP设备与屏蔽门采用安全接点的物理接口。轨旁ATP设备向屏蔽门发送"屏蔽门开"命令或"屏蔽门关"命令。同时，轨旁ATP设备得到来自屏蔽门的"关闭且锁闭"状态信息。

在点式通信的情况下，不能实现对屏蔽门的控制功能，因为在这种情况下不存在连续的车地通信。

轨旁ATP设备连续监测屏蔽门的状态，只有在屏蔽门的状态为"关闭且锁闭"的情况下，才允许列车进入站台区域。如果屏蔽门的状态不再为"关闭且锁闭"，则轨旁ATP设备将站台区域作为封锁区域来处理，在封锁区域的边界处设置防护点。因此，接近列车将从轨旁ATP设备得到至该防护点的移动许可，不能进入站台区域。

如果此时列车已经进入了站台区域，屏蔽门的状态发生了变化，车载ATP设备将触发紧急制动。只有列车停在ATP停车窗规定的停车点处，列车车门和屏蔽门才能打开。如果列车在ATP停车窗规定的停车点处停车，则车载ATP设备将有以下操作。

（1）通过一个安全输出切除列车牵引。

（2）通过一个安全输出释放列车车门。

（3）通过报文给轨旁ATP设备发送一个安全的"屏蔽门释放"信息。

ATO子系统或列车司机的操作（在驾驶室按压相关的按钮）自动产生并由车载ATO设备发送一个"屏蔽门开"命令到轨旁ATP设备。轨旁ATP设备触发一个用于打开屏蔽门的安全输出。列车车门将由ATO子系统自动打开或通过列车司机的操作打开。

如果列车要离开车站，ATO车载计算机单元会向轨旁ATP设备发送一个"屏蔽门关"命令，该命令由ATO子系统自动产生或由列车司机的操作（在驾驶室按压相关的按钮）产生。使用该信息，轨旁ATP设备会触发一个用于关闭屏蔽门的安全输出。列车车门将被ATO子系统自动关闭或因列车司机的操作而关闭。

如果列车车门关闭，则车载ATP设备将有以下操作。

（1）通过报文向轨旁ATP设备发送一条"禁止屏蔽门释放"的安全信息。

（2）通过一个安全输出关闭列车车门。

（3）通过一个安全输出启动列车牵引。

如果在轨旁ATP设备发送给车载ATP设备的报文中，屏蔽门的状态为"关闭且锁闭"，则列车可以离开车站。

（九）其他功能

除了具有上述功能，根据具体用户的要求，ATP子系统还可具有以下功能。

（1）紧急停车功能。在特殊紧急情况下，按压车站的紧急停车按钮（平时加铅封），就可通过轨道电路和车地通信将停车信息传递给区间上的列车，启动紧急制动，使列车停止运行。

（2）给出发车命令功能。在利用 ATP 子系统检查有关安全条件（例如，车门是否关闭，司机的操作手柄是否置于零位，以及 ATO 子系统是否处于正常工作状态）并确认符合安全条件后，向 ATO 子系统发送一个信号。在人工驾驶模式下，司机在得到显示后即可进行人工发车；在 AM 模式下，ATO 子系统得到 ATP 子系统的发车确认信息后，司机操纵列车自动启动。

（3）列车倒退控制功能。根据不同的用户协议，可以实现各种列车倒退控制。例如，当列车退行超过一定距离或越过轨道电路分界点时，立即启动紧急制动。

（4）停稳监督功能。监控列车并确认其停稳。列车停稳是在站内打开车门和屏蔽门的安全前提。为了证实列车停稳，将考虑来自雷达和测速电动机的信息，车载 ATP 设备将使用这些信息。

相关案例

【案例1】 列车无人自动折返

列车无人自动折返即在 AM 模式下，列车可在无人驾驶的情况下以较大速度（接近 ATP 子系统的最大允许速度），从到达站台自动驾驶进入或驶出折返线，最后进入发车股道。在整个折返过程中，无须司机在车上对列车进行操作。

1. 无人自动折返过程

（1）列车到达折返站，在规定的停站时间结束及旅客都下车后，使列车处于 ATO 折返状态。

（2）司机下车并按压设在站台上的"AR"（无人自动折返）按钮，列车以 AM 模式启动、进入折返线并停车。

（3）车载信号设备自动关闭本驾驶端信号设备，启动反向驾驶端信号设备，自动改变列车运行方向。反向启动列车，列车以 AM 模式进入发车股道并停车，自动打开车门、屏蔽门。

2. "AR"按钮的设置及功能

在两端办理列车折返的车站设置"AR"按钮箱，一般将其设置在站台一端。当列车在折返站将进行无人自动折返时，由列车驾驶员下车按压"AR"按钮并通知系统。当系统检查到无人自动折返的条件满足时，即开始进行无人自动折返。

3. "AR"按钮的命名规则

以站为单位，分上行、下行站台进行编号，上行站台为双号，下行站台为单号。命名举例：TB0401，"TB"代表该按钮为"AR"按钮，"04"代表该按钮所在车站的编号，"01"代表该按钮在车站内的序号，表明该按钮位于下行站台。

4. "AR" 按钮箱的组成

"AR" 按钮箱由双自复式按钮、万可端子、箱锁、箱体组成。箱体由不锈钢或其他被认可的材料制成，其外形及颜色应与所依附的建筑物相协调。

【案例2】 超限绝缘

按照有关要求，车辆段道岔区段设置于警冲标内方的钢轨绝缘内，其安装位置与警冲标的距离不得小于 3.5m。当利用车辆段控制台或显示器的光带确认车轮越过绝缘时，要求确保车辆已全部进入警冲标内方。

当钢轨绝缘装设于警冲标内方小于 3.5m 处时，称钢轨绝缘为侵限绝缘或超限绝缘，在该绝缘的符号外画圆圈。侵限绝缘的存在影响有关信号、道岔、轨道电路的联锁关系。有关工作人员，如调车人员、车站操作人员、信号维修人员等，应熟悉现场侵限绝缘的位置。在进行涉及侵限绝缘的作业时，应严格执行有关规定，避免由于停车位置不当而造成行车事故或影响列车运行。

知识拓展

某地铁信号机显示方案

1. 灭灯方案

在 CBTC 系统模式下，当且仅当联锁设备从轨旁 ZC 系统处接收到安全请求时，信号机灭灯，即当联锁设备与轨旁 ZC 系统正常通信时，联锁设备关闭本联锁区管辖范围内所有正线信号机。如果仅有 CBTC 列车运行，那么全线信号机灭灯。

如果存在 CBTC 列车和非 CBTC 列车混跑的情况，则轨旁 ZC 系统通知联锁设备，让非 CBTC 列车前的轨旁信号机点灯。对于非 CBTC 列车，前方要接近的轨旁信号机点灯。CBTC 列车前方的轨旁信号机始终灭灯。非 CBTC 列车灭灯方案如图 6.9 所示。

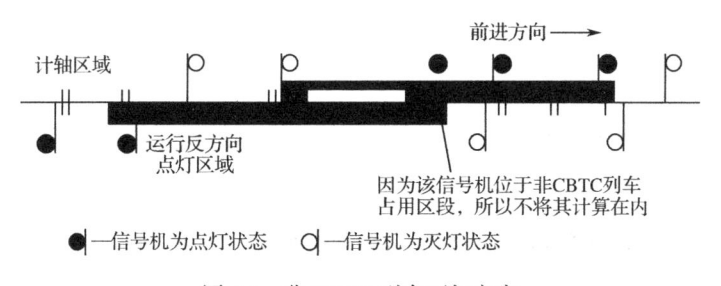

图 6.9 非 CBTC 列车灭灯方案

2. 点灯方案

正线信号机常态点灯，CBTC 列车移动授权覆盖的信号机灭灯，列车一旦越过信号机，则信号机点灯。特殊位置的信号机，如线路终端的信号机、CBTC 区域出口的最后一架信号机、进入 CBTC 区域的第一架信号机，将永远被点亮。当一列 CBTC 列车接近信号机时，如果 CBTC 列车的移动授权越过信号机，则信号机灭灯。

对于 CBTC 列车与非 CBTC 列车混跑的情况，非 CBTC 列车前方要接近的轨旁信号机点灯，CBTC 列车前方要接近的轨旁信号机灭灯。当 ZC 检测到一列非 CBTC 列车在信号机接近区段内，非 CBTC 列车和信号机之间没有 CBTC 列车时，ZC 不会要求 ZC 关闭信号机。CBTC 列车与非 CBTC 列车混跑时的信号机点灯方案如图 6.10 所示，在非 CBTC 列车与其前方的 CBTC 列车间的所有信号机都为点灯状态。CBTC 列车移动授权越过的信号机灭灯。

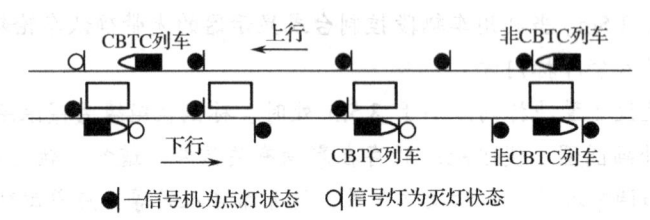

图 6.10　CBTC 列车与非 CBTC 列车混跑时的信号机点灯方案

在 CBTC 系统模式下，信号机采用灭灯方案，不会造成车、地信号显示不一致的情况，司机根据车载信号显示来驾驶列车。同时，灭灯方案可为后期运营节能。当联锁进路范围内多列车同时运行时，不会出现信号显示难以确定等问题。但因为信号机处于灭灯状态，不能实时检查灯丝断丝情况，所以司机在灭灯方案下驾驶列车时会不熟悉信号机位置，在以后备模式运营时会影响运营效率。由此，灭灯方案需要制定严格的规章制度，非 CBTC 列车在遇到地面信号机故障灭灯时，应将其视为禁止信号，司机需向行车调度员汇报情况，得到其许可后，再使列车低速越过该故障信号机。

通过对信号机显示方案的介绍与分析，再结合全国地铁信号机设备的选型，推荐采用灭灯方案。

任务三　认识 ATS 子系统

学习目标

（1）了解 ATS 子系统的组成。

（2）了解 ATS 子系统的功能。

学习任务

认识 ATS 子系统，主要认识 ATS 子系统的功能。

工具设备

相关视频和 PPT、OCC 仿真系统、行车沙盘。

教学环境

地铁站和行车沙盘实验室。

基础知识

利用 ATS 子系统可以实现对列车运行情况的监督与控制,包括列车运行情况的集中监视、自动排列进路、自动生成时刻表、自动记录列车运行轨迹、自动统计运行数据、自动生成报表、自动监测设备运行状态等,以辅助调度员对全线列车进行管理。

ATS 子系统在 ATP 子系统和 ATO 子系统的支持下,根据运行时刻表来完成对全线列车运行情况的自动监控,可自动监督和控制正线(车辆段、停车场、试车线除外)列车进路,并向行车调度员和外部系统提供信息。ATS 子系统为非故障-安全系统,它的全部或任何一个部分的故障或不正确操作,不会影响列车的安全运行。ATS 子系统通过 ATP 子系统,有效地防止了由 ATS 子系统故障或不正确操作可能导致的对列车运行的危害。利用 ATS 子系统可以监控列车的运行情况,该子系统是非安全系统。

一、ATS 子系统的组成

ATS 子系统由控制中心设施、车站设备、车辆段设备、PTI 设备及 TDT 等组成。ATS 子系统结构框图如图 6.11 所示。用户要求的不同导致 ATS 子系统的硬件、软件配置差别很大。

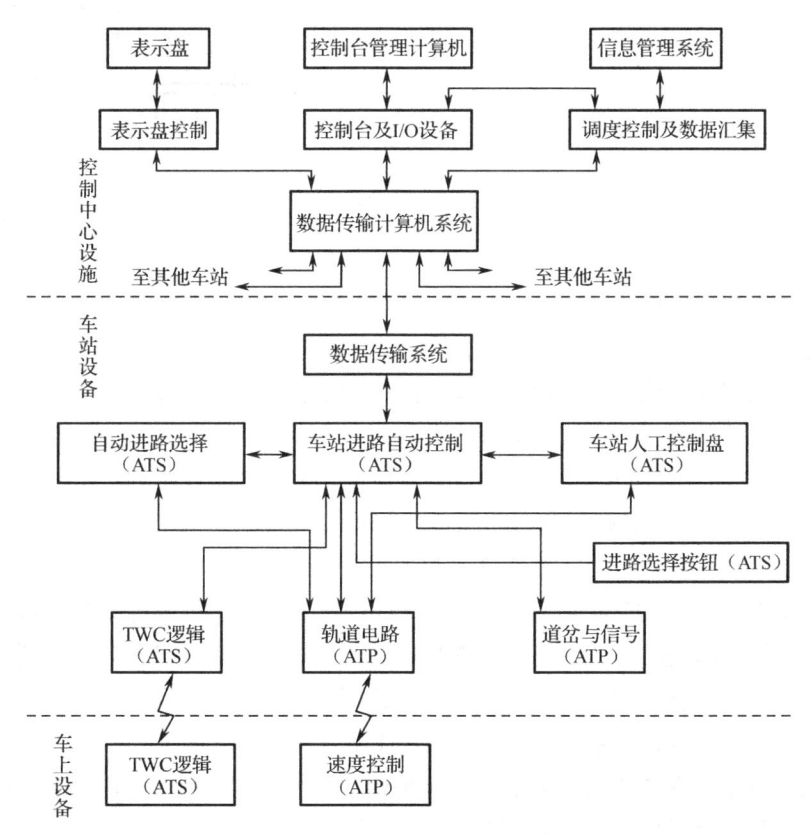

图 6.11 ATS 子系统结构框图

（一）控制中心设施

控制中心设施相当于行车指挥的大脑，是 ATS 子系统的核心，用于状态表示、运行控制、运行调整、车次追踪、时刻表编制及运行图绘制、运行报告、调度员培训等。控制中心设施的组成如图 6.12 所示。

控制中心设施主要包括中心计算机系统、综合显示屏、调度员及调度长工作站、运行图工作站、培训/模拟工作站、绘图仪、打印机、控制主机、通信处理器、数据库服务器、维修工作站、UPS 及蓄电池等。其中，综合显示屏、调度员及调度长工作站设于主控制室内，控制主机、通信处理器、数据库服务器、维修工作站设于设备室内，运行图工作站设于运行图室内，绘图仪和打印机设于打印室内，培训/模拟工作站设于培训室内，UPS 设于电源室内，蓄电池设于蓄电池室内。

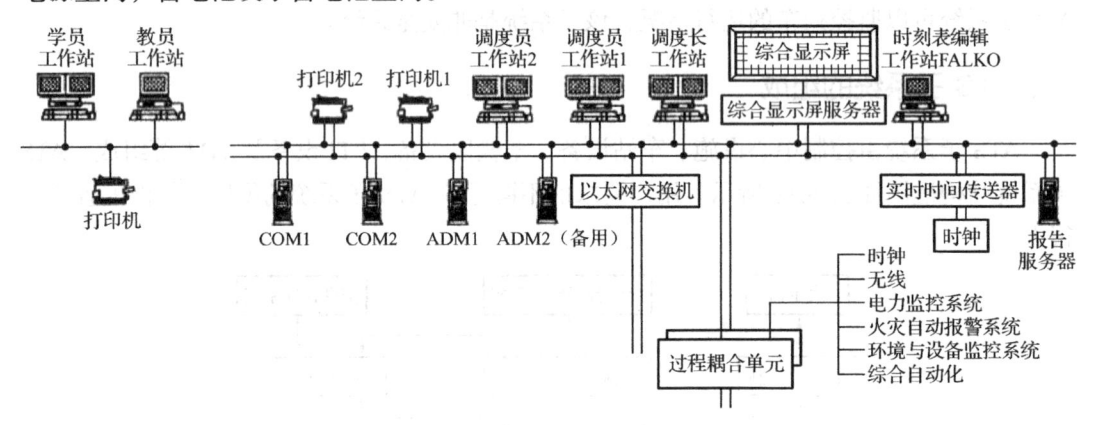

图 6.12 控制中心设施的组成

1. 中心计算机系统

中心计算机系统包括控制主机、COM 通信服务器、ADM 服务器、TTE 服务器、局域网及各自的外部设备。为保证系统的可靠性，主要硬件设备均采用主/备双套热备方式，可自动切换或人工切换。该系统能满足自动控制、调度员人工控制及车站控制的要求。

实际的进程映象都存储在 COM 通信服务器上。所有从联锁和外围设备发送来的数据都由 COM 通信服务器最先得到和处理。一些应用功能也由 COM 通信服务器激活，并在此服务器上运行，这些功能有列车自动调整、自动列车跟踪、自动进路设置等。因此，COM 通信服务器是自动调整功能的核心部分。

ADM 服务器用于系统数据的存储，以及处理所有不受运行事件影响的数据，如系统配置数据、计划时刻表数据、计划运行图数据等。通常，在系统启动时、收到一个询问指令时或对某一设备的参数进行设置时，才需要使用 ADM 服务器。列车自动调整功能所需要的计划时刻表数据，就是在系统启动时从 ADM 服务器中读取的。

TTE 服务器是建立离线时刻表的操作者平台。时刻表的编译也是 TTE 服务器的任务。ADM 服务器存储的计划时刻表由 TTE 服务器提供。

2. 综合显示屏

综合显示屏用来监视正线列车的运行情况及系统设备的状态,由显示设备和相应的驱动设备组成。

3. 调度员及调度长工作站

调度员及调度长工作站用于行车调度指挥,是实际操作平台,能使调度员在控制中心监视和控制列车的运行情况,如有需要,可显示计划运行图和实迹运行图。通过调度员工作站或调度长工作站,可以对线路上运行的列车进行自动调整,必要时可人工干预。调度工作站的典型配置是台式机,包括显示器、键盘(带功能键)、鼠标等。设两个调度员工作站,它们与正线运转有关。调度长工作站是备用控制台,能替代其他两个工作站中的任意一个,或者扩大其他两个工作站中任意一个的工作范围。

4. 运行图工作站

运行图工作站用于运行计划的编制和修改,通过人机对话,可以实现对运行时刻表的编辑、修改及管理。

5. 培训/模拟工作站

培训/模拟工作站配有各种系统的编辑、装配、连接、系统构成工具及列车运行仿真软件。它可与调度员工作站显示相同的内容、有相同的控制功能,能仿真列车在线运行状况及各种异常情况,而不参与实际的列车控制过程。实习调度员可通过它来模拟实际操作,培养系统控制能力和各种情况下的处理能力。

6. 绘图仪和打印机

打印机服务器可以缓冲、协调所有操作员和实时事件激活的打印任务。彩色绘图仪和彩色激光打印机用于输出运行图及各种报表。

7. 维修工作站

维修工作站主要用于 ATS 子系统的维护、ATC 系统故障的报警处理和车站信号设备的监测。

8. UPS 及蓄电池

控制中心配备了在线式 UPS 及可提供 30min 后备电源的蓄电池。

9. 局域网

局域网把本地和远程工作站、服务器的可编程控制器(PLC)连接在了一起。以太网允许各成员间进行高速数据交换(速率为 10Mbit/s)。

(二)车站设备

车站分为集中联锁站和非集中联锁站,二者所包含的设备不同。

1. 集中联锁站设备

集中联锁站设有一台 ATS 分机,是 ATS 地面设备、ATP 地面设备和 ATO 地面设备的接口,用于连接联锁设备和外围系统,采集车站设备的信息,传送控制命令,使车站联锁设备接受 ATS 子系统的控制,以实现车站进路的自动控制。为从联锁设备中取得所需数据,ATS 分机配备了采用 PLC 的远程终端单元。ATS 分机采用模块化设计,扩展起来十分容易。它还可控制站台上 PIIS 的列车目的地显示器、列车到发时间显示器和 TDT。

2. 非集中联锁站设备

非集中联锁站不设 ATS 分机。非集中联锁站的 PTI、PIIS 和 TDT 均通过集中联锁站的 ATS 分机与 ATS 子系统联系。有岔非集中联锁站的道岔和信号机由集中联锁站的计算机控制,通过集中联锁站的 ATS 分机来接收 ATS 子系统的控制命令。

(三) 车辆段设备

1. ATS 分机

车辆段设有一台 ATS 分机,用于采集车辆段内的列车信息及进/出车辆段的列车信号机的状态,在控制中心显示屏上给出以上信息,以便控制中心调度员、车辆段值班员及车辆管理人员了解段内停车库线列车的车次及车组运用情况,正确控制列车出段。

2. 车辆段终端

在车辆段派班室和信号楼控制台室各设一台终端,使其与车辆段的 ATS 分机相连,根据来自控制中心的实际时刻表来建立车辆段作业计划。

车辆段联锁设备通过 ATS 分机与控制中心交换信息,实现段内运行列车的追踪、监视,并为车辆段与控制中心间提供有效的传输通道。

(四) PTI 设备

PTI 设备是 ATS 车次识别及车辆管理的辅助设备,由地面查询器环路和车载应答器组成。地面查询器环路设于各站中。当列车经过地面查询器时,地面查询器可采集车载应答器中设定的列车车次号,并将其经车站 ATS 送至控制中心,校核其是否与运行图中的车次号一致,若不一致,则报警并对其进行修正。

(五) TDT

TDT 设于各站中,可以为列车运行提供车站发车时机、列车到站晚点情况的时间指示,提示列车按计划时刻表运行。在正常情况下,列车整列进入站台后,TDT 按系统给定的站停时间进行倒计时并显示,倒计时为零时指示列车发车;若列车晚点发车,则由 TDT 增加停站时间的计时。在特殊情况下,若实施了站台扣车控制,则 TDT 显示 "H";若有提前发车命令,则 TDT 立即显示 "0";当列车通过车站时,TDT 显示 "="。

二、ATS 子系统的功能

(一) 控制中心 ATS 的功能

控制中心 ATS 与车站 ATS 通信可以获得信号系统中所有的数据信息,并向信号设备发送调度员命令。由控制中心 ATS 执行的信号控制指令被发送至车站 ATS,再由车站 ATS 将命令转发给联锁系统等。控制中心 ATS 的功能如下。

1. 管理信号设备

ATS 子系统接收来自计算机联锁系统的远程监控信息,如轨道电路状态、道岔位置、信号机状态、车次号及报警信号等,ATS 子系统将这些信息处理后用图形符号在调度员工作站和综合显示屏上显示出来。在信号设备控制方面，ATS 子系统通过向 VPI2 系统发送一条远程控制命令来控制信号设备。控制方式分为人工控制方式及自动控制方式。

ATS 子系统人工控制的主要信号设备有进路（控制方法有设置进路、取消进路，设置信号机自动控制模式、取消信号机自动控制模式，设置信号机连续通过模式、取消信号机连续通过模式）、道岔（控制方法有设置定位、反位、锁闭、解锁）等。不管是人工控制方式还是自动控制方式，ATS 子系统都要校验满足控制要求的一些条件，这些条件取决于被控制设备当时的状态。如果校验成立，就将远程控制命令送到计算机联锁系统；否则，向调度员发送一条特定的报警信息。

2. 列车描述

ATS 子系统中每辆列车都带有一个号码，即识别号。识别号由 3 位车次号和 2 位目的地号组成，共 5 位数字，可根据用户需求来调整。

列车到达折返站后，ATS 子系统自动根据运行图在控制中心更改该列车的识别号，使司机在驾驶室内看到正确的显示，还在每个折返点和正线的入口处将车次号送到车上驾驶室来显示。与列车相关的另一个信息是车头号（指正在使用的、特定的司机室编号）。ATS 子系统可以维护这两个信息之间的对应关系，该对应关系主要用于车辆的统计和维护等，如生成车厢千米数统计等报表信息。

在列车运行过程中，ATS 子系统根据轨道电路的状态、道岔位置和特殊情况下的进路状态来判断列车的移动情况。ATS 子系统还可以通过装在站台上的车地通信信标，获取停在该站台上的列车的识别号。对于列车的运行，ATS 子系统能检测以下移动类型。

（1）列车的行进。列车的行进通过列车前方的轨道电路占用或列车后方轨道电路的出清情况来检测。

（2）列车的反向行驶。列车的反向行驶通过列车后方的轨道电路占用或列车头部占用的轨道电路出清情况来检测。

（3）列车的出现。列车的出现利用出入库线轨道电路的占用情况来检测。

（4）列车的消失。当列车入库时，列车尾部占用的出入库线轨道电路出清，ATS 子系统认为该列车进入停车场，自动删除列车识别号。

3. 自动进路设置

自动进路只适用于列车正向运行的情况，几种主要的自动进路及其设置方法如下。

（1）通过进路。通过进路是指在列车通过后，不需要 ATS 子系统干预，而由联锁系统自动、再次建立的进路。该进路一般设置于列车常规运行方向的紧急渡线处。对于通过进路，控制中心或车站 ATS 调度员应先开放进路，再将该进路的入口信号机设置成通过信号模式。控制中心或车站 ATS 调度员如果需要取消该通过进路，则应在取消进路前，先取消通过信号模式。通过信号机也可以设置成人工控制模式（通过取消通过信号模式）。在该模式下，进路要采用人工设置，就像一般的人工进路一样。

（2）目的地触发进路。目的地触发进路是指以列车识别号中的目的地为基础，由车站 ATS 自动设置的进路。该进路一般设置在正方向接近终点站、分支点、车库处。当列车接近该进路时,车站 ATS 检查入口信号机是否为自动控制模式,目的地是否在需要触发的进路的目的地列表中,以及是否满足联锁条件。如果满足联锁条件,则车站 ATS 向计算机联锁系统发送建立进路命令。一般应为接近列车提前开放进路,这样列车才能平稳地通过该进路。该进路始端信号机前方的几根轨道可当作自动进路的触发轨。自动信号机也可设置成人工控制模式(通过取消自动信号模式)。在该模式下,进路要采用人工设置,就像一般的人工进路一样。

(3)接近触发进路。接近触发进路是指在特定的触发轨被占用后,由车站 ATS 自动建立的进路。该进路只适用于入口信号机只有一条可办理的进路的情况。当列车接近触发进路时,车站 ATS 检查入口信号机是否为自动控制模式,以及联锁条件是否满足等。如果以上条件满足,则车站 ATS 向计算机联锁系统发送进路建立命令。入口信号机也可设置成人工控制模式(通过取消自动信号模式)。在该模式下,进路要采用人工设置,不能自动触发,就像一般的人工进路一样。

4. 运行图调整

在自动控制模式下,ATS 子系统基于运行图中的车次号来调整线路上运行的列车,这种调整方式只应用于运行图中存在相同车次号的列车。对于没被确认的列车,或者车次号在运行图中不存在的列车,都不用进行自动调整。同样,如果一列列车的车次号在运行图中存在,但当前运行的方向和运行图中的运行方向不符,那么 ATS 子系统也不对该列车进行自动调整。ATS 子系统调整的原则是对于某一给定的列车,按照这列列车的运行图进行调整,和其他列车可能的延迟无关。在自动调整过程中,ATS 子系统主要通过停站时间和站间运行时间来调整列车。

(1)停站时间用于匹配运行图中给定的列车发车时间。当列车到达中间站或终端站的站台轨道时,ATS 子系统开始计算列车的停站时间。根据车提前或延迟的具体情况,此停站时间可延长或缩短。

(2)站间运行时间用于匹配运行图中给定的下一站的到达时间。在列车停站时,ATS 子系统将列车在这个站的发车时刻和到达下一站的时刻计算出来,并将站间运行时间作为命令发送给轨旁 ATP-ATO 系统,列车按照该站间运行时间运行至下一个车站。

停站时间和站间运行时间的优先级定义如下。

(1)列车到站时:若列车有延迟,则 ATS 子系统通过减少停站时间来尽量弥补延迟时间。剩余的延迟时间将在下一个站间运行时间上弥补。若列车提前到达,则停站时间延长。

(2)列车离站时:ATS 子系统通过减少站间运行时间来弥补延迟时间,剩下的延迟时间将通过下一站的停站时间来弥补。

5. 运行图管理

运行图管理主要包括离线运行图管理和在线运行图管理。

(1)离线运行图管理。运行图确定了运行日内正常的列车运行计划,这里的运行日是指一年中的任何工作日、双休日或假日。计划员利用离线运行图管理功能,通过图形用户界面来建立和修改运行图。

（2）在线运行图管理。每天在正线正式运营开始前，调度员在已创建的运行图内选定一个并创建为当天运行计划，ATS 子系统按照当天运行计划进行列车的自动调整。在列车运行过程中，调度员可使用运行图菜单对运行图进行调整，比如调度员可在运行图上添加一列列车计划、删除一列列车计划或更改一列列车计划，ATS 子系统将按照调度员修改后的计划自动调整线路上运行的列车。

（二）车站 ATS 的功能

车站 ATS 主要具备以下功能。

（1）人工控制信号。调度员可利用该功能来人工控制车站 ATS 管辖范围内的联锁设备。

（2）线路监控和报警管理。该功能允许监控信号设备状态和管理报警响应。

（3）自动排路。该功能可用于办理目的地触发进路及接近触发进路。

（4）列车识别号跟踪。列车识别号跟踪即根据轨道电路占用等信息来移动列车识别号，从而实时跟踪列车。

（三）停车场 ATS 的功能

停车场 ATS 主要具备以下功能。

（1）停车场信号系统设备状态显示，如停车场进站信号机与出站信号机状态显示。

（2）列车和司机通过专用的人机界面功能来获取相关数据。

（3）向派班员实时显示当前使用的运行图。

三、ATS 子系统的基本控制模式

ATS 子系统有三种控制模式，即车站控制模式、中央人工控制模式和中央自动控制模式。

每种模式说明了对给定车站和归属控制地段中列车运行的操作所采取的控制等级，然而一个车站在同一时间只能处于一种模式。建立车站与 ATS 子系统之间的协议，以保证一个车站在同一时间只有一种模式。

（一）车站控制模式

在此车站控制模式下，将车站的人工控制（如进路控制）转到车站控制室的车站控制计算机上。当车站工作在车站控制模式时，不能由 ATS 子系统启动控制。然而，ATS 子系统将继续收到表示，更新显示和采集数据。对车站控制计算机而言，这是唯一可应用的控制模式。

（二）中央人工控制模式

在中央人工控制模式下，车站的人工控制转到 ATS 子系统上。车站一旦工作于该模式，便由 ATS 子系统启动控制，而不由车站控制计算机启动控制。然而，车站控制计算机继续接收表示，更新显示和采集数据。

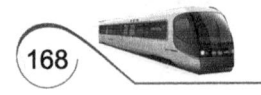

（三）中央自动控制模式

在中央自动控制模式下，由 ATS 子系统的自动排列进路来自动调整运行控制，计算机将时刻表（在时刻表编辑计算机上生成）和列车的优先权调整运行。为了使列车自动排列进路，必须将区域、列车和车站置于该模式下。当车站被设为该模式时，运行的中央人工控制模式不能应用，直到操作员启动中央人工控制模式为止。

相关案例

【案例1】 人工闭塞

1. 电话闭塞或电报闭塞

区间两端车站值班员用电话或电报办理行车联络手续，由发车站值班员填制路票，将其发给司机作为列车占用区间的凭证，即电话闭塞法。目前，我国铁路只在基本闭塞设备停用或发生故障时，才会将电话闭塞法作为代用闭塞法使用。

2. 电气路签（路牌）闭塞

电气路签（路牌）闭塞只在单线区段早期使用，以路签或路牌作为列车占用区间的凭证，两端车站各装设一台同一型号的闭塞机，它们之间有电气锁闭关系。当一台闭塞机中存放的路签（路牌）的总数为偶数时，经车站双方协同操作，发车站值班员可取出一枚路签（路牌），将其递交给司机作为列车占用区间的凭证。列车在区间运行的过程中［路签（路牌）未放入闭塞机以前］，从这台闭塞机中不能再取出第二枚路签（路牌）。电气路签（路牌）闭塞的缺点为：办理手续烦琐，路签（路牌）有可能丢失和损坏，区间通过能力低。因此，我国铁路上已不再使用电气路签（路牌）闭塞，这个发展阶段被称为人工闭塞阶段。

【案例2】 地铁列车追尾事故

2011 年 9 月 27 日 14 时 37 分，上海地铁 10 号线两列列车在豫园站至老西门站下行区间百米标 176 处发生追尾事故。经事故调查组查明，在未进行风险识别、未采取有针对性防范措施的情况下，上海申通地铁集团有限公司维护保障中心供电公司签发了不停电作业工作票，并经上海地铁第一运营有限公司同意。

2011 年 9 月 27 日 13 时 58 分，上海自动化仪表股份有限公司电工在进行地铁 10 号线新天地车站电缆孔洞封堵作业时，引发供电缺失，导致地铁 10 号线新天地集中站信号失电，并造成中央调度 ATS 红色光带、区间线路区域内车站 ATS 面板黑屏。地铁运营所用系统由自动系统向人工控制系统转换。此时，1016 号列车在豫园站下行出站后显示无速度码，司机即向 10 号线调度控制中心报告，行车调度员命令 1016 号列车以手动限速方式向老西门站运行。14 时，1016 号列车在豫园站至老西门站区间遇红灯停车，行车调度员命令停车待命。14 时 01 分，行车调度员开始进行列车定位。14 时 08 分，行车调度员未严格执行调度规定，违规发布调度命令。14 时 35 分，1005 号列车从豫园站发车。14 时 37 分，1005 号列车以 54km/h 的速度行进到豫园站至老西门站区间弯道时，司机发现前方有列车

（1016号列车）停留，随即采取制动措施，但由于惯性，该车仍以35km/h的速度与1016号列车发生了追尾碰撞。

知识拓展

某地铁公司电客车的车次规定

电客车车次由7位数组成，包括服务号、序列号、目的地码。左边3位为服务号，中间2位为序列号，右边2位为目的地码。服务号：系统对正线电客车的辨认号，在一天的服务中保持不变，回段/回场后再出段/出场，服务号将重新分配。序列号：按电客车运行顺序及方向顺序编制，上行为偶数，下行为奇数，针对某一确定的服务号，序列号是唯一的。目的地码：代表目的地的位置。例如，某地铁公司电客车的服务号为101，序列号为01（首班下行电客车），目的地码为01（某折返线Ⅲ道），即电客车车次为1010101。如果该电客车从上行线返回始发站，那么电客车车次为1010202。某地铁公司电客车的目的地编码如表6.1所示。

表6.1 某地铁公司电客车的目的地编码

序　号	目的地码	目的地名称	计轴区段编号
1	01	某折返线Ⅲ道	T010169
2	02	某折返线Ⅳ道	T010170

任务四　认识ATO子系统

学习目标

（1）了解ATO子系统的组成。
（2）了解ATO子系统的功能。

学习任务

认识ATO子系统，主要认识ATO子系统的功能。

工具设备

相关视频和PPT、OCC仿真系统、行车沙盘。

教学环境

地铁站和行车沙盘实验室。

基础知识

ATO子系统主要用于实现地对车控制，即根据控制中心指令来自动完成对列车的启动牵引、惰行和制动（包括列车自动折返），以及送出车门和屏蔽门同步开关信号，使列车按最佳工况正点、安全、平稳地运行。ATO 子系统为非故障-安全系统,用于控制列车,使其自动运行。采用该子系统的主要目的是模拟最佳司机的驾驶过程,实现正常情况下高质量的列车自动驾驶,提高列车运行的效率和舒适度,节省能源。

ATO 子系统采用的基本功能模块与 ATP 子系统相同。和 ATP 子系统一样,ATO 子系统也载有有关轨道布置和坡度的所有资料,以便能优化列车控制指令。ATO 子系统还装有一个双向的通信系统,能使列车直接与车站内的 ATS 子系统连接,保证实现最佳的运行图控制效果。当列车处在 AM 模式时,车载 ATO 运用牵引和制动控制原理,实现列车的自动运行。

一、ATO 子系统的组成

虽然各公司 ATO 子系统的结构不尽相同,但各公司 ATO 子系统的基本组成是相同的。ATO 子系统都是由车载设备和地面设备组成的。

(一)车载设备

ATO 子系统车载设备包括车载 ATO 模块、ATO 车载天线、人机界面。

1. 车载 ATO 模块

车载 ATO 模块是 ATO 子系统的核心组成部分,包含硬件和软件两部分。车载 ATO 模块从车载 ATP 子系统处获得必要的信息,如列车运行速度和列车位置等,车载 ATO 模块软件对信息中的数据进行实时处理,计算出列车当前所需的牵引力或制动力,向列车发出请求,列车的牵引或制动系统在收到请求指令后,对列车实施牵引或制动,并对列车进行实时控制。车载 ATO 模块与列车的牵引和制动系统相互作用,实现列车在站台区的精确对位停车。

2. ATO 车载天线

ATO 子系统的车载模块与地面设备之间的信息交换通过 ATO 车载天线来完成,进而实现 ATO 子系统与 ATS 子系统之间的信息交换。

ATO 车载天线一般安装在列车第一列编组的车体下,接收来自 ATS 子系统的信息,同时向 ATS 子系统发送有关的列车状态信息。这些信息一般包括以下内容。

(1)从列车向地面发送的信息。车载 ATO 模块通过 ATO 车载天线向地面 ATS 子系统发送的信息有列车识别号信息,该列车识别号信息包括列车的车组号、车次号、目的地编码等内容。从列车向地面发送的信息还有列车运行方向、列车车门状态、车轮磨损指示、列车车轮打滑和空转情况、车载 ATO 模块状态和报警信息等。

(2)从地面向车载 ATO 设备发送的信息。从地面向车载 ATO 设备发送的信息有列车开关门命令、列车测试指令、主时钟参考信号、跳停/扣车指令和列车运行等级等。

3. 人机界面

列车驾驶员可以通过人机界面将列车运行模式选择为"ATO"(AM 模式),使列车在AM 模式下运行。

（二）地面设备

ATO 子系统地面设备由地面信息接收/发送设备和轨道环线组成，接收来自 ATO 车载天线的信息，并把 ATS 子系统的有关信息通过轨道环线发送到线路上，由车载 ATO 设备接收和处理这些信息。

地面信息接收/发送设备的协调控制部分被安装在信号设备室内，轨道环线被安装在线路上。

列车的制动过程可用图 6.13 来表示。ATP 子系统的主要任务是按要求使列车减速或制动。当列车制动装置对全列车实施制动时，制动方式按用途和制动效率可分为常用制动和紧急制动两种。

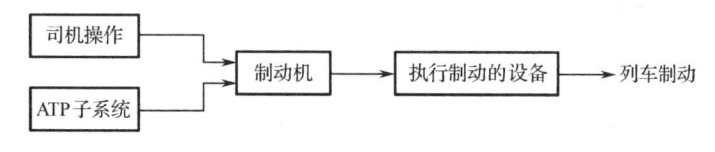

图 6.13　列车的制动过程

1. 常用制动

常用制动可以调节和控制列车运行速度，也可以实施全制动，使列车运行速度为零。它的特点是作用比较缓和，制动过程较长，因为它只使用全列车制动能力的 20%～80%；而在多数情况下，使用全列车制动能力的 50%。

2. 紧急制动

紧急制动有时也称非常制动。它的特点是全列车的制动能力全部得到实施，最终反映到列车上是制动比较迅猛，可能导致在列车上发生冲撞，特别是在旅客列车上，旅客会感到突然的向前冲击，从而可能发生撞伤等。

因此，不论是人工制动，还是 ATP 自动制动，在一般情况下都首先应用常用制动，在万不得已或非常紧急的情况下才应用紧急制动。

图 6.14 中有 3 条制动曲线，曲线①表示列车的紧急制动曲线，由 ATP 子系统计算获得及监督。一旦列车运行速度触及该制动曲线，则立即启动紧急制动，以保证列车停在停车点处。紧急制动是一种非正常运行状态，应该尽量避免发生。一旦启用紧急制动，列车记录仪应该加以记录。

曲线②表示由 ATP 子系统计算获得的制动曲线，在驾驶室内显示出最大允许速度。该曲线略低于紧急制动曲线（二者之间的速度差值通常为 3～5km/h）。当列车运行速度达到该曲线值时，应给出告警，但不启用紧急制动。显然，曲线②的列车减速度小于曲线①的列车减速度，一般取与最大常用制动对应的列车减速度。

曲线③则是由 ATO 子系统动态计算获得的制动曲线，即正常运行情况下的制动曲线。通常将与此曲线对应的减速度设计为 0.75m/s，以便平稳减速和停车。

由这 3 条制动曲线可以明显地看出：ATP 子系统主要负责超速防护，起保障安全的作用；ATO 子系统主要负责正常情况下列车的高质量运行。

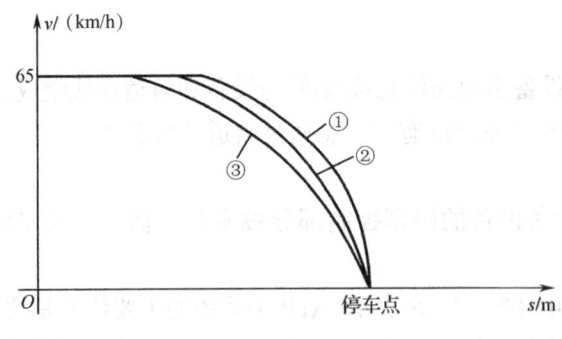

图 6.14 制动曲线

二、驾驶模式及其转换

（一）驾驶模式

ATO 子系统通常允许列车采用以下三种驾驶模式：AM 模式、SM 模式及 RM 模式。另外，列车还可采用自由人工驾驶模式（FM 模式）。

1. AM 模式

在本模式下，列车在 ATP 子系统的监视下通过 ATO 子系统实施驾驶。ATO 子系统通过速度曲线、信号状态及轨道占用等信息来监视列车的移动情况，但司机可在任意时间操作紧急制动。

2. SM 模式

在本模式下，列车运行完全由司机管理，但应在 ATP 子系统的监督之下。

3. RM 模式

在司机室内的驾驶模式选择开关中有 RM 模式的选择开关。RM 模式是 ATP 子系统内部的一个模式，在降级 ATP 模式时（如列车车载设备初始化前和列车失去定位信息后）应用。在此模式下，允许司机以不超过系统预先设定的限速（25km/h）人工驾驶列车。

4. FM 模式

在本模式下，列车运行过程完全由司机管理，列车运行速度不受 ATP 子系统限制，速度测量由车上的里程表完成。在无装备（列车上没有装车载 ATO 设备）区域、所有 ATP 的冗余设备都出现故障或司机需要退行时，由司机启动本模式。本模式允许司机正向或反向驾驶列车。在列车退行距离超过最大容许范围之后，ATP 就无法被定位了。

（二）驾驶模式的转换

1. 从 RM 模式到 SM 模式的转换

RM 模式是列车上电时的初始模式（通常在车辆段）。在 RM 模式下，司机驾驶列车经过两个固定数据应答器，确定列车的位置后，建立列车与轨旁设备的连续式通信通道，RM 模式将转换为 SM 模式。在从轨旁 ATP 设备处接收到移动授权后，列车驾驶模式变为 AM 模式。如果不能建立连续式通信通道，则列车在 RM 模式下驾驶，直到经过可变数据应答器为止。列车经过可变数据应答器时，ATP 接收到信号机发出的移动授权，列车驾驶模式变为 SM 模式。

2. 从 SM 模式到 AM 模式的转换

在满足下列所有条件后，允许车载 ATP 设备从 SM 模式转换为 AM 模式。

（1）所有门都已关闭。

（2）驾驶/制动手柄在零位。

（3）钥匙开关在前进位置。

当司机操作 AM 启动按钮时，车载 ATP 设备从 SM 模式转换为 AM 模式。该转换也可以在驾驶期间进行。

3. 从 AM 模式到 SM 模式的转换

该转换在列车行进时可以由司机操作。当列车在 AM 模式下运行时，司机的操作手柄处在惰行位置。以下两种情况可使驾驶模式由 AM 模式转换为 SM 模式。

（1）如果司机将驾驶/制动手柄从零位移开，或者将钥匙开关从前进的位置移开，则车载 ATP 设备将从 AM 模式转换为 SM 模式。

（2）如果列车在站外停稳，司机按压允许按钮打开车门，车载 ATP 设备将从 AM 模式转换为 SM 模式。

4. 从 AM/SM 模式到 RM 模式的转换

（1）如果车载 ATP 设备启动紧急制动，则它可以自动地从 AM/SM 模式转换到 RM 模式而无须司机干预。如果司机想继续驾驶，那么他必须在列车停稳后按压 "RM" 按钮。

（2）如果列车在站外停稳，司机按压允许按钮打开车门，车载 ATP 设备将从 AM/SM 模式转换为 RM 模式。

（3）由 ATO 子系统或司机控制列车停在车辆段轨道前面的停车点处，列车停稳后，司机按压 "RM" 按钮，车载 ATP 设备从 AM/SM 模式转换为 RM 模式。

5. 从 SM 模式到 FM 模式的转换

该转换必须在列车停止时操作。

6. 从 FM 模式到 SM 模式的转换

该转换必须在列车停止时操作。

在选择自动驾驶方式时，由 ATO 子系统代替司机操纵列车驱动、制动设备，自动地实现列车的启动加速、匀速惰行、制动等基本驾驶功能。然而，不论是由司机手动驾驶，还是由 ATO 子系统自动驾驶，ATP 子系统始终执行速度监督和超速防护功能。

三、ATO 子系统的功能

ATO 子系统的功能分为基本控制功能和服务功能。基本控制功能包括自动驾驶功能、AR 功能、自动控制车门开闭功能。这三个控制功能相互之间独立运行。服务功能包括列车位置功能、允许速度功能、巡航/惰行功能、PTI 支持功能等。

（一）ATO 子系统的基本控制功能

1. 自动驾驶功能

自动驾驶功能涉及以下几方面。

（1）自动调整列车运行速度。

ATO 车载控制器通过比较实际列车运行速度及 ATP 子系统给出的最大允许速度、目标速度，并根据线路的情况，自动控制列车的牵引及制动过程，使列车在区间内的每个区段始终控制速度（由 ATP 子系统计算出来的限制速度减去 5km/h）来运行，尽可能减少牵引、惰行和制动之间的转换。

（2）停车点的目标制动。

将车站停车点作为目标点，车站停车点由轨旁 ATP 设备和 ATS 子系统控制。在停车特征被启动后，ATO 子系统基于列车运行速度、预先决定的制动率和列车与停车点的距离计算出一条制动曲线，采用最合适的减速度（制动率）使列车准确、平稳地停在规定的停车点处。ATO 子系统与列车定位系统相配合，可使停车位置的误差达到 0.5m 以下。

假如列车超过了停车点，ATP 子系统准许列车后退一定距离。如果后退速度超过限制值，则 ATS 子系统向列车司机发出声音和视觉报警。

（3）从车站自动发车。

当发车安全条件符合（在 AM 模式下，ATP 子系统监视车门是否全部关闭）时，ATO 子系统给出启动显示，司机按下启动按钮，ATO 子系统使列车从制动停车状态转为驱动状态。停车制动状况将被缓解，然后列车加速。ATO 子系统通过预设的数据提供牵引控制功能，该功能可使列车平稳加速。

停站时间由 ATS 子系统控制，并传送给 ATP 子系统。另外，基于车站和方向的停车时间信息存储在轨旁 ATP 设备中，用于 ATS 子系统故障下的后备程序。

（4）区间内临时停车。

由 ATP 子系统给出目标点位置及制动曲线，并将数据传送给 ATO 子系统车载单元，ATO 子系统在得到目标速度为 0 的速度信息后自动启动列车制动器，使列车在目标点前方 10m 左右处停稳。此时，车门是由 ATP 子系统锁住的。一旦前方停车目标点取消，速度信息改为进行码，ATO 子系统便会使列车自动启动。如果车门由紧急开关打开，或者司机手柄被移至非零位置，那么列车必须由司机重新启动 SM 模式或 AM 模式（如果允许的话）。

在危险情况下，例如按下紧急停车按钮，或者因常用制动不充分而使列车制动曲线超过紧急制动曲线，由 ATP 子系统启动紧急制动，ATO 子系统向司机发出视觉和声响警报。5s 后，警报自动停止。

（5）限速区间。

临时限速区间的数据由轨道电路报文传输给车载 ATP 设备，再由车载 ATP 设备将减速命令经 ATO 子系统传达给动车驱动、制动控制设备。此时，车载 ATO 设备犹如 ATP 子系统与驱动、制动控制设备之间的一个接口。对于长期限速区间，可事前将数据输入 ATO 子系统，在执行自动驾驶时，ATO 子系统会自动考虑该限速区间。

2. AR 功能

AR 模式是一种特殊情况下的驾驶模式,在这种驾驶模式下,无须司机控制,而且列车上的全部控制台被锁闭。列车在接收到无人驾驶折返运行许可时,就自动进入 AR 模式。授权经 DMI 显示给司机,司机必须确认这个显示内容,并得到授权,锁闭控制台。只有在按下站台的"AR"按钮后,才能实施无人驾驶列车折返运行。轨旁 ATC 设备提供所需的数据,使列车进入折返轨。列车将自动回到出发站台。列车一到出发站台,车载 ATC 设备就会退出 AR 模式。AR 功能的输入为列车当前的速度、位置及 ATP 速度曲线。AR 功能的输出为列车制动和牵引控制系统的命令。

3. 自动控制车门开闭功能

由 ATP 子系统监督开门条件,当 ATP 子系统给出开门命令时,可以按事前的设定由 ATO 子系统自动打开车门,也可由司机手动打开车门。车门的关闭只能由司机完成。

当列车空车运行时,从 ATS 子系统接收到的指定目的地号阻止车门的打开。

车门打开功能的输入为来自 ATP 子系统的车门释放、运行方向和打开车门的信息,以及来自 ATS 子系统的目的地号。

车门打开功能的输出为车门打开命令。

(二) ATO 子系统的服务功能

1. 列车位置功能

列车位置功能的任务是从 ATP 子系统中接收当前列车的位置和速度等详细信息,根据上一次计算后所运行的距离来调整列车的当前位置。此调整也考虑到在 ATP 子系统计算列车位置时传送和接收信息的延迟时间,以及打滑和滑行误差。

另外,ATO 子系统与测速单元的接口可提供更高的测量精确性。利用列车位置功能,也可接收地面同步的详细信息,由此确定列车的实际位置和计算列车位置的误差。对列车位置的调整,可从由 ATO 子系统规定的距实际停车点 10~15m 的任意位置开始。通过这种调整,ATO 子系统可将停车精度控制在希望的范围内。

列车位置功能的输入来自列车当前速度和位置、轨道电路信息的变化,测速单元的读入,以及轨道中同步标记的检测。列车位置功能的输出用于校正列车位置信息。

2. 允许速度功能

允许速度功能的任务是为 ATO 速度控制器提供列车在轨道任意点的对应速度值。这个速度没有被优化,只是低于当前速度限制和制动曲线限制。允许速度功能的输入来自 ATP 子系统轨道当前位置的速度限制,以及列车制动曲线。

3. 巡航/惰行功能

巡航/惰行功能的任务是按照时刻表自动实现列车区间运行的惰行控制,同时节省能源,保证最大能量效率。ATO 子系统的巡航/惰行功能协同 ATS 子系统的自动调整功能,通过确定列车运行时间和能源优化轨迹来实现巡航/惰行。

(1) 确定列车运行时间功能。

确定列车运行时间功能的任务是由 ATO 子系统和 ATR 子系统确定列车运行时间,通过车站轨道电路占用来实现与运行图的同步。列车在 ATO 子系统控制下，从报文给定的列车运行时间中减去通过计时器测定的已运行时间，以确定到下一站有效的可用时间。确定列车运行时间功能的输入来自轨旁 ATC 设备的轨道电路占用报文，以及通过轨旁 ATC 设备和车载 ATP 设备得到的运行时间命令。确定列车运行时间功能的输出为依据能源优化轨迹确定的到下一站的运行时间。

（2）能源优化轨迹功能。

能源优化轨迹的计算要考虑加速度、坡度制动及曲线制动。整套系统的轨道曲线信息都存储在 ATO 存储器中。借助此信息并使用最大加速度，可由巡航/惰行功能计算出到下一停车点的速度距离轨迹。能源优化轨迹功能的输入来自列车至下一站可用的列车运行时间、ATO 存储器的轨道曲线、ATP 静态速度曲线。能源优化轨迹功能的输出量传输到操纵列车的 ATO 子系统，ATO 子系统生成列车启动、停止和巡航的速度曲线。

4．PTI 支持功能

PTI 支持功能的任务是通过多种渠道传输和接收各种数据，在特定的位置（通常设在列车进入正线的入口处）传给 ATS 子系统，向 ATS 子系统报告列车的识别信息、目的号码和乘务组号，以及列车位置数据（如当前轨道电路的识别和速度表的读数），以优化列车运行。

PTI 支持功能是由车载设备和轨旁设备实现的。车载 ATC 设备提供的数据通过 ATO 子系统传给 PTI 轨旁设备，进而传给 ATS 子系统。在将信息传输至轨旁设备之前，利用 ATO/PTI 功能收集数据，完成合理检查。

相关案例

【案例1】 计轴复位清除红色光带

某一日，工班值班人员接到部门调度电话报××站出现红色光带，随后到车站控制室和信号设备室查看。车站控制室 ATS 及 LCW 界面显示上行 ST010608、T0104 区段在列车完全出清后仍留有红色光带，导致站前及站后折返道岔灰色锁闭无法操作。处理过程如下：工班值班人员到设备室计轴机柜查看后，发现C0114放大触发带通滤波板车轮感应灯常亮；10:05，对 ST010608、T0104 区段进行计轴预复位，等待行车调度员组织列车进行红色光带的清扫；10:29，行车调度员组织 109 次列车轧过，红色光带消除，锁闭箭头及道岔灰色锁框消失，列车恢复正常运营模式。此次处理故障的时间为 12min，等待列车清扫红色光带的时间为 24min。

【案例2】 计轴点的命名

计轴点的命名规则：上行线、下行线分别编号（以车站为单位），上行线为双号，下行线为单号。例如 A0103，其中，"A"代表该计轴点为计轴探头；"01"代表该计轴点所在车站的编号；"03"代表该计轴点在车站内的序号，表明该计轴点位于下行线。

1. 无岔区段计轴点的命名

无岔区段计轴点的命名以"T"开头,编号由 4 位数字组成,前两位为车站编号,后两位为区段号码,上行线为双号,下行线为单号。例如 T0103,其中,"T"代表该区段为无岔区段;"01"代表该区段所在车站的编号;"03"代表该区段在车站内的序号,表明该区段位于下行线。

2. 有岔区段计轴点的命名

有岔区段计轴点的命名以单渡线为例,如 ST0109,其中,"ST"代表该区段为有岔区段,"01"代表该区段所在车站的编号,"09"代表该区段仅有的一个道岔的编号;以交叉单渡线为例,如 ST010507,其中,"ST"代表该区段为有岔区段,"01"代表该区段所在车站的编号,"05"和"07"代表该区段内两个道岔的编号。

相关知识

iCBTC 系统

iCBTC 系统是卡斯柯信号有限公司通过引进国外技术,对国外技术进行消化吸收,再自主创新研发而获得的、日趋成熟的、基于车地双向无线通信的移动闭塞控制系统。该系统主要由区域控制器/线路中心(ZC/LC)单元、数据存储单元(DSU)、中心及车站 ATS、车载控制器、LEU 等轨旁设施构成。

iCBTC 系统的特点如下。

(1)后车的地址终端可以是前车的尾部,不用划分虚拟区段,真正实现了移动闭塞。

(2)只需要两条网线,即可实现车载设备首尾热备,简化了接口与维护成本。

(3)其 ATS 子系统在国内地铁中已广泛应用,且与各个厂家进行过连接,拥有更贴近用户习惯的操作界面。

(4)适用空间波和波导等多种车地通信方式,并支持这几种方式在同一线路上的混合配置。

iCBTC 系统不计划进行点式的安全认证,其研发设计是将点式与 CBTC 融合,统一进行安全认证。卡斯柯信号有限公司与上海申通地铁集团有限公司合作,在上海地铁 10 号线开展了 iCBTC 系统的工程化应用。

任务五 ATC 系统操作运用实例——认识和使用 ATC 系统

1. 实训项目教师工作活页

实训项目教师工作活页如表 6.2 所示。

表 6.2 实训项目教师工作活页

实训项目		认识和使用 ATC 系统		
学时	2	班级		略
实训场所	地铁站和行车沙盘实验室			
工具设备	示教板、仿真软件、多媒体设备			
教学目标	专业能力目标	（1）学生能够说出 ATC 系统的组成。 （2）学生能够说出列车驾驶的几种模式。 （3）学生能够说出 ATO 子系统的基本作用。 （4）学生能够说出列车驾驶室操作按钮的作用。 （5）学生能够说出无线通信的几种模式		
	方法能力目标	（1）学生能综合运用专业知识，通过专业书籍、多媒体课件和图片资料来获得辅助信息。 （2）学生能根据实训项目的学习任务来确定实训方案，从中学会展示活动过程和成果		
	社会能力目标	（1）学生能在实训活动中保持积极向上的学习态度。 （2）学生能与小组成员和教师就学习中的问题进行交流和沟通。 （3）学生能与他人共享学习资源，具有较强的合作能力和良好的团队协作精神		
教学评价	（1）学生活动：①以 5~7 人小组为单位开展实训活动，根据本组同学在实训过程中的能力表现及结果进行自评和组内互评；②根据其他小组同学在成果展示活动中的表现及结果进行组间互评。 （2）教师活动：①教师组织学生开展评价活动和总结；②对学生在本实训项目中的任务成绩做出综合评价			
教学资料	（1）城市轨道交通信号设备教材。 （2）CBTC 系统仿真实训说明书。 （3）实训项目学生学习活页			
指导教师		教学时间		年　月　日

2. 实训项目学生学习活页

实训项目学生学习活页如表 6.3 所示。

表 6.3 实训项目学生学习活页

实训项目　认识和使用 ATC 系统

班级：_____　姓名：_____　学号：_____　时间：_____

一、实训目标

1. 专业能力目标

（1）能够说出 ATC 系统的组成。

（2）能够说出列车驾驶的几种模式。

（3）能够说出 ATO 子系统的基本作用。

（4）能够说出列车驾驶室操作按钮的作用。

（5）能够说出无线通信的几种模式。

续表

2. 方法能力目标
（1）能综合运用专业知识，通过专业书籍、多媒体课件和图片资料来获得辅助信息。
（2）能根据实训项目的学习任务来确定实训方案，从中学会展示活动过程和成果。
3. 社会能力目标
（1）能在实训活动中保持积极向上的学习态度。
（2）能与小组成员和教师就学习中的问题进行交流和沟通。
（3）能与他人共享学习资源，具有较强的合作能力和良好的团队协作精神。

二、知识总结
（1）ATS 子系统的功能有哪些？

（2）ATS 子系统的基本原理是什么？

（3）ATC 系统的设备分别安装在哪些地方？

（4）利用 ATS 子系统调整列车追踪间隔有哪两种方式？

（5）ATS 子系统在控制中心中的设备有哪些？

三、操作应用
（1）下图是 ATC 系统结构图，请在空白方框处填写结构部分名称。

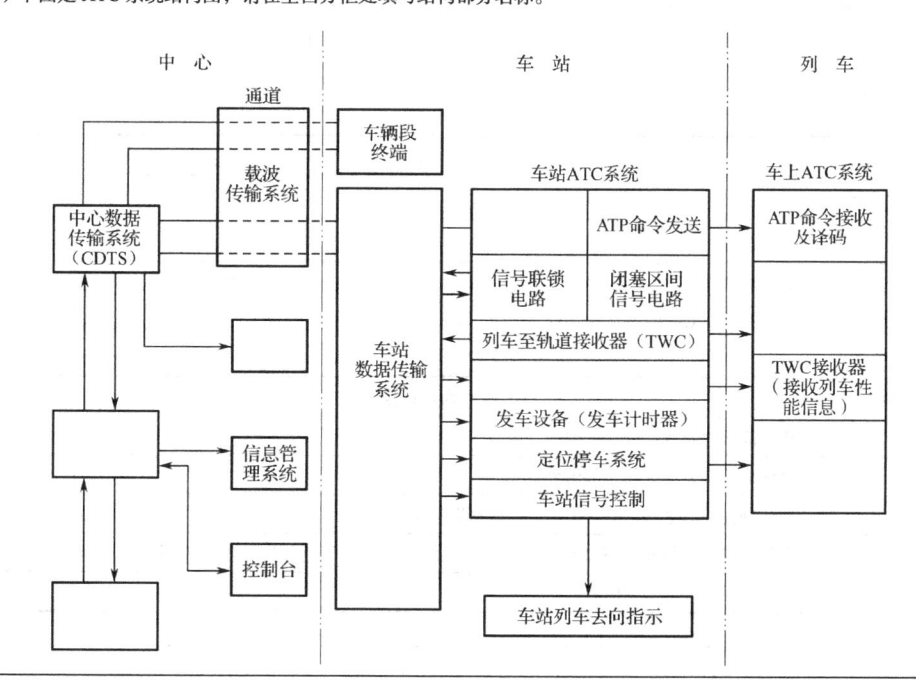

续表

（2）ATS 子系统一般有哪些用户？

（3）ATS 子系统有哪三种运行模式？

（4）ATO 子系统有哪些服务功能？

四、实训小结

_____
_____
_____

五、成绩评定

1. 学生评价

评价等级	A	B	C	D	E
学生自评					
组内互评					
组间互评					

2. 教师评价

评价等级	A	B	C	D	E
专业能力					
方法能力					
社会能力					
评价结果					

3. 综合评价

评价等级	A	B	C	D	E
评价结果					

注：按照学生自评分数占 10%、组内互评分数占 10%、组间互评分数占 20%、教师评价分数占 60% 的比例计分，其中，A—优，100 分；B—良，85 分；C—中，75 分；D—及格，60 分；E—不及格，50 分。

4. 评价量规

等级	行为表现描述
A	能圆满、高效地完成实训任务的全部内容
B	能顺利地完成实训任务的全部内容
C	能完成实训任务的全部内容，但需要一些帮助和指导
D	自己只能完成实训任务的部分内容，但在他人的现场指导下，能完成实训任务的全部内容
E	不能完成实训任务的全部内容

思考与练习

1. ATO 子系统有几种驾驶模式？
2. ATP 子系统的基本原理是什么？
3. 简要说出德国西门子公司 CBTC 系统的结构。

【思考与练习】

1. ATC子系统有哪些组成方式？
2. CTC子系统的组成有哪些？
3. 简要说明进路开放方式与CTC系统的关系。